트 레 일 블 레 이 저

TRAILBLAZER

TRAILBLAZER

변화를 이끄는 기업의 힘, 세일즈포스의

트레일블레이저

마크 베니오프(세일즈포스 창업자 겸 회장) · 모니카 랭글리 지음 | 김정희 옮김

서울문화사

프롤로그

이 책의 시작은 1996년 여름, 어느 맑고 아름다운 샌프란시스코의 아침으로 거슬러 올라간다. 내가 살고 있는 아파트 창밖으로 내려다보이는 풍경은 기가 막혔지만, 나는 관심이 없었다. 일어날 의지가 없었던 건지 힘이 없었던 건지 나는 그냥 침대에 누워 있었다.

나는 빠르게 성장 중인 글로벌 소프트웨어 기업 오라클Oracle에서 꿈에 그리던 일을 하던 참이었다. 당시 대학을 갓 졸업한 나는 버섯 모양의 머리에 익살스럽게 보이는 하와이안 셔츠를 입고 다녔다. 그런 내가 오라클 창립자인 래리 엘리슨Larry Ellison의 눈에 띄었던 것이다. 입사한 지 4년도 채 되지 않아 역대 최연소 부사장으로 승진했다. 곧바로 수백만 달러의 급여, 주식, 그에 따른 특전이 주어졌다.

아직 평일 아침이었지만, 나는 텔레그래프 힐에 있는 아파트 침대에 누워 꼼짝도 하지 않았다. 행복하지도 성취감이 느껴지지도 않았다. 아메리칸 드림을 이룬 셈인 내가 왜 그러는지 도통 알 수 없었다.

그날 늦게, 몸을 가까스로 일으켜 사무실로 갔다. 래리를 발견하고는 그에게 나의 권태감에 대해 이야기했다. 그는 간단하면서도 직접적인 솔루션을 제안했다.

“안식 휴가를 다녀오는 게 어떻겠나? 3개월 휴가를 떠나 세상 구경을 해 보게.”

그러곤 그가 덧붙여 말했다.

“그리고 다시 마음을 가다듬고 힘을 내게.”

솔직히, 나는 ‘안식 휴가’의 뜻을 몰랐다. 하지만 래리는 나의 멘토였고, 나는 그의 충고를 신뢰했다. 그날 늦게, 친구인 아르준 굽타를 불러 내가 겪고 있는 상황을 설명했다. 그는 새로운 회사를 차리기 위해 직장을 막 그만둔 상태였다. 그에게 네팔과 인도를 함께 여행하자고 제안했다. 나는 그 여행을 기분전환 정도로만 생각했었다. 그 여행이 내 인생을 바꿀 거라고는 꿈에도 생각하지 못했다.

결국 나는 인도 남쪽 끝에 있는 항만도시 트리반드룸에서 나 자신을 발견했다. 우리가 그곳에 간 이유는 단 하나였다. 몇 년 전, ‘포옹하는 성인’으로 알려진 암마(‘어머니’란 뜻-옮긴이), 마타 암리타난다마이를 잠시 만났었다. 그녀는 아주 따뜻하고 지혜로운 여성이었는데 실로 엄청난 추종자들에게 영적 지도와 위로를 전해주고 있었다. 말은 안 했지만 나는 그녀의 지혜와 그 유명한 치유 포옹이 나 자신을 되찾는 데 도움이 될 거라 내심 기대했다.

힌두교 성가 합창 소리와 자욱한 향냄새가 우리 쪽으로 퍼졌을 때, 나는 그녀에게 비즈니스 목표와 나와 아르준이 품고 있는 의구심에 대해 말했다. 비즈니스 목표가 우리 둘이 느끼는 실제 혼란과 어떤 식으로, 어떻게 연결되어 있는지 의문이었다. 그러자 암마는 측은해하면서도 강렬한 눈빛으로 우리를 쳐다보며 말했다.

"당신이 성공하고 돈을 버는 과정에서 다른 사람들을 위해 뭔가 하는 것을 잊지 마세요."

그녀의 말은 세일즈포스Salesforce에 대한 아이디어를 구체화하는 데 밑바탕이 되었다. 내 머리는 혁신적인 신기술을 이용한 창업을 원했고, 마음은 사회 환원을 바랐다. 그날 트리반드룸에서 그 씨앗이 뿌려졌다. 그로부터 2년 후, 나는 오라클의 품을 떠나 바로 창업했다.

1999년 세일즈포스 설립 서류에 사인했을 때, 우리는 사회 환원 개념이 확실히 기업문화 구조에 깊이 뿌리박히기를 원했다. 물론, 나는 세일즈포스가 전통적인 기준에 맞게 성장하기를 바랐다. 또한 마찬가지로 세일즈포스가 세상에 긍정적인 영향력을 미치게 할 작정이었다. 그래서 우리는 처음부터 세일즈포스의 근간이 될 가치를 명확히 했다. 맨 처음 우리의 가치는 신뢰, 고객 성공, 혁신이었다. 나중에 네 번째 가치로 평등을 추가했다. 그리고 회사가 얼마나 성장하든지 간에 우리 자본의 1%, 제품의 1%, 그리고 직원 업무시간의 1%를 자선활동에 기부하기로 결정했다. 우리는 이 계획을 '1-1-1 자선 모델'이라고 부른다.

당신에게 우리가 친숙하지 않을 수도 있겠다. 하지만 세일즈포스는 어떤 규모의 조직에든 필수적인 고객관계관리CRM 소프트웨어를 필요로 하는 만큼만 제공하는 클라우드 컴퓨팅 서비스의 개척자다. 우리는 고객이 제품을 온라인으로 다운받고 그들의 데이터를 안전하게 클라우드에 저장할 수 있는 방식을 제공한 초창기 기업 중 하나다. 크고 작은 기업들이 우리처럼 부담스런 장기 계약보다 구독 형태로 접근할 수 있는 더 스마트하고 더 직관적인 기술 도구를 만드는 새로운 비즈니스 모델을 개발하고 있었다.

불과 몇 년 전만 해도, 나는 시장에서 세일즈포스의 기업 가치가 2004년 주식 상장 이후에 10억 달러에서 1,200억 달러 이상으로 상승한 주된 이유가 우리가 비즈니스를 훌륭히 해내서라고 생각했다. 하지만 지금은 우리의 가장 강력한 성공 엔진이 소프트웨어, 사람이나 비즈니스 모델이라기보다는 오히려 1999년 가치기반의 문화를 지향하기로 한 우리의 결정이었다는 것을 알고 있다.

나만 그렇게 생각하는 건 아니다. 시장이 좋은 일을 하는 기업에 보답하고 사회적 사명social mission을 가진 기업이 더 성공하는 경향이 있다는 증거가 쌓이고 있다. 기술업계처럼 경쟁이 치열한 분야에서는 매력적인 최고의 재능을 가진 사람들을 유치하느냐 마느냐가 기업의 손익을 가른다. 다시 말해 경쟁적 비즈니스의 성공 엔진은 흔히 가장 뛰어난 재능을 가진 사람들이 일하기로 결정하는 것-다양하고 포괄적이며 가치 중심의 문화처럼 무형의 요소-이다.

혼란, 탈진, 흥분이 뒤섞인 복잡하고 불확실했던 지난 몇 년 동안, 나는 우리의 가치가 우리가 어떤 기업인지를 정의하는 방식에 감사하게 되었다. 그 가치는 세일즈포스 샌프란시스코 본사 건물 맨 꼭대기에 있는 장식용 첨탑이 아니다. 오히려 지하실 콘크리트에 쓰인 보강용 철근의 일부다. 누누이 말하겠지만, 우리의 가치는 전체의 구조물이 쓰러지지 않게 지탱해주고 있는 것들이다.

나는 내가 사는 샌프란시스코의 낡은 아파트 바로 옆에서 얼마 되지 않는 돈으로 세일즈포스를 시작했다. 이후 매년 가장 존경받는 기업이자 일하기 좋은 기업 명단에 이름을 올리며 가장 빠르게 성장하는 기술 기업 중 하나가 되었다. 그렇게 되기까지 내가 걸어온 삶의 여정에서 배웠던 모든 것을 공유하기 위해 이 책을 썼다. 그렇다고 단순히 내 여정이나 세일즈포스의 이야기만 하지는 않는다. 이 책은 기업이 채택하는 원칙의 힘에 따라 기업의 성패가 달려 있는 세상에서 사업을 잘 번창시키는 것과 사회에 좋은 일을 하는 것이 같은 뜻인 문화를 만드는 방법에 대해 이야기한다. 내가 모든 해답을 가지고 있는 것은 아니지만, 당신이 어떤 비즈니스를 하든지 간에, 이 책을 통해 일과 가치를 통합하는 데 영감을 얻기를 바란다.

차례

2부 기업은 변화의 가장 위대한 플랫폼이다

1부

가치는 가치를 창출한다

주요 정치인, 경영진, 정부 관료, 교수, 저널리스트 그리고 정치 전문가 등 세계적으로 영향력을 행사하는 수많은 사람들로 인산인해를 이루며 거대한 강당의 전 좌석과 벽면이 가득 찼다. 내 양옆으로는 4명의 동료 패널, 존경받는 기술업계의 CEO들과 선구적 사상가들이 앉아 있었다. 우리 뒤로 스크린에는 곧 시작될 기조 토론의 제목이 엄청 크게 나타났다. 그건 사실 제목이라기보다 유도 질문에 더 가까웠다. 우리는 기술을 신뢰하는가?

우리가 물을 한 모금 마시고 재킷의 주름을 펴고 있을 때, 비즈니스 저널리스트이자 사회자인 앤드루 로스 소킨이 산업 전체가 당면한 "가장 중추적이고 중요한 토론"이 기술 기업의 판단에 대한 대중의 무너진 신뢰라고 선언하며 포럼의 시작을 알렸다.

그의 말이 맞다. 2018년 초기, 기술 산업은 심각한 신뢰의 위기를 맞고 있었다. 페이스북의 심상치 않은 개인정보 유출 사건이나 2016년 미국 대선 당시 러시아의 선거 개입 사건은 대부분의 미국인에게 납득되지 않는 일이었다. 해마다 스위스 다보스에서 개최되는 〈세계경제포럼WEF〉에 참석한 많은 사람들에게 던져진 핵심 질문은 의외로 간단했다. 그것에 대해 무엇을 할 것인가?

기술은 내 전 경력을 바쳐온 분야다. 나는 우리의 삶과 일의 방식을 바꿔온 현대 컴퓨팅의 발전에 종종 놀라곤 한다. 4차 산업혁명의 초창기로 언급되는 지난 10년 동안 우리는 인공지능, 양자 컴퓨팅, 유전공학, 로보틱스, 5G 연결성에서 비약적인 발전을 목격했다. 지금 AI와 로보틱스가 인간과 기계 사이의 경계를 허물고 있으며 엄청난 디지털 정보 줄기는 10년 전에는 생각조차 할 수 없는 속도와 규모로 흐르고 있다. 지구상의 모든 사람들과 모든 것들이 연결되고 있고, 누구도 예측할 수 없었던 복잡한 비즈니스 문제와 파괴를 일으키고 있다.

나는 항상 기술이 멋진 방식으로 세상을 파괴할 가능성을 가지고 있다고 믿어왔다. 수십억의 사람들을 위해 한때는 생각지도 못했던 기회들을 창출하면서 더 개방적이고, 다양하고, 믿을 수 있는 포용 사회로 발전시킬 가능성 말이다. 이 책의 출판 시점으로부터 딱 1년 후면 지구상의 더 많은 사람들이 집 안의 수돗물이나 전기보다 휴대전화를 소유할 것이다.

하지만 기술이 만병통치약은 아니다. 그런 결과가 보장되는 것도 아니라는 것 역시 분명해졌다. 새로운 압력과 위험이 등장한 것이다. 그와 동시에 우리 중 누구도 지금껏 생각해본 적 없었던 도덕적인 문제도 따라왔다. 전 세계의 불평등 격차는 제도에 대한 신뢰 약화로 이어졌다. 개인정보보호, 윤리, 교육, 일의 미래, 지구의 건강을 포함한 복잡한 사회경제적 이슈가 가끔 매끄럽지 않을 때도 있지만 기업의 화두로 떠오르기 시작했다. 그날 다보스의 눈 내린 아침에, 한 가지 단순한 사실이 더없이 분명해졌다. 이러한 이슈들은 더 이상 비영리단체, 활동가, 또는 자선사업가의 영역으로 일축될 수 없다는 것이었다. 오래된 기업이건 신생 기업이건 모든 기업이 고객이 더 높은 도덕적 윤리적 기준을 요구하기 시작한 세상에서 기업을 경영해나갈 방법을 알아내기 위해 고군분투하고 있었다.

우리의 준비 유무에 상관없이 새 시대가 밝아오고 있었다.

그동안 세일즈포스의 직원, 고객 그리고 다른 이해관계자로부터 내가 들어왔던 메시지는 간단했다. 세상은 변하고 있고, 기업의 본질과 경영 방법이 서서히 변화해야 한다는 것이었다. 일시적이거나 점진적인 변화를 말하는 것이 아니다. 구조적이고 영구적인 변화를 말하는 것이었다. 그리고 미래의 이런 도전에 맞서기 위해서, 모든 기업에 가장 필요한 한 가지 핵심 요소는 일찍이 20년 전에 세일즈포스가 제1의 가치로 삼았던 '신뢰'였다.

토론이 시작되자, 구글의 모기업 알파벳의 최고재무책임자CFO 루스 포랏은 대중이 구글에 대한 신뢰를 잃지 않았다고 생각한다고 말했다. 결국 그녀가 지적한 것은 매일 사람들이 수많은 검색을 하며 계속해서 구글로 되돌아오고 있다는 것이었다. 그건 전에 내 기술업계 동료들에게서 수차례 들어온 논쟁거리였다.

내게 발언 기회가 오자, 나는 "신뢰는 여러분 기업의 최상위 가치여야 합니다. 그렇지 않다면, 나쁜 일이 일어날 겁니다"라고 말했다.

나의 말이 토론장에 불편한 파문을 일으켰다는 것을 느낄 수 있었다. 잠시 멈췄다가, 나는 규제자들이 의무를 태만히 했던 다른 역사적 상황을 언급하기 시작했다. 신용부도스와프credit default swap, 설탕, 담배처럼 기업이 규제 제한을 받지 않고 고객에게 판매하는 해로운 제품들과 같은 맥락에서 기술을 언급했다. 우리 산업은 수년간 규제 면제를 받아왔다. 그런 만큼 "CEO들이 책임을 지지 않는다면"이라고 강조한 후 나는 연이어 "정부가 개입할 수밖에 없다고 생각한다"라고 말했다.

다보스에서 집으로 돌아오자 전화기가 쉴 새 없이 울려대기 시작했다. 기술 산업 분야의 리더들이 내가 그들을 배신했음을 알려주기 위해 차례대로 돌아가며 전화를 했다. 들어보니 내가 의견을 달리했거나 일종의 어떤 가상의 선을 넘었던 것이다. 그들은 그것이 마음에 들지 않았던 것이다. 아내 린은 나를 "규제자"라고 부르며 장난을 쳤다.

그때 무서운 느낌이 들며 팔다리가 오싹해졌다. 일생을 기술옹호자로 살아왔는데 누가 봐도 최고위 비평가로 비쳐지는 나의 새로운 역할에 몹시 갈등했다. 하지만 아무리 손가락질해도 성장, 혁신, 이익, 또는 다른 어떤 원동력이 사람들의 신뢰를 구축하고 유지하는 것보다 비즈니스 성공에 있어 더 중요하다고 나를 설득할 수는 없었다.

진짜로 우리가 5차 산업혁명의 직전에 있고, 그때가 되면 4차 산업혁명 시대에 개발한 기술을 세상의 상태를 개선하는 데 적용하는 기업이 신뢰를 얻게 될 될 것이다. 이런 이유 때문에 이 책을 쓰기로 마음먹었다. 미래에는 혁신이 인간다움을 고양시키는 진실하고 지속적인 노력을 바탕으로 하지 않는다면, 기업은 긍정적인 방향으로 발전할 수 없다. 기업, 그리고 그 기업을 이끄는 사람은 더 이상 비즈니스 목표와 주변의 사회적 이슈를 분리할 수 없다. 그들은 더 이상 성장 대 환원, 이익 창출 대 공익 증진, 혁신 대 더 나은 세상 만들기처럼 이분법적으로 비전을 정할 필요가 없다.

더 정확히 말하면, 둘 중의 하나가 아니라 둘 다여야 한다. 선행을 통한 사업 성공은 더 이상 단순한 경쟁적 우위가 아니다. 그것은 점차 비즈니스의 의무가 되고 있다.

나는 모든 기업과 모든 개개인, 즉 신입사원에서부터 구석진 사무실에 앉아 있는 사원까지 모두가 변화의 플랫폼이 될 가능성을 가지고 있다고 믿기 때문에 이 책을 썼다. 그것이 해야 할 옳은 일이기도 하거니와 미래의 성공에도 필수적일 것이기 때문이다.

2018년 다보스의 그 눈 내리던 주말에, 나는 마침내 판도가 바뀌었다는 것을 깨달았다. 내가 거의 20년 동안 이끌고 있는 세일즈포스는 새로운 방향으로 나를 이끌고 있었다.

많은 기업이 가치에 대해 말한다. 하지만 격동의 시기에, 가치가 가장 중요한 때에, 경영진은 종종 가치를 가동시키는 것을 잊곤 한다(그들은 중요한 비즈니스를 결정할 때 가치를 벽에나 걸어놓고 보는 사훈처럼 여긴다). 어떤 신제품이나 계획이 기업이 명시한 가치를 발전시키는 것처럼 보이지 않는다면, 그건 CEO가 멀찌감치 가치에서 떨어져 앉아 위안을 찾고 있는 것이다. 그런 CEO는 사람들이 자신들의 제품을 어떻게 사용하고 있는지 살펴보는 건 사실상 자신의 일이 아니라고 합리화시킨다.

나는 3년 전에 기업의 책임에 대해 집필한 적이 있다. 《온정적 자본주의 Compassionate Capitalism》란 책에서 나는 처음 기업이 선행을 사업 성공의 구성요소로 만들 수 있는 방법에 대해 썼다. 그리고 자선활동을 비즈니스의 핵심 요소로 만들었던 동료 CEO들의 이야기를 쓴 《세상을 바꾸는 비즈니스 The Business of Changing the World》와 비즈니스를 구축하고 자선활동을 기업의 조직 구조에 통합시켰던 세일즈포스의 처음 10년의 연대기인 《클라우드에서 Behind Cloud》에도 썼다.

하지만 이번에는 세일즈포스에서 실제로 무슨 일이 일어났는지를 깨닫고 '개척자'란 의미를 가진 《트레일블레이저 Trailblazer》를 썼다. 우리가 직면했던 일련의 리더십 문제와 노력, 때로는 고통스럽고, 때로는 고무적이지만 평탄치 않은 문제해결 과정은 회사를 움직이게 하는 것이 무엇인지에 대한 내 인식을 뒤집어놓았다. 비즈니스의 미래를 이해했던 방식을 근본적으로 바꿔놓았다.

이 책에서 공유하는 경험을 통해 내가 배운 한 가지가 있다면, 어렵고 힘들 때 가치와 문화가 가장 중요하다는 것이다. 그리고 한 번에 제대로 한 것이었든 아니었든 간에 세일즈포스가 선택했던 길은 우리의 집단적 가치를 가장 잘 옹호하는 길이었다. 그저 가끔이 아니라 항상 그랬다.

회사의 경영진만이 이러한 결정을 내렸다면 이야기는 다르게 전개되었을 것이다. 만약 우리가 내린 거의 모든 중요한 결정이 직원, 고객, 파트너, 투자자 그리고 우리가 살고 일하는 지역사회를 통해 영감을 얻지 못했다면, 결코 도전을 이겨내고 당신이 이 책에서 읽게 될 정상 단계에 오르지 못했을 것이다.

미래에 성공하기 위해서는 모든 비즈니스에서 모든 사람들이 새로운 길을 개척해야 할 것이다. 왜냐하면 당신이 무엇을 하든, 어디서 일하든 간에 모든 사람이 성공적인 비즈니스와 더 나은 세상을 만드는 데 기여할 수 있기 때문이다. 그래서 만약 이 책의 핵심을 한 줄로 요약한다면, 바로 이것이다.

'가치에 뿌리를 둔 문화는 가치를 창출한다.'

나는 진실로 이 책을 통해 당신이 당신의 내면을 들여다보고, 올바른 질문을 하며, 자신만의 자취를 남기기를 바란다. 그런 다음에 비로소 당신이 무엇을 하는지가 중요하다.

1장

신뢰

샌프란시스코의 베니오프 일가

나에 대한 깜짝 놀랄 만한 재미있는 정보가 두 가지 있다. 나는 대학을 졸업했다. 그리고 비즈니스를 전공했다.

기술 기업의 또래들 사이에서 이런 나의 이력은 신기한 축에 속한다. 실리콘밸리의 수많은 창업자들과 CEO들은 꿈을 좇기 위해 학교를 그만둔 것을 자랑스럽게 고백한다. '중퇴한 억만장자'의 이야기가 공공연히 알려져 있다. 잡지 편집자와 할리우드 시나리오 작가가 좋아하는 것이 바로 그런 흥미진진한 개인의 이야기다. 또한 그런 이야기는 미국에서 한 개인의 성공은 대체로 확고한 투지와 의지의 문제라는 오래된 신화를 뒷받침한다. 진정한 영웅은 비즈니스를 구축하면서 비즈니스를 배우는 법이다.

나는 더 말할 것도 없이 고등교육에 계몽과 문명화의 힘이 있다고 믿는 열혈 신봉자다. 하지만 대학이 당신을 뛰어난 기업가로 만든다고 확신하지는 않는다. 내가 남캘리포니아 대학에서 수강했던 과정들은 나를 더욱 다재다능하고 호기심 많은 사람으로 만들어주었다. 하지만 특히 최근에 직면했던 가장 어려운 비즈니스 문제들은 1980년대 내 스승들이 예상할 수 없었던 것들이었다.

하지만 내게도 전형적인 기술 분야 기업가로서 어울리는 이력 한 가지 사항이 있었다. 비즈니스를 배운 첫 교실은 제대로 된 형태를 갖춘 비즈니스 교실이 아니었다는 것이다.

지하 컴퓨터 연구실도, 첫 직장도, 초창기 세일즈포스의 잠재 투자자들에게 무한한 홍보를 했던 이사회실도 아니었다. 나의 첫 비즈니스 교실은 4개의 방사형 타이어를 장착하고 납이 함유된 휘발유로 달리던 내 아버지의 1970년형 뷰익 자동차였다.

베니오프 가족의 뷰익은 모조 목재 패널을 부착한, 거의 5.8미터 길이의 굉장한 자동차였다. 더운 여름 오후에 아빠와 함께 차를 몰고 다닐 때면 내 맨다리가 비닐 의자에 철썩 달라붙었다. 이 믿음직스러운 우리의 애마는 A지점에서 B지점까지 나의 부모님과 나의 두 자매 그리고 나를 태우는 수단이었지만, 일요일은 달랐다. 일요일에는 배달 차량으로 변신했다.

나의 아버지 러셀Russell은 '스튜어트 어패럴Stuart's Apparel'이라는 의류 체인점을 소유하고 있었다. 주말마다 아버지는 샌프란시스코 항만 지역 주변 점포 여섯 곳을 돌며 상품을 옮기곤 했는데, 종종 나를 데리고 다니시며 일을 돕게 했다. 우리는 물품 창고 문 근처에 뷰익을 주차한 후 자동차 뒷문을 내리고, 여러 필의 양털, 리넨, 레이온, 면, 포플린, 폴리에스테르를 양팔에 걸치고 왔다 갔다 했다.

아버지의 점포는 샌프란시스코에서 차로 한 시간 거리 정도로 항만 지역

곳곳에 흩어져 있었다. 그래서 일요일 하루가 대부분 이렇게 지나가곤 했다. 나는 내면의 세계에 빠져 창밖을 바라보지 않을 때면 아버지가 어떻게 일하는지 살펴보며 시간을 보냈다.

일주일 동안 아버지는 어떤 품목들이 팔렸는지 자료를 모두 모아서 가장 인기 있는 상품을 가장 잘 팔리는 점포로 옮기곤 했다. 아버지가 "밸리 페어에는 분홍색 앙고라 스웨터가 필요해요"와 같은 말을 하시는 걸 듣곤 했다. 그리고 아버지는 저녁을 반쯤 먹다 말고는 급히 나가곤 하셨다. 1970년대에는 여우와 토끼털 코트가 대유행이었고, 아버지는 내가 셀 수 있는 것보다 더 많은 저녁 시간을 그렇게 일에 몰두하며 보내셨다. 그의 매니저 중 한 명으로부터 전화를 받으면 상품을 뷰익 짐칸에 설치한 철봉에 매달고, 굉음을 내며 출발했다.

아버지는 성격이 강한 분은 아니라고 말할 수 있다. 나와 비슷하게, 2미터의 거인이었지만, 지극히 온화한 분이셨다. 상냥하고 현실적이며 나무랄 데 없이 예의가 바르셨다. 그리고 언제나 배려심이 많았지만, 그 세대의 많은 남자들처럼 감정적으로 절제된 분이셨다. 대공황을 겪으며 살아온 그는 평생 검소했다. 대형 상점에서 세일 중인 옷을 주로 샀고, 뷰익을 포함해 그가 구입한 차는 모두 중고차였다.

아버지의 아버지, 프레드 베니오프Fred Benioff는 19세기 후반 모피 무역을 하기 위해 아버지를 따라 (당시 러시아 제국의 일부였던) 키예프에서 샌프란시스코로 이민 온 3명의 베니오프 형제 중 한 명이었다. 그 외에 내가 할아버지 프레드에 대해 아는 것은 별로 없다. 할아버지는 아버지가 어렸을 때 아내와 자식들 곁을 떠났고, 그들은 다시는 그 말을 꺼내지 않았다. 결국 아버지의 어머니, 그러니까 할머니 헬렌은 전남편과 싸운 끝에 베니오프 모피 사업권을 가까스로 가져와 직접 경영하셨다. 서부 전역에 아울렛이 있었던 탓에 할머니는 힘들게 일해야 했다. 그래서 아버지와 작은아버지는 일가, 친구의 도움을 받으며 자랐다.

1966년, 내가 두 살이 되던 해에 아버지는 가업을 그만두고 독립하기로 결심하셨다. 그러곤 머지않아 스튜어트 어패럴의 CEO가 되었다. 아버지는 CEO이자 재무담당 최고책임자, 수석 구매자, 마케팅 이사, 영업부장이었다. 그는 가끔씩 새로운 스타일을 찾기 위해 로스앤젤레스나 뉴욕으로 가서 패션 의류 구역을 샅샅이 뒤지곤 하셨다. 그렇게 출장을 가지 않은 밤에는 대부분 11시까지 부엌 식탁에 앉아 장부를 손으로 쓰셨다. 그는 여섯 개 점포의 모든 재고를 직접 관리했다. 때문에 주말 대부분은 드레스와 스포츠웨어를 이리저리 옮기는 데 소비되었다. 아버지의 유일한 낙은 도미노 게임을 하고 가끔 낚시나 사냥을 가는 것이었다.

나는 결코 살생을 좋아하지 않았지만, 어렸을 때는 12구경 산탄총을 어깨에 메고 지내는 날이 많았다. 캘리포니아의 샌와킨 계곡의 오렌지 밭에서 아버지와 함께 오리, 비둘기, 사슴 그리고 야생 돼지를 사냥하기 위해서였다. 그 외에도 타호 호수 근처의 트러키 강에서 했던 낚시는 여성 바지와 블라우스를 끌고 돌아다녔던 것만큼이나 나의 어린 시절의 한 부분을 장식하는 일이었다. 특별히 즐기지도 혹은 전혀 좋아하지 않았지만, 이 활동들은 내가 아버지와 함께할 수 있는 것들이었다.

점포에서 점포로 상품을 옮기며 차에서 시간을 보내는 일요일은 길고 지루했다. 하지만 그 시간들을 통해 나는 내가 소매업을 좋아하지 않는다는 것을 일찌감치 깨달았다. 내가 아버지와 확연히 다른 점 중 하나였다. 아버지는 야외활동 애호가였고 도구와 목재의 귀재였지만, 기술에 식견이 있지는 않았다. 반면에 나는 전자 장비에 심취해 있었다. 어머니 조엘에 따르면, 네 살 때 내가 집 전화기를 분해해서 다시 조립했다고 한다. 또한 외할머니가 우리 집을 방문할 때마다 나는 전자제품 소매체인점인 라디오섁에 데려가 달라고 애걸복걸했다.

내 기억으로 나는 놀이 약속을 거의 하지 않았고, 단체 활동을 피했으며, 다른 어떤 사람과 있는 것보다 내 골든리트리버, 브랜디와 함께 있는 것을 더 좋아했던 수줍음 많은 아이였다. 아버지는 내 사회성 발달에 우려를 표하는 스타일은 아니었지만, 어머니는 내 행동을 걱정하셨다. 그럼에도 불구하고 어머니는 내게 야구를 시키거나 그녀의 친구들이 우리 집에 왔을 때 인사하러 나오게 할 수도 없었다. 나는 학교에서 특별히 동기부여를 받지도 않았다. 한번은 유치원 선생님이 원을 그리라고 했는데 나는 그녀의 눈을 똑바로 쳐다보며 반항적으로 선을 그었다. 어머니는 눈물을 훔치며 수없이 선생님과의 면담을 해야 했지만, 내가 계속 내 열정을 쫓을 수 있도록 자유를 주셨다. 내 열정은 분명히 교실에는 없었다.

열두 살 때 나는 2층에 있던 내 방의 짐을 싸서 지하실로 내려갔다. 그곳에서 방해받지 않고 내 열정을 추구할 수 있었다. 2년 후 나는 라디오섁에서 첫 컴퓨터인 TRS-80을 구입하고 즉시 아날로그 세계와 단절했다. 열다섯 살 때 코딩의 기본을 배운 후에는 〈저글링하는 법 How to Juggle〉이라는 간단한 프로그램을 만들어 컴퓨터 잡지에 보냈다. 잡지사는 내게 75달러를 지불했다. 그 당시 컴퓨터에 푹 빠졌다는 말 말고는 나를 묘사할 말이 없었다.

열여섯 번째 생일에, 나는 내 TRS-80을 프리스탠딩 디스크 드라이브와 프린터가 딸린 아타리 800과 교환했다. 그해 여름, 나는 컴퓨터랜드에서 아르바이트를 시작했고 쉬는 날엔 내 첫 회사를 꾸렸다. 회사명으론 내가 사랑하는 베이직BASIC 프로그래밍 언어의 이름을 따서 베이직 컴퓨터Basic Computers라고, 엄청나게 도발적인 이름을 붙였다.

나는 컴퓨터 게임에 대한 리뷰를 쓰기 시작했다. 몇몇 게임에 소프트웨어 오류가 있다는 것을 알게 되었을 때, 개발자들에게 편지를 써서 무료로 그것들을 고치겠다고 제안했다. 곧, 나는 직접 게임 프로그램을 만들기 시작했다. 첫 작품 퀘스트 포 파워Quest for Power는 아서왕과 갈라하드 경에 얽힌 대단히 복잡한 줄거리를 가지고 있었다. 게임 사용자는 진실의 스크롤을 쫓아 연이어 나타나는 적들을 물리쳐야 했다.

이 게임과 더불어 나는 더 많은 게임을 만들어 6개월 동안 5천 달러 이상을 벌었다. 이는 내 또래에게는 큰돈이었다. 나는 그 돈을 나의 첫 차인 검정색 도요타 수프라와 MRB 82라고 적힌 자동차 번호판을 사는 데 썼다. 그리고 몇 년 동안 그 게임들로 벌어들인 돈으로 결국 대학 등록금을 냈다.

돌이켜보면, 부모님이 나의 별난 행동을 허용했을 뿐만 아니라, 완전히 하고 싶은 대로 다 하도록 충분한 자율을 주었다는 사실에 계속 놀란다. 열두 살 때 내가 어떻게 우리 집 지하실을 내 개인 공간으로 만들 수 있었는지 사람들한테 말하면 항상 (당연히) 놀란다. 지나고 보니, 운전면허를 딴 날 바로 내가 마운틴 뷰에 있는 컴퓨터 회사에 출장을 가야 한다고 말했을 때도 어머니는 덜 흥분하셨다고 생각한다. 그곳은 지금껏 내가 혼자서 운전했던 곳보다 훨씬 더 먼 거리에 있었다. 그러나 어머니는 내가 가도록 허락해주었다. 그리고 그해 여름, 내가 혼자 영국으로 날아가서 게임에 활용할 성을 연구하고 와도 되냐고 물었을 때도 그녀는 내가 리즈에 있는 그녀의 친구들과 함께 머물고 매일 밤 집으로 전화하는 조건으로 허락해주었다.

어머니는 내가 고집이 세고 '안 된다'는 대답을 순순히 받아들이지 않을 거라는 것을 알고 있었다. 때문에 내가 하고 싶은 대로 하게 해주었던 거라고 말씀하신다. 내가 아는 실상은, 그녀가 내게서 다른 사람들이 보지 못한 뭔가를 보고 내가 그것을 추구할 수 있도록 허락했다는 것이다. 그 때문에 그녀가 밤잠을 편히 잘 수 있는 날이 거의 없었음에도 말이다. 어머니나 아버지 그 누구도 내가 컴퓨터의 무엇이 그토록 매력적이라고 여기는 건지 완전히 이해하지는 못했다. 하지만 그들은 나의 추진력, 강한 의지 그리고 내가 좋아하는 것에 변함없이 전념하는 것을 존중해주셨다. 이러한 가치들이 나이가 들었을 때 내게 완전히 도움이 될 거란 것을 느끼셨던 것이다. 결국 부모님이 맞았다.

다른 종류의 유산

내가 태어나자 병원에서는 어머니에게 태어난 지 하루밖에 안 된 아기의 법적 이름을 정해 달라며 서류양식을 건넸다. 마크Marc라는 이름은 진작부터 나의 외할아버지 마빈Marvin을 기리기 위해 이미 결정되어 있었고, 나의 중간 이름에는 어머니의 처녀 적 이름인 루이스를 적었다. 그 후 얼마 지나지 않아, 그러는 일은 거의 없었는데, 아버지가 발끈해 루이스를 지우고 대신 그 자리에 그의 이름인 러셀을 써넣으셨다. 어머니는 '그래, 오, 저이가 아들이 생겼다고 저렇게까지 신나하니 너무 좋네!'라고 생각하며 받아들이셨다.

내가 그날의 아버지가 상상했던 아들이 된 적이 있는지 확신할 수는 없다. 하지만 그가 세일즈포스가 꽃을 피우는 것을 볼 수 있을 만큼 오래 사신 것에 감사한다. 그가 나를 자랑스러워했다는 것을 알고 있다. 우리는 언제나 너무 달랐고, 아주 일찍부터 내가 그의 사업을 물려받는 일은 결코 없을 거라는 건 분명했었다. 그러나 사업가로서의 아버지의 경력이 내 인생에 엄청난 영향을 미쳤다는 것은 의심할 여지가 없다.

우리 집 자동차를 타고 셀 수 없이 많은 일요일을 보내면서, 아버지의 근면함과 변함없는 성실함에 감명 받았다. 재무나 재고 관련 일은 재미가 전혀 없었다. 모든 일은 철저히 원칙대로 처리되었다. 그에게는 모든 사업상의 결정이 흑 아니면 백, 옳거나 그른 것이었다. 아버지로서의 그는 때때로 거리감이 느껴지기도 했지만, 직장에서 그는 깊고 진정한 관계를 쌓았고, 직원들과 고객을 행복하게 하는 일이면 필요한 일은 다 했다. 그것이 마치 사업의 전부인 것처럼 말이다.

당시 비록 10대이긴 했지만, 아버지가 얼마나 많은 시간을 들여 납품업체를 찾고, 재고 물품을 나르고, 회사의 회계원장들을 신경 썼는지 생각하면 아날로그 시대에 사업을 한다는 게 얼마나 어려운 일인지 머리카락이 쭈뼛 서곤 했다. 나에게 아버지는 기초적인 상업 업무의 노예가 된 것처럼 보였다. 그는 잡초에 너무 파묻혀서 큰 그림에 집중할 시간이 거의 없었다.

나는 아버지가 컴퓨터 이야기를 좋아하지 않는 데다 그 영향력이 커지고 있다는 것을 실제로 이해하지 못하셨다는 것도 알고 있었다. 하지만 나는 간

혹 우리가 상품을 출시할 때 홍보 전단지를 보내는 지루한 작업을 간소화할 수 있도록 고객 데이터베이스 구축 작업을 나에게 맡겨달라고 사정하곤 했다. 결국, 그는 마지못해 허락했지만, 소프트웨어가 그의 일상적인 업무를 분명히 더 쉽고 더 효율적으로 만들 수 있는 잠재력을 가지고 있다는 생각을 받아들이진 않으셨다.

1999년, 창업하기 위해 돈 잘 버는 오라클 임원직을 그만둔다고 아버지께 말씀드렸을 때, 그는 내게 강한 어조로 말했다. 아버지는 내가 오라클에서 잘 나가고 있다고 말했는데 그 말은 틀리지 않았다. 많은 월급을 받을 정도로 운이 좋았고, 래리 엘리슨Larry Ellison이라는 훌륭한 보스도 있었다. 하지만 이미 나는 마음을 굳힌 상태였다. 돌이켜보면, 아버지와의 경험이 당시 내 안에서 들끓는 아이디어에 불을 붙인 거였다. 그걸 아셨다면 어떻게 반응하셨을지 몹시 궁금하다.

세일즈포스의 커다란 배경 사상은 어떤 기업이든 (당시에는 단순히 인터넷이라고만 알려진) 클라우드에서 소프트웨어를 운영하고 고객관계관리에 필요한 모든 소프트웨어에 쉽게 접근이 가능하도록 만드는 것이었다. 물론 오라클이나 마이크로소프트로부터 1에이커 규모의 값비싼 서버와 소프트웨어 라이선스를 구입하고 다수의 IT 전문가를 고용해 설치는 물론 몇 년에 한 번씩 새로운 버전으로 업그레이드해야 했다. 그 대신 아버지처럼 중소기업 사업자들이 아마존에서 책을 사는 것보다도 쉽게 단일한 정액 구독료를 지불하고 웹 브라우저에서 최신 소프트웨어에 바로 접속할 수 있기를 원했다.

비즈니스 측면에서 세일즈포스는 고객관계관리, 즉 CRM 분야에 속한다. 하지만 우리가 제공하는 서비스는 그 분류 이상으로 훨씬 더 광범위하고 필수적이며 친밀하다. 우리의 소프트웨어는 소비자가 잘 모를 수 있지만, 기업 내부에서 세일즈포스는 중요한 기반 시스템이다. 결국에 어떤 기업이든 가장 가치 있는 자산은 고객과의 관계인데, 우리의 비전은 모든 규모의 기업에 영업, 마케팅, 고객 서비스 그리고 전자상거래 전반에 걸쳐 일괄적으로 고객과 연결할 수 있는 더 스마트하고 직관적인 방법을 제공하는 것이었다. 드디어 우리는 기업에 새로운 프로세스를 만들고, 사용자가 원하는 대로 애플리케이션을 설정하고, 데이터를 분석하고, 예측 모델을 만들도록 지원하는 도구를 제공하기 시작했다

지금은 분명해 보이지만, 세일즈포스의 배경 사상은 스튜어트 어패럴을 운영하던 아버지의 고군분투에서 진화된 것이었다. 내가 그 진화의 근원에 연결하는 데는 시간이 좀 걸렸다. 만약 내가 가까이서 아버지가 소규모 사업을 하면서 혼자서 해야 했던 많은 역할들, 그리고 각각 제 역할을 수행하는 데만도 얼마나 수많은 시간이 필요한지 직접 보지 않았다면, 나는 세일즈포스가 제공하는 종류의 서비스가 아버지처럼 일하는 사람들에게 어떤 의미인지 이해할 수 없었을 것이다.

어릴 때부터, 나는 항상 많은 면에서 아버지와 달리 자유로운 몸이라고 생각했다. 그러나 세일즈포스의 설립은 어느 정도 아들의 효심 어린 행동이었다. 그건 마치 내가 시간을 거슬러 아버지의 짐을 덜어주려고 노력한 거나 진배없었다. 아버지 회사를 물려받아 그가 걸어온 길을 따르지 않았을지는 모르지만, 결국 내가 온 경력을 바쳐 해결한 것은 아버지가 사업을 하며 겪은 문제들이었다.

그 외에도, 나는 세일즈포스의 모든 비즈니스 모델 측면과 나의 리더십 접

근방식에 어느 정도 아버지의 가르침이 반영되었다는 것을 깨달았다. 고객과 직원에 대한 그의 진심 어린 관심은 분명히 나에게 영향을 주었다. '고객 성공'이 세일즈포스의 핵심 가치 중 하나가 된 이유다. 그는 또한 나에게 깨끗한 회계 업무 수행의 중요성을 주입시켰는데, 이는 신뢰와 투명성이 항상 나에게 왜 그렇게 중요했는지 설명해주는 대목일 것이다.

어머니의 이타적인 사랑과 나에 대한 믿음이 없었다면, 나는 내가 어떻게 되었을지 확신할 수 없다. 하지만 내 경력은 아버지로부터 배운 교훈과 불가분의 관계라는 것 역시 분명하다. 이것은 멘토가 얼마나 강력한 존재인지를 보여주는 증거다. 물론 아버지가 나의 유일한 스승은 아니었다.

우리가 세일즈포스를 설립했을 때, 나는 생존할 만한 작은 비즈니스를 구축하는 데는 관심이 없었다. 더 많은 선행을 하면서 우리 산업에서 세계적인 규모의 선두주자가 되길 원했다.

이것은 의심할 여지없이 베니오프 일가의 또 다른 일원에게서 영감을 얻은 목표다.

발전을 향한 열정

내가 대략 일곱 살 되던 무렵부터, 여름방학이 되면 베니오프 가족의 뷰익이 다른 종류의 화물을 운반하기 시작했다. 이 배달품은 오직 나의 외할아버지 마빈 루이스에게만 전달되었다. 배달품은 다름 아닌 나였다.

외할아버지는 샌프란시스코 시내 커니와 마켓 가 북쪽 모퉁이에 자리한 11층 높이의 유서 깊은 상업의 전당인 드 영 빌딩에서 유명한 법률사무소를 운영하셨다. 어렸을 때, 나는 대부분의 고층빌딩이 똑같아 보인다고 생각했다. 하지만 할아버지를 통해 이 빌딩이 특별하다는 것을 알게 되었다. 부모님께서 방문차 나를 내려줄 때마다 할아버지는 광란의 드 영 빌딩이 1890년대에 처음 문을 열었을 때 서해안에서 가장 높은 타워였다는 것을 내게 상기시키곤 했다.

내가 도착한 지 몇 초도 안 되어 할아버지는 외투와 모자를 움켜쥐고 나를 문밖으로 데리고 나가곤 하셨다. 우리는 엘리베이터를 타고 내려가서, 대리석으로 장식한 로비를 지나 위용 있는 황동 문을 통과해 복잡한 거리로 나섰다. 할아버지는 빠른 걸음으로 출발하셨고 나는 최선을 다해 두 대열의 가두행진에 맞춰 제 역할을 하려고 애썼다.

내가 그 걷기를 가두행진이라고 말한 이유는 사람들이 그렇게 느꼈기 때문이다. 제왕처럼 풍성한 은발에 흠잡을 데 없는 맞춤정장을 차려입은 마빈 루이스는 현란했다. 아버지가 겸손하고 내성적이었던 것만큼이나 어머니의 아버지는 으스대는 쇼맨이었다. 그는 모든 사람들의 시선이 자신에게 쏠렸을 때 가장 살아 있다고 느꼈고, 사람들이 대부분 그랬다고 해도 무방했다.

변호사로서 할아버지는 화려하고 어려운 사건을 맡아서 유명해졌다. 그는 정신적 피해라는 법적 개념을 개척했다. 1959년 사건에서, 그는 아파트 나무 계단에서 넘어져 집주인을 고소한 한 여성을 위해 10만 1천 달러의 엄청난 금액을 받아냈다. 준 다이마레라는 그 여성은 집주인을 상대로 손해배상 소송을 제기했고, 판결에 따라 10만 1천 달러를 받았다. 할아버지는 캘리포니아

법정변호사협회의 창립자 겸 초대 회장을 지냈으며, 이후 미국 법정변호사협회의 회장이 되었다. 사건을 변호하든, 수줍어하는 수세미 머리의 통통한 손자와 오후에 산책을 하든, 그가 하는 모든 일은 마치 이벤트처럼 느껴졌다.

할아버지와 함께 거니는 여정에는 정해진 경로나 목적지가 있지는 않았지만, 확실히 유용했다. 그 여정들은 나에게 유용한 교육 여행이었는데, 할아버지가 가장 좋아하는 주제인 '발전progress'을 중심으로 되는 대로 짜여졌다.

할아버지는 크고 야심찬 시민 프로젝트에 열정을 가지고 있었다. 이를 통해 그가 얼마나 드 영 빌딩에 존경심을 가지고 있는지 짐작할 수 있다. 한번은 우리가 트랜스아메리카 피라미드의 건설 현장을 향해 걷게 되었을 때, 그는 나를 향해 이렇게 말했다.

"여기가 이 도시가 어떻게 성장할지 보여주는 현장이란다."

언젠가 또 다른 때는, 한때 조선소, 주조 공장, 창고, 공장의 본거지였던 황량한 미션 항만에 멈춰 서서 "언젠가 이곳이 샌프란시스코의 미래가 될 것"이라고 대담하게 (그리고 정확하게) 공언했다.

나는 그에게 미래를 보는 힘이 있다고 확신했다. 할아버지는 정치 활동에도 참여하셨는데, 제2차 세계대전이 끝날 무렵 샌프란시스코 시 감독관이 되어 11년간 활동하셨다. 재임기간 동안 그가 자신의 설득력을 동원해 주력한 한 가지 시민 우선 과제는 완전히 현대적인 대중교통시스템을 구축하는 것이었다.

1954년, 할아버지는 시내 중심부를 관통하는 초현대적인 15마일 고속철도 계획을 발표했다. 일명 바트BART, Bay Area Rapid Transit로 알려진 이 새로운 고속철도 계획의 자금 조달을 위해 그가 주도했던 연방채권 발행은 미국에서 승인받은 지방채권 중 가장 큰 규모였다. 바트는 마침내 1972년에 개통되었고 많은 찬사를 받았다. 미국 경제지 〈포춘Fortune〉이 묘사한 바와 같이, 그것은 '세계에서 가장 훌륭한 고속철도 노선'이었다. 자동화된 초현대적인 차량들은 가볍고 공기역학적이었다. 그리고 컴퓨터로 완전히 제어되었다.

바트에 대한 할아버지의 미래 비전은 비단 그 반짝거리는 고속열차에만 있는 게 아니었다. 그는 단순히 대단한 무언가를 만들기 위해 계획하는 것이 아니었다. 그의 비전은 또한 '발전'을 정의하는 방식을 따랐다. 그는 샌프란시스코의 근본적 가치로 여긴 기회, 평등과 포용은 반전시키지 않는다면 어떠한 시민 프로젝트도 정말 중요하지 않다고 생각했다.

그는 바트를 통해 지역 주민이 시내와 교외 사이를 빠르고 저렴하게 이동할 수 있게 되면 더 좋은 일자리와 삶을 풍요롭게 만드는 더 많은 기회에 접근할 수 있을 거라는 것을 알았다. 또한 바트가 항만을 가로지르는 다리 위의 교통 혼잡과 그로 인해 발생했던 환경 문제를 완화시킬 거라는 것도 알고 있었다.

모두에게 기회가 될 거란 할아버지의 공약은 허풍이 아니었다. 산책하는 동안 우리는 가끔씩 마켓 거리에서 노숙자와 마주쳤다. 그는 지갑을 꺼내서 20달러짜리 지폐를 건네주곤 했는데, 그 당시에 낯선 사람에게 주는 돈치고는 상당한 액수였다. 그에게 바트는 그와 같은 이타주의의 연장선이었다. 그는 시민들이 공익을 도모했다면, 도시는 야심찬 기반시설 사업에 투자한 그들에게 빚진 것이라고 생각했다.

아버지가 세일즈포스에 미친 영향은 근본적인 것으로 거의 아버지처럼 대부분 조용하고 실용적이며 인정 많은 것이었다. 반면에 할아버지의 공헌은 크고 강하고 야심차며, 정신적으로 전혀 무시할 수 없는 것이었다.

우리가 회사 설립 서류에 서명하던 날, 나는 미래의 모든 직원이 자신의 일에서 의미를 찾는 정도가 CEO로서, 사실 개인으로서 내 성공의 척도가 될 거라는 걸 알았다. 만약 아버지가 보여준 전례가 나에게 무언가를 가르쳐주었다면, 그 의미가 당신이 어떤 일을 하는지, 혹은 얼마나 많은 돈을 버는지에 관한 것이 아니라는 것이었다. 그것은 일에 대한 태도와 성실을 바탕으로 일을 수행하는 것이었다. 그리고 그건 정말로 중요한 것이었다.

그때는 내가 사람들이 매일 사무실에 도착해 그들이 하는 일이 정말로 중요하고, 그들이 자신의 노력으로 기업의 순익 외에도 뭔가에 지속적으로 기여하고 있다고 느끼는 문화를 만드는 것을 최우선 과제로 삼았던 때였다. 우리는 처음부터 자원봉사와 환원을 통합시켜 의미 있는 문화를 만들 수 있었다.

나는 세일즈포스가 얼마나 성장하든지 간에, 제품의 1%, 자본의 1%, 그리고 직원 업무 시간의 1%를 비영리단체와 자선단체에 기부하기로 결정했다. 의심할 여지없이 이 결정은 발전이 사람들을 일으켜 세우게 되어 있다는 외할아버지의 견해로부터 최소한 어느 정도 영감을 받았다고 생각한다.

1999년 봄에 세일즈포스를 설립하면서 우리가 정한 첫 가치들을 적었다. 아주 작은 스타트업이었지만, 우리에게는 세계적인 인터넷 기업이자 영업 자동화 솔루션의 선두주자가 되겠다는 야심찬 비전이 있었다. 이 비전을 달성하기 위해서는 단순히 좋은 사람들을 고용하고 제품을 배달하는 것 이상의 것이 필요할 것이었다. 가치를 지키는 문화를 만드는 능력에 따라 우리의 성공이 좌우될 것이었다.

시대착오적인 커다란 생각은 기업들이 이윤 창출, 아니면 변화의 플랫폼이 될 것인지 선택해야 한다는 것이다. 그러나 사실 그렇지 않다. 2018년 글로벌 전략그룹Global Strategy Group 연구에 따르면, 미국인의 81%는 "기업이 사회가 직면한 중요한 문제를 해결하기 위해 조치를 취해야 한다"는 데 동의하고, 76%는 기업이 "논란의 여지와 관계없이 정치적으로 믿는 바를 지지"해야 한다는 데에 입을 모았다. 그리고 이러한 수치는 꾸준히 증가하고 있다. 또한 우리가 살고 있는 세계의 복잡성에 발맞추어 계속 증가할 것이다.

세일즈포스는 어떻게 보아도 사업을 잘했을 뿐만 아니라 사회에 좋은 일을 했다. 20년이 지나 내가 이 글을 쓰는 지금, 우리의 1-1-1 기업 자선활동 프로그램은 이미 거의 3억 달러의 보조금과 400만 시간의 직원 자원봉사 시간을 기록했다. 4만 개 이상의 비영리단체와 비정부단체가 세일즈포스의 제품을 무료 또는 대폭 할인된 가격으로 사용하고 있다. 나는 항상 이런 활동이 할아버지께 경의를 표하는 것이자 대부분의 다른 회사와 차별화되는 부분이라 생각했다.

하지만 세일즈포스가 진정으로 할아버지가 남긴 유산의 정수라는 것이 명확해진 건 몇 년 되지 않았다. 내가 아는 어느 누구보다도 그는 개척자 정신을 구현했다. 그는 더 나은 세상이 어떤 모습일지에 대한 비전과 그 비전을 추구할 개인적 신념을 가지고 있었다. 바트를 착안하고, 그 비전을 현실로 만들기 위해 자금을 조달한 일은 한 실용주의자의 업적이 아니었다. 그것은 가치가 이끈 상상력의 승리였다.

가치가 이끄는 상상력

나는 개인적인 이야기들을 이야기함으로써 이 책에 대해 잘못된 인상을 줄 수도 있다는 생각이 들었다. 이 책은 회고록이나, 칭찬 일색의 전기를 써보려고 연습한 것이 절대 아니다.

동시에 기업은 궁극적으로 사람들에 의해 정의되며, 그 사람들은 그들의 스승과 멘토의 교훈을 받아들이거나 아니면 적극적으로 반대하기도 한다. 세일즈포스의 창립자 겸 공동 CEO로서, 내가 어디에서 왔는지 당신이 이해하지 못한다면 내가 생각하는 비즈니스 미래에 대해 당신의 평가를 기대할 수 없다. 내가 여기서 공유하고 싶은 생각이 공허하고 진부한 이야기처럼 들린다면 이 말이 당신에게 와닿지 않을 것이기 때문이다.

아마도 당신은 나와 당신의 가정교육 사이에서 어떤 유사점을 보았을 수도 있고, 아니면 전혀 그렇지 않을 수도 있다. 어떤 경우든 괜찮다. 같은 목적지로 가는 길이 수천 개가 있다는 것에 우리 모두 동의할 수 있을 거라 생각한다. 내가 최초의 비즈니스 멘토인 아버지와 할아버지로부터 가르침을 흡수했듯이 당신이 그들의 가르침 속에서 유용한 뭔가를 발견하기를 바란다. 아버지는 내게 끝도 없는 운영상의 소소한 어려움과 소기업 사업자의 고충 사항에 대해 있는 그대로의 모습을 보여주었고 정직, 신뢰 그리고 직원과 고객을 우선시하는 것의 가치를 보여주셨다. 할아버지는 폭넓게 세상을 생각하라고 가르쳐주셨다. 그에게서 나는 대담하고 의미 있는 방식으로 자신의 신념을 표현할 수 있는 상상력과 자신감을 키우지 않는다면 온전히 신념대로 살 수 없다는 것을 배웠다.

물론 두 분이 나의 유일한 멘토는 아니었다. 당신은 책 전반에 걸쳐 다른 사람들에 대해 읽게 될 것이다. 하지만 그전에 나는 운 좋게도 우리 가족의 일원인 강인한 여성들에게서 또 다른 중요한 삶의 교훈을 배웠다. 내가 그 이야기를 하지 않고 멘토 개념을 소개하는 건 불가능한 일이다. 친할머니인 헬렌 베니오프는 내게 굳건한 결단력의 의미를 보여주셨다. 그녀의 남편이 집안의 돈을 모조리 가지고 2명의 어린 아들과 그녀를 두고 떠난 후, 그녀는 가족 모피 사업을 장악하고 성공한 여성 사업가가 되었다. 당시로서는 보기 드문 업적이었다. 외할머니인 프레데리카 루이스는 인내심과 근면성실의 가치를 확실히 알게 해주었다. 그녀는 내게 잡다한 일을 시키고 라디오섁에서 나의 첫 컴퓨터를 살 수 있는 충분한 돈을 벌 수 있게 해주었다(그러고 나서 나는 내 아타리 게임을 위해 음악을 작곡했다). 어머니 조엘 베니오프는 자신을 믿는 사람들이 거의 없을 때 부모의 사랑과 격려보다 더 가치 있는 것은 없다고 내게 가르쳐주었다. 그녀는 언제나 나의 가장 큰 후원자가 되어주었다.

나의 아내 린은 내게 최고의 영감을 주는 사람이고, 모든 일에 있어 파트너이며, 우리 가족의 중심이다. 내가 집에 올 때면 그녀는 종종 나에게 이렇게 말한다.

"연단에서 설교는 그만하고 내려와 여기 와서 정말 해야 하는 중요한 것에 대해 우리 얘기해요."

우리는 샌프란시스코의 노숙자 위기를 근절하고 가족들이 거리에서 벗어나게 돕는 것에서부터, 항만 지역에 세계적 수준의 병원을 건설해 아이들의 보건을 개선하고, 지구의 바다를 오염으로부터 보호하는 것 등 시급하게 해야 할 일에 대해 논의한다. 진짜 중요한 일들에 대해 우리와 가장 가까운 사람들의 지혜가 얼마나 많이 모여야 하는지는 과장할 수가 없다.

오늘날, 그 어느 때보다도 우리는 가능한 한 많은 지혜를 추구해야 한다. 4차 산업혁명은 우리의 지식을 발전시키고 새로운 변화 가능성을 촉발시켰다. 또한 우리를 시급한 역사의 순간에 놓이게 했다. 우리는 증가하는 불평등 문제에 직면하고 있으며 지구에 대한 걱정이 늘고 있다. 5차 산업혁명은 앞으로 글로벌 과제를 해결하고 세상의 상태를 개선하기 위해 비즈니스의 본질과 그에 대한 우리의 역할에 근본적인 변화를 요구할 것이다.

수천 명의 직원을 관리하든, 소규모 팀을 이끌든, 아니면 처음으로 사원증을 목에 걸든 간에, 한번 타보고 싶어서 탄 탑승객처럼 생각하지 않는 것이 중요하다. 생소한 것에 대한 두려움은 접어두고 자신의 가치를 나침반으로 삼아 새로운 길을 개척하기 시작해야 한다.

우리 모두가 발전에 대한 열정을 키우고, 그것을 실현하기 위한 상상력을 발전시켜야 할 때다.

더 나은 미래는 우리에게 달려 있다.

2장

가치

당신이 무슨 일을 하는지가 중요하다

샌프란시스코로 가는 280번 주간 고속도로에 안개가 깔렸다. 나는 안개 속을 기어가다시피 하고 있는 차 안에 있었는데, 휴대전화에 불이 켜졌다. 번호를 확인하기 위해 화면을 힐끗 보았다.

나는 즉시 인디애나폴리스 지역 코드란 걸 알아챘다.

나는 방금 마운틴 뷰에 있는 컴퓨터 역사박물관에서 몇 시간을 강연한 터라, 잠시나마 길에서 시간을 보내며 긴장을 풀고, 조금은 주의가 흐트러지길 기대하고 있었다. 그러나 그 계획은 즉각 수포로 돌아갔다. 나는 전화를 받아야 한다는 것을 알고 있었다.

전화를 건 사람은 스콧 맥코클Scott McCorkle이었다. 그는 대화나 하자고 일과가 끝날 무렵 내게 전화를 걸 사람이 아니었다. 세일즈포스의 마케팅 클라우드 부서의 책임자인 스콧은 샌프란시스코 외곽에 있는 우리의 최대 허브 인디애나폴리스에서 1천200명의 사람들을 관리했다.

스콧은 곤란한 상황에 대처하고 있었기 때문에 나의 조언이 필요해 전화했을 것이라고 생각했다. 응답하자마자 짐작한 대로 그의 목소리에서 불길한 어조를 눈치챘다.

"이봐요, 마크."

그가 말했다.

"당신은 여기서 무슨 일이 일어나고 있는지 이해 못할 겁니다."

2015년 안개가 낀 3월의 어느 날, 나와 경영진은 인디애나에서 일어나는 사건들을 모니터링하고 있었다. 인디애나 주의회는 종교자유회복법이라는 법안을 통과시켰다. 표면적으로 이 법안은 종교인들이 자신의 종교적 신념에 따라 행동하더라도 법적으로 처벌받지 않도록 규정하는 것이었다. 그러나 실제로는, 사업주들이 그들의 종교관에 따라 성소수자 고객을 차별하더라도 처벌받지 않도록 하는 법이다.

우리는 주지사에게 그 법안을 거부할 것을 요청하는 편지를 보냈었다. 인디애나주의 가장 큰 기술 기업 중 하나인 우리의 강력한 반대가 '커민스 Cummins', '일라이 릴리 Eli Lilly', '로슈진단 Roche Diagnostics'과 같은 인디애나에 기반을 둔 기업들의 비슷한 항의와 합쳐지면 결코 그 법안이 통과되지 않을 것이라고 생각했었다. 그럼에도 불구하고 우리는 인디애나에 있는 직원들에게 만약 위협을 느낀다면, 세일즈포스는 그들을 다른 사무실로 옮길 것이라는 메시지를 보내둔 상태였다. 당시 인사팀의 책임자였던 신디 로빈스가 이미 그 문제에 대응하고 있어서 나는 큰 안도감을 느끼고 있었다.

인디애나는 우리가 대응하고 있던 몇몇 소규모 전투지 중 하나에 불과했던 만큼 우선적으로 염두에 두었던 곳은 아니었다. 그런데 순식간에 순위가 변한 것이다. 스콧은 인디애나 주지사인 마이크 펜스가 이 법안에 서명하기로 결정했다는 최악의 소식을 전하기 위해 전화를 했던 거였다.

"이건 옳지 않아요."

스콧이 계속 말했다.

"차별이라고요. 직원들이 불안해하고 있어요."

나는 스콧의 말에 전적으로 동의했고, 전화로 그 사실을 알려준 것에 감사했다. 하지만 그는 단지 그 소식만을 전하기 위해 연락한 것은 아니었다. 그는 전화로 내게 허를 찌르는 질문을 했다.

"이제 어쩔 셈인가요?"

2015년, 나는 세일즈포스를 잘 경영하고 있다고 생각했다. 16년간 열심히 달려온 결과 우리는 CRM 분야의 명실상부한 글로벌 리더가 되었고, 연간 수익은 100억 달러에 육박했다. 우리는 세계 최고의 소프트웨어 공급자 중 하나가 되었다. 최근에는 제품군을 확장하기도 했다. 어떤 기준으로 보더라도, 세일즈포스는 대성공을 거뒀다. 그 외에도 나는 신뢰, 고객 성공, 혁신이란 세 가지 기본 가치에 따라 우리가 만들어 온 긍정적이고 목적의식이 뚜렷한 문화가 자랑스러웠다.

그러다 보니까, 고속도로를 타면서 내가 꽤 확고한 도덕적 근거에 기초하고 있다고 생각했다. 나는 상황에 만족하고 있었기 때문에 스콧이 내게 전화하기 전까지는 인디애나에 더 집중하겠다는 생각을 미처 하지 못했다.

나는 스콧에게 다시 전화하겠다고 했다.

그러다 갑자기 의구심이 들었다. 그리고 이 법이 끔찍하게 잘못되었다는 것을 알았다. 나는 샌프란시스코 출신자로서 당연히 공평하고 관대하게 생각하려 했다. 그래도 이 법안을 발의한 배후 세력을 완전히 이해할 수 없었다. 그 외에도, 세일즈포스가, 혹은 어떤 회사라도 성소수자 직원을 명시적으로 차별하는 정부의 법안에 어떻게 대응해야 할지 잘 몰랐다. 결국, 나는 기술 기업의 CEO였지 정치인이 아니었다. 기업을 통제하는 건 항상 정부의 일이었지, 그 반대가 아니었다.

직원들의 이메일과 전화가 회사 곳곳에서 서서히 들어오기 시작하더니 차츰 차츰 속도가 빨라졌다. 직원들은 CEO에게 이 법에 맞서 싸우기 위해 과감하게 뭔가를 하라고 격려하는 것이 아니라 요구를 하고 있었다. 세상을 이해한다고 생각했을 때, 나는 낯선 땅에 홀로 서 있는 나 자신을 발견했다.

나는 오라클, 마이크로소프트, SAP와 같은 산업 경쟁자들과 겨루는 것에는 익숙해졌지만 주의회와 주지사와의 싸움은 또 다른 이야기였다. 나는 민주주의 과정을 굳게 믿는 사람이다. 그리고 이 경우 유권자들은 그들이 선출한 관리들을 통해 말하는 셈이었다.

동시에, 더 큰 문제가 있다는 것을 알았다. 우리의 대응 방식이 세일즈포스가 어떤 회사인지 많은 것을 말해줄 터였다. 인디애나에 있는 직원들은 내게 차별을 허용하는 주에서 살고 일하는 것이 두렵고 그들을 보호하고 안심시키는 것이 내 일이라고 말하고 있었다.

정치에 관해 말하자면, 나는 한때 공화당 지지자였다. 하지만 지금은 무정당이다. 이 사실을 알게 되면 일부 독자들은 놀랄지도 모르겠다. 나는 조지 W. 부시와 버락 오바마 모두에게 자문을 했었기 때문이다.

나는 2016년 선거운동 때 힐러리 클린턴을 위해 개인적으로 모금행사를 열었었다. 하지만 기업 지도자 자격으로 트럼프 백악관에 와서 인력개발과 기술훈련 프로그램에 대해 이야기하는 데 아무런 문제가 없었다. 세일즈포스는 정치적인 조직이 아니며 우리의 가치는 그 어떤 정당과도 관계가 없다.

차창 밖으로 280번 고속도로를 따라 있는 주요 지형물의 윤곽을 볼 수 있었다. 그 지형물들은 너무 친숙한 나머지 잠결에도 볼 수 있는 것들이었다. 하지만 마음속은 저 멀리 히말라야 산맥을 헤매고 있는 듯했다.

나는 발전과 원칙은 함께 제 역할을 하며 돌아가야 효과적이라는 것을 가르쳐주었던 할아버지 마빈 루이스에 대해 생각했다. 우리의 가치가 우리를 인도하게 해야 할 것이었다.

내가 하려는 일이 심사숙고해서 내놓은 기업전략이 아니라는 것을 알고 있었다. 그것은 빠르게 국가적 논란으로 떠오른 사안을 심각한 긴장 고조로 모는 것으로 비춰질 수 있었다. 반발이 예상되었다. 어떤 사람들, 심지어 내가 존경하는 사람들까지도 내가 정치적 싸움에 얽히는 것이 타당한지 의문을 제기할 것이었다.

그럼에도 불구하고 나는 휴대전화를 꺼내 트위터 앱을 열었다. 그리고 134자의 성명서를 작성했다.

"우리는 종교자유법에 대한 우리 직원과 고객의 분노에 근거해 인디애나 투자를 대폭 줄일 수밖에 없다."

그렇게 트윗을 올리고, 싸움에 돌입했다.

그렇지 않아도 조용한 차 안에서, 나는 심장이 쿵쿵 뛰는 것을 느낄 수 있었다. 물론 모든 단어들을 의도적으로 쓰긴 했지만, 나는 한낱 개인일 뿐이고 세일즈포스는 일개 회사일 뿐이었다. 나는 대놓고 드러낸 내 협박을 책임질 채비를 해야 한다는 것을 알고 있었다.

좋아, 스스로에게 물어보았다. 다음은 뭐지?

● ● ●

24시간 만에 (아직 다른 재계 지도자들로부터는 아니지만) 나와 비슷한 진술들이 트위터 세상에서 반향을 불러일으키기 시작했다. 이 여행길이 혼자가 아니란 걸 알고 안도했다. 인디애나폴리스에 기반을 둔 비영리 미국 대학체육협회인 NCAA National Collegiate Athletic Association는 성명을 통해 "우리는 특히 이 법안이 학생 운동선수와 직원에게 어떤 영향을 미칠지 우려하고 있다"고 말했다. 인디애나폴리스의 공화당 시장인 그렉 발라드조차 "우리 시는 기업, 컨벤션, 방문객과 주민을 유치하려고 애쓰고 있다. 우리 시는 다양성이 존재하는 도시이며, 나는 인디애나폴리스에서 살거나 방문하는 모든 사람들이 이곳에서 편안함을 느끼길 바란다"라는 말로 그 뉴스에 반응했다.

그 직후, 세일즈포스의 법률 자문위원인 에이미 위버와 공무 책임자인 짐 그린은 이 법이 폐지되거나 개정되기를 원하는 기업, 주 정부, 지역사회 단체, 성소수자 옹호 단체 등 생각이 비슷한 곳들과 협력하기 위해 팀을 가동시켰다. 그들은 인디애나폴리스로 날아가 외부 지지 단체들의 활동 근거지였던 상공회의소 근처에 캠프를 설치했다.

우리 회사 가치에 대한 메시지 전달을 중요하게 생각한다면, 이 일을 다른 사람에게 맡길 수 없는 일이었다. 그래서 직원 및 고객과 화상회의를 열었고 친구들에게도 연락했다. 수십 명의 CEO에게 이메일을 보냈고, 나의 의견에 동참해달라고 저녁식사를 하면서 다른 사람들에게 로비를 했다.

내가 포문을 여는 동안 더 많은 사람들이 그 문으로 들어와야 하는데, 그렇게 하도록 설득하는 일은 쉽지 않았다. 비록 그들에게는 강력한 플랫폼이 있었지만, 2015년에 많은 CEO들은 사회적 이슈들, 특히 정치적 저의가 있는 이슈에 뛰어들기를 꺼려했다. 그들 중 몇몇은 그 이후 내게 다시는 연락하지 않았다. 다른 사람들은 내가 주주가치보다 나 자신의 가치를 앞세웠다고 몹시 질책했다. 한 사람은 인디애나에 도전한 내가 '표적'이 될 거라고 경고했다. 심지어 전 미국 국무장관이자 합참의장이었던 나의 오랜 멘토 콜린 파월조차 나의 옹호 때문에 회사가 원치 않는 조사를 받게 될 수도 있다고 경고했다. 그가 내게 말했다.

"나무 위로 높이 오를수록 조심하게. 자네 뒷모습이 드러날 걸세."

나 자신과 회사를 많은 바람직하지 않은 결과에 노출시킨 건 아닌지 걱정되기 시작했다.

인정한다. 나는 좀 맥이 빠지기 시작했다. 그때 최근 아칸소 주에서 일어났던 사건이 기억났다. 그 주에는 월마트 본사와 1천700명의 직원을 둔 액시엄Acxiom이라는 회사가 있었는데, 그들이 비슷한 법안을 맹비난했었다. 그들의 반대 의사로 아칸소 주지사 아사 허친슨은 주 의원들에게 법안 변경을 촉구할 수 있었고, 그들은 그렇게 했다.

펜스 주지사는 그간 세일즈포스가 인디애나에 투자를 확대해야 한다고 주장해왔지만, 나는 언론에 이 주에서 차별을 허용하는 한 우리는 그럴 수 없다고 말했다. 우리는 인디애나폴리스에서 개최하던 연례 고객 행사를 뉴욕으로 이전할 계획이라고 발표했다. 그 행사의 참가자 만 명과 소요비용 800만 달러를 다른 곳으로 보내버리는 셈이었다.

그 후 며칠간, 일부 정치인들은 우리 회사를 민주적 절차를 붕괴시키려고 경제적 협박도 마다하지 않는 '악당 기업'이라고 불렀다. 몇몇 주주들과 고객들은 우리의 주식을 팔거나 우리의 소프트웨어를 폐기했다고 말했다.

그사이 조금씩 다른 기업 총수들이 문턱을 넘어서기 시작했다. 옐프Yelp의 제러미 스토플먼Jeremy Stoppelman은 "나머지 우리들을 위해 보호막을 쳐줘서 우리가 반대 의견을 밝혀도 괜찮다고 느낄 수 있게 됐다"며 내게 감사했다.

유튜브의 CEO이자 세일즈포스의 이사회 멤버인 수전 보이치키Susan Wojcicki도 나를 지지했고, 팀 쿡 애플 CEO는 오래전 워싱턴포스트 기고문을 통해 "미국 업계는 오래전에 모든 형태의 차별이 기업에 나쁜 영향을 미친다는 점을 인식했다"라고 말하며 다른 사람들도 일어나 이 같은 법률 제정을 반대하도록 독려했다.

곧바로 리바이스, 갭, 페이팔, 트위터, 일라이 릴리 등이 이 대열에 참여해 주지사에게 그 법을 폐지하도록 요구했다. 결국 전국의 시장과 주지사들은 인디애나로 가는 출장 금지령을 제정했다. 그리고 인디 록 밴드 윌코는 곧 있을 인디애나폴리스 투어 일정을 취소했다.

며칠 후, 체육관에 있는데 내 휴대전화가 울렸다. 전화기 너머 "인디애나 주지사 전화입니다"라는 목소리가 흘러나왔다.

그러곤 주지사가 전화를 넘겨받았다.

"마크, 무슨 일이오?"

전화를 걸어준 펜스 주지사에게 감사를 표한 뒤, 나는 단도직입적으로 그에게 말했다.

"당신이 이 법을 바꿔야 합니다. 그렇지 않으면 우리는 인디애나주에 불리한 경제적 대응을 실시할 겁니다."

거기서부터 우리의 대화는 긴박해졌다. 주지사는 내게 '우리'가 다음에 무엇을 할 건지 물었다. 그가 말하는 '우리'는 그 법안에 반대한 〈포춘〉지 선정 500대 기업의 자유분방한 컨소시엄을 뜻했다.

"이 문제를 해결하기 위해 우리가 함께 어떻게 일하면 되겠소?"

그가 물었다.

나는 우리의 유일한 목표는 모든 사람의 평등을 보장하는 것이라고 설명했다. 만약 인디애나가 그저 모든 사람을 똑같이 대우하기로 결정만 한다면, 반대는 사라질 것이다. 그만큼 간단한 일이었다.

3월 31일, 차별 법안 상정에 서명하고 떠들썩한 6일이 지난 후에, 펜스 주지사는 TV 기자회견을 열었다. 그는 "우리에게 인식의 문제가 있었다"라고 인정했다. 이틀 뒤 그는 사업주들이 이 법을 고객의 성적 성향에 근거해 차별할 명분으로 삼을 수 없다고 명시한 개정안에 서명했다.

확실히 우리가 이기긴 했지만, 그 결과를 '축하'했다고 말할 순 없다. 이런 싸움이 일어나지 않는 편이 더 좋았을 것이기 때문이다. 하지만 나는 전 계층의 우리 직원들이 결집했다는 것이 자랑스러웠다. 처음으로, 우리가 만든 문화의 완전한 의미를 보았다. 그것은 회사의 길과 CEO로서의 나의 역할에 중요한 분기점으로 다가왔다.

직원들은 근본적으로 나를 시험했다. 그들은 내가 결과에 상관없이 기꺼이 원칙에 입각하는지 알아야 했기 때문이다. 그것을 확인한 그들은 보호받고 있다고 느끼며 마음껏 자신의 본성대로 일할 수 있었다.

• • •

나중에 알고 보니, 인디애나에서의 싸움은 조금도 우리 사업에 타격을 주지 않았다. 오히려 그 후 몇 달간, 세일즈포스는 계속해서 기록적인 수익과 성장을 기록했고 실제로 미국의 사회 정의와 가치에 대한 국민적 화두의 중심에 스스로 뛰어들면서 우리의 인지도를 높였다.

그때, 나의 신념은 많은 사람들을 놀라게 했다. 많은 기업, 특히 월가에서는 CEO의 책임은 기업의 울타리 안에서 끝난다고 믿는 경향이 있었다. 모든 기업의 리더는 최소한 공식적으로는 기업 문제에 국한해서만 의견을 논해야 한다는 생각을 선호했다.

감사하게도, 그런 분위기가 바뀌기 시작했다. 최근 몇 년 동안, 점점 더 많은 리더가 손익보다 더 큰 문제에 대해 말하기 시작했다. 애플 CEO인 팀 쿡, 머크Merck CEO인 케네스 프레이저, 뱅크오브아메리카Bank of America CEO인 브라이언 모이니한 등 많은 다른 최고경영자들이 유니레버의 폴 폴먼과 펩시콜라의 인드라 누이가 CEO 재임 시절 그랬던 것처럼 가치를 내세우고 있다. 또한 사회적 목적을 그들의 비즈니스 일부로 포용하고 있다. 6조 달러를 관리하고 있는 세계 최대의 투자회사인 블랙록BlackRock의 회장 겸 CEO인 래리 핑크는 이 새로운 철학의 노골적인 옹호자다. 2018년, 그는 직원들에게 자신의 회사가 투자하는 각 기업은 "재무성과를 내야 할 뿐 아니라, 어떻게 사회에 긍정적인 기여를 하는지 보여주어야 한다"고 말했다.

하지만 확실히 해두자면, 인디애나가 결국 나에게 보여준 것은 한 사람이 기업의 윤리 기준을 책임지는 것이 아니라는 것이었다. 내 직원들로부터 걸

려온 전화와 메시지는 지도부가 행동하지 않을 경우 아래에서 들이대는 총검과 마주해야 한다는 것을 입증해주었다. 기업이 가치에 대한 약속과 헌신을 지지하지 않고 최고의 인재를 영입하고 유지할 수 있는 시대는 지났다.

다가오는 선을 위한 비즈니스 시대에는 아침에 알람 버튼을 누르고 출근하는 모든 사람이 한 역할을 할 수 있다. 이것은 단순히 최고경영진이 무슨 일을 하느냐의 문제가 아니다. 그것은 작업 현장이나 줄지은 사무실 칸막이에서 일어나는 일에 관한 얘기다. CEO가 사회적 이슈가 자신의 가치관과 충돌할 때 외면할 수 없듯이, 직원들은 지도부가 결정하는 것이 무엇이든 그들의 권한이 아닌 윗선에서 결정할 일인 양 할 수가 없다. 지도부가 기업의 가치에 따라 행동하지 않는다면, 전 직원이 그들에게 책임을 물을 필요가 있다.

과거에 양심은 대부분의 사람들이 회사의 대차대조표에서 '기타'로 분류하는 무엇이었다. 하지만 이제는 더 이상 그렇지 않다. 미래에는 가치가 가치를 창출한다는 개념을 수용하기 전에는 어떤 비즈니스도 성공할 수 없을 것이다.

그들은 트레일블레이저다

2016년에 나는 개발자관계 팀의 리더인 아담 셀리그먼과 사라 프랭클린에게 가장 숙달된 세일즈포스 전문가들, 즉 우리의 소프트웨어를 완전히 익히고 그들의 회사 내에서 실행하는 법을 배우는 사람들을 위한 봄 행사를 계획할 것을 요청했다. 비록 그들이 우리를 위해 일하지는 않지만, 이 전문가들은 우리 회사의 소중한 구성원들이다. 그들은 우리의 제품뿐만 아니라 우리 문화의 가장 위대한 혁신가이자 전도사의 일부다.

아담과 사라의 첫 번째 임무는 이런 전문가와 브랜드 홍보대사를 위한 행사를 계획하면서 그들의 이름을 정하는 것이었다.

"이 사람들을 뭐라고 부르지?"

나는 고위 임원들과 회의를 하며 물었다.

우리는 이 문제를 잠시 논의하다 교착 상태에 빠졌다. 그러자 사라가 큰 소리로 말했다.

"트레일블레이저trailblazer라고 부르죠."

나는 그 단어에 바로 매력을 느끼지 못했다. 우리가 개발한 '트레일헤드Trailhead'라는 온라인 훈련 프로그램을 알고 있었지만, 그런 편리한 브랜딩보다는 이 커뮤니티의 정신을 포착하는 데 더 관심이 있었다. 그 반면에, 나는 현장에서 그 사람들과 매일같이 일하는 사람이 아니었다. 나는 사라처럼 그들을 완전히 이해하지 못했다.

다음 날, 아직 이름이 결정되지 않은 상태에서 사라는 내게 결코 잊지 못할 이메일을 보내왔다. 그 안에는 리더가 팀과 조직에서 기대하고 활용할 필요가 있는 사고방식이 최고로 잘 요약되어 있었다. 내가 읽었던 것 중에 가장 훌륭했다.

"그들은 배우고 더 좋은 세상을 만들고 싶어 하며, 탐험을 두려워하지 않고, 혁신을 갈망하며 문제해결을 즐기고 사회에 돌려주는 걸 좋아합니다."

사라는 이어서 이렇게 썼다.

"그들은 문화와 다양성에 관심을 갖는 사람들입니다. 그들은 개척자, 바로 트레일블레이저예요.”

나는 사라의 말에 수긍했다.

놀랍게도 ‘트레일블레이저’라는 단어는 우리 직원, 고객 그리고 파트너 사이에서 열광적인 환영을 받았다. 앞면에 그 단어를 새겨 만든 검은색 후드 티셔츠가 순식간에 바닥날 정도였다. 나는 심지어 ‘트레일블레이저’를 샌프란시스코에서 매년 개최하는 큰 파티이자 소프트웨어 콘퍼런스인 드림포스Dreamforce에서 나의 다음 기조연설의 주제로 삼았다.

그러나 트레일블레이저 사고방식은 기술이나 소프트웨어에만 국한된 것이 아니다. 개척자는 사라와 같은 사람들이다. 아이디어와 신념이 있고, 목소리를 내는 것을 두려워하지 않는 사람들. 그들은 차별을 받거나 위협을 받는 다른 사람들을 보면 스콧 맥코클처럼 경종을 울리는 사람들이다. 그들은 말할 수 없이 많은 직원들, 고객들 그리고 심지어 인디애나에서 우리의 입장을 지지했던 경쟁자들 같은 사람들이다. 왜냐하면 그들은 편협함과 두려움이 발전과 이익의 적이라는 사실을 분명히 볼 수 있었기 때문이다. 그들은 세계 어느 분야, 어느 산업, 혹은 어느 회사에서나 그들이 더 나은 미래를 건설하는 데 할 역할이 있다고 믿는 사람들이다.

(이 책을 쓰도록 부추긴) 리더십 과제가 시급한 책무가 되기 전까지 나는 세일즈포스를 이해했다고 생각했었다. 게다가 위의 한 단어에 대한 엄청난 반응은 우리의 비즈니스 모델, 가치, 그리고 환원에 초점을 맞춘 창업이 공동의 사고방식이 되었다는 첫 번째 단서였다. 그 사고방식은 현재와 같은 세상의 상태를 그저 받아들이는 것으로부터 사람들을 자유롭게 해주었다. 지도도 없이 우리와 함께 야생의 자유로운 땅을 걸어가는 사람들의 결심이 기업과

그 주변 세상을 변화시키고 있었다. 트레일블레이저는 우리 문화의 중심점이 되었다.

앞으로 몇 년 후면 우리 삶의 원칙과 그것을 어떻게 논의하고 적용하느냐가 번창하는 모든 기업의 필수 기능이 될 것이다. 책임감 있는 기업시민으로서 행동하는 것이 해야 할 옳은 일이어서가 아니라 소비자들이 그것을 요구하기 때문이다.

이것이 꽤 의기양양한 개념이라는 것을 안다. 아마도 당신이 경영대학원에서 배우기를 기대했던 것은 아닐 것이다. 그래서 다음 내용에서는 세일즈포스의 가치와 트레일블레이저 커뮤니티가 어떻게 비즈니스 결과에 영향을 미쳤는지 알려줄 것이다. 또한 회사가 무슨 일을 하든 혹은 고객이 누구든지 간에, 진정한 가치는 당신이 지지하는 바를 기억하는 것, 그 한 가지로 귀결된다는 것을 내가 어떻게 이해하게 되었는지도 정확하게 알려줄 것이다.

나는 신뢰로 그 알림을 시작하는 것이 딱 적절하다고 생각한다.

3장

신뢰

제1의 가치

개인적으로 오랫동안 이어져온 도요타와의 관계는 1982년으로 거슬러 올라간다. 당시 10대였던 나는 비디오게임을 만들어 번 돈으로 생애 처음으로 검정색 수프라 자동차를 구입했다. 그 당시 이 자동차의 견인력, 각선 그리고 가속 페달을 밟았을 때 내는 유혹적인 소음에 특히 고마움을 느꼈다. 비록 시간이 흐르면서 도요타는 덜 직관적이고 더 지능적이 되었지만, 나는 도요타에 더 심취하게 되었다.

품질과 신뢰성에 대한 도요타의 독보적인 명성이 그 변화의 근원이었다. 이는 미국 자동차 시장을 정복하는 놀라운 성공으로 이어졌는데, 지속적인 개선 철학인 카이젠Kaizén에 완벽히 전념한 결과였다. 나는 경영학을 공부한 후 사회생활을 시작하면서부터 도요타에 대해 최대한 모든 것을 배우려고 했다. 도요타 창업자의 손자이며 CEO인 도요다 아키오Akio Toyoda의 부상을 예의 주시하면서. 그 회사, 특히 "최고는 없고, 오직 더 나은 것만이 있다"라는 도요다 CEO의 좌우명과 그것이 상징하는 모든 것에 곧 깊이 감탄했다.

그래서 2010년 2월 5일 일본 나고야의 도요타 본사 근처에서 급히 소집된 기자회견을 지켜보는 내 마음은 무거웠다. 그 회사의 73년 역사상 유례없는 일이었다.

도요타는 당시 제너럴모터스GM를 제치고 세계 최대 자동차 업체로 떠올랐다. 하지만 그 회사와 CEO는 오랫동안 바라왔던 성과를 축하해야 할 순간에, 명백한 가속 페달 결함을 포함한 일련의 안정성 문제로 도요타 자동차의 리콜 사태에 직면했다. 더 나쁜 소식은 도요타가 문제의 정도를 파악한 후에도 대처가 느렸으며, 미국 규제 당국의 공식 정밀 조사를 받게 되었다는 것이었다. 어렵게 얻은 품질에 대한 도요타의 명성은 전 세계가 지켜보는 가운데 무너지고 있었다.

표면적으로 이 사건은 무엇보다도 야심찬 판매 목표를 제일로 추구하는 기업들이 기본적으로 주의해야 할 이야기였다. 내가 아버지의 경영 방식을 관찰하면서 배운 것이 한 가지 있다면, 고객을 실망시키는 것은 결코 좋은 전략이 아니라는 것이다. 고객이 자신과 가족을 직장, 학교, 축구 연습장, 식료품 가게로 안전하게 이동시키기 위해 이용하는 제품을 만들 때 절대로 잃어서는 안 되는 것이 그들의 믿음이다. 도요타는 그들의 가치로 명성을 쌓았고, 그중에서도 가장 중요한 가치는 신뢰였다.

창업자의 손자이자 CEO인 도요다는 최소 800만 대의 차량을 리콜하고 격렬한 비난을 직접 감수했다. 그는 기자회견장에 모인 기자들에게 이 문제로 사람들에게 심려를 끼쳐 "매우 유감스럽다"라고 말했다. 또 상황을 바로잡는 것은 자신의 '개인적 책임'이라고 확실히 말했다. 그러고는 고개 숙여 사과했다.

나는 이 겸손한 몸짓의 의의를 바로 알아차렸다. 고개 숙이는 모습이 상징하는 체면 손상은 일본에서는 강력한 문화적 토템이다. 패배하거나 개인의 명예를 잃었을 때 스스로를 칼로 베는 사무라이와 군 지도자들이 구현한 전통이다. 나는 그의 사과가 진심이라는 것을 알 수 있었다. 또한 그것으로 충분하지 않을 것이라는 것도 알고 있었다.

모든 CEO는 신뢰와 성장이라는 두 가지 우선순위 사이에서 정교하게 곡예를 해야 한다. 우리 모두는 신뢰보다 성장이 우선시될 때, 결국 문제가 나타날 거라는 것을 지적으로 알고 있다. 그것은 최고의 리더, 그리고 가장 존경받는 기업에도 일어날 수 있는 일이다. 도요다는 미 의회 청문회 발언에서 "인력과 조직의 개발 속도를 넘어서는 성장을 추구했으며, 그 점을 깊이 유념하겠다"며 성장 위주의 경영을 했다는 점을 분명히 인정했다.

이 정도 규모의 위기가 닥치면, 그것은 대개 CEO가 회사의 가치를 재설정해야 한다는 신호다. 그리고 그 이후로 회사의 전 계층에 그 메시지가 확실히 전달되게 해야 한다. 만약 CEO가 이러한 변화를 만들지 못하면, CEO로서 오랫동안 남아 있지 못할 것이다. 도요다는 이 상황을 빨리 해결하겠다는 약속에 전혀 흔들림이 없었다. 그는 의회에서 "내 이름은 모든 차에 새겨져 있습니다. 도요타가 고객들의 신뢰를 회복하기 위해 강력하고 끊임없는 노력을 할 것을 약속드립니다"라고 말했다.

거실에서 생중계로 진행된 이 청문회를 지켜보면서, 나에겐 한 생각의 씨앗이 움트기 시작했다.

● ● ●

나는 오라클에 다니는 동안 처음으로 일본을 방문했었다. 당시 나는 일본 시장을 겨냥해 특별히 계획한 새로운 제품들을 소개하는 임무를 맡았었다. 당시는 내 일에서 의미를 찾기 위해 고군분투하던 시절이기도 했다.

그때 나는 겨우 서른에 접어들고 있었고 좋은 보수를 받는 실리콘밸리의 기술직은 외부에서 보면 꽤 좋아 보였다. 하지만 내 눈에서는 광채가 사라지기 시작했다. 나는 더 큰 목적을 추구하려는 꿈을 꾸기 시작했다.

일본에 도착할 때마다 나는 당장이라도 내게 다시 활기를 불어넣고 영감을 주고 싶은 열망과 함께 한층 더 고조된 선명한 느낌을 받았다. 지금까지도 나와 깊이 연결되어 있는 그 마법의 섬의 공기에는 뭔가 특별한 것이 있다. 그래서 내가 선Zen의 가르침을 탐구하기로 결심했을 때 교토행 기차표를 산 것은 우연이 아니었다.

교토 서북부에 위치한 료안지 사원은 내가 일본인들이 쇼신shoshin이라고 부르는 '초심자의 마음'을 계발하기 위해 인생 여행을 시작했던 곳이었다(이 일은 나중에 더 이야기하겠다). 나는 매년 여행을 떠났고, 종종 친구들을 초대해 함께했다. 그들에게 일본식 생활방식을 소개하는 것이 즐거웠다.

나에게 일본의 매력은 어떻게 일본 기업들이 자동차나 카메라 같은 대중시장 제품부터 디자이너의 티셔츠, 음식, 미술에 이르기까지 우수하고 효율적이며 아름답기까지 한 것들을 만드는 재주를 가지고 있느냐는 데 있다. 일본은 혁신과 디자인 거장들을 대단히 귀하게 여기는 나라다. 그래서 우리가 세일즈포스를 설립하고 1년 후에, 도쿄에 해외 첫 지사를 설립했다는 것은 그리

놀랄 일도 아니다.

지사 설립 초창기에, 사업차 내가 자주 일본에 가는 것을 좋아했다. 그 사실은 더할 나위 없이 좋은 일이 되었다. 일본도 우리 비즈니스에 있어 무한한 시장처럼 보였다. 몇 년 동안, 세일즈포스는 캐논과 일본우정공사를 포함한 많은 유명 일본 기업을 고객으로 확보했다. 도요타는 아직 우리의 큰 고객이 아니었지만, 그렇게 되길 간절히 바랐다. 나는 세일즈포스가 도요타가 고객과의 관계를 회복하는 데 도움이 될 적합한 제품을 가지고 있다고 확신했다. 나는 일본 사무실에 도요타와 회의할 경우를 대비해 몇 가지 아이디어를 구상하고 있다고 알렸다. 기회가 그렇게 빨리 올 줄은 상상도 못하면서 말이다.

리콜 사태 후 1년여 만에, 드디어 도요다와 그의 고위 임원진과의 회의가 잡혔다. 그들은 디트로이트 오토 쇼 참석차 미국을 방문 중이었고, 귀국 전에 샌프란시스코에 있는 세일즈포스 사무실에 들를 계획이었다. 내가 흥분했다고 말하는 것은 절제한 표현이다. 자신의 비즈니스 영웅 중 한 명을 만나는 일이 매일 있는 일은 아닐 테니까.

다만 한 가지 문제가 있었다. 도요다가 제안한 방문 날짜에 나는 하와이에서 가족과 휴가를 보낼 계획이었다. 캘리포니아로 돌아가는 비행기를 타고 아내와 아이들을 실망시키는 것은 선택사항이 아니었기 때문에, 나는 진심으로 애석해하며 그 방문을 거절했다.

그런데 놀랍게도 도요다는 하와이까지 날아오겠다고 했다. 나는 몰랐지만, 그는 내가 머물고 있던 집에서 조금 떨어진 곳에 집을 가지고 있었다. 내심, 그가 고객의 신뢰를 회복하는 데 우리가 도울 수 있다고 그를 설득하기 위해서 먼저 내가 그의 신뢰를 얻을 필요가 있다는 것을 깨달았던 것 같다. 그리고 이 고요한 하와이 섬보다 그 일을 더 잘해낼 수 있는 곳이 어디 있겠는가? 항상 하와이만큼 평화롭고 중심적인 곳은 없다고 느꼈다. 그러므로 이는 분명 운명이라고 생각했다.

나는 며칠 동안 계속 종이쪽지에 아이디어를 휘갈겨 썼다가 돌돌 뭉쳐 밖으로 내던졌다. 나는 반복해서 스스로에게 물었다. 상상할 수조차 없는 힘든 위기를 보낸 이후 고객의 신뢰를 되찾기 위해 고군분투하는 글로벌 기업에 가장 유용한 것은 무엇일까?

지금 도요타에 필요한 것은 고객과의 연결 방식에 대한 새로운 비전이라고 생각했다. 그들은 10대 시절 내가 처음 운전했을 때 느꼈던 본능적인 스릴과 연대를 불러일으키기 위해서 이러한 감정적 유대감을 회복하고 강화할 방법을 찾을 필요가 있었다.

2010년 우리는 소비자 중심의 소셜 네트워크가 대중화시킨 프로필, 상태 업데이트, 그룹, 실시간 피드 등의 기능을 활용한 기업용 소셜 협업 애플리케이션 제품 채터Chatter를 개발했다. 나는 당시 우리가 채터 기반의 소셜 네트워크를 구축해 운전자를 보다 큰 도요타 커뮤니티와 여러 방법으로 연결할 수 있다면 어떨까 생각했다. 운전자가 자동차 정비가 필요할 때나 비로소 다시 찾는 영업점 주차장으로 차를 몰고 가는 대신에 도요타의 고객들이 시동을 켤 때마다 회사의 존재감을 유용하게 느낄 수 있다면 어떨까?

내 생각에 해결책은 그 브랜드와 고객들 사이에 더 큰 신뢰를 만들어낼 수 있는 방식으로 도요타 운전자, 대리점, 본점을 연결시키는 것이라고 생각했다.

회의 시작 48시간을 남겨두고 댄 다아시에게 전화를 걸었다. 그는 세일즈포스가 그때까지 실행했던 가장 크고 혁신적인 몇몇 프로젝트를 나와 함께 작업한 사람이다. 그는 영업팀과 함께 라이브 데모와 슬라이드를 만들어 이 개념이 어떻게 작동하는지 보여주었다.

야심찬 제안과는 별도로 손님들을 위한 환영 분위기를 조성할 필요가 있었다. 일본 문화에서 선물 증정이 매우 중요하다는 것을 알던 나는 현지 예술가에게 서핑 보드 측면에 하와이 지역의 꽃과 나무가 서 있는 풍경을 그려달라고 부탁해 맞춤형 서핑 보드를 주문 제작했다. 또한 하와이 반바지, 티셔츠, 샌들을 준비해 도요타 손님들이 착륙할 공항으로 보냈다.

비가 올 거란 일기예보가 있었지만, 회의 당일 아침 비가 내리지 않아 감사했다. 결국 그날은 햇볕이 많이 내리쬐는, 사진처럼 완벽하고 멋진 날이었다. 나는 어쩔 수 없이 흰색 리넨 바지에 하와이 꽃무늬의 노란 셔츠를 입었다. 그러고는 그들을 기다렸다.

나는 현관문을 열고 도요다와 악수를 나누며 고개를 숙여 인사했다. 놀랍게도, 그와 그의 수행원들은 내가 보낸 캐주얼 복장을 입고 왔다. 그것은 꽤나 인상적인 광경이었다. 세계 최대 기업 중 한 곳을 경영하는 경영진이 흠잡을 데 없는 맞춤형 정장과 반짝반짝 윤이 나는 구두를 벗고 파도타기를 할 법한 옷을 입고 있다니!

이로써 우리 사이에는 순식간에 신뢰가 형성되었다. 도요다와 내가 재빨리 집 안 식당에 자리를 잡자 다른 사람들도 우리 주위에 자리를 잡고 앉아 경치를 감상했다. 고층 빌딩의 회의실보다는 태평양을 배경으로 해변가에 자리한 우리 집에서 회의를 하는 것이 조금 더 마음이 편안했다. 나는 한층 벗겨진 격식만큼 그들이 좀 더 마음을 열고 사려 깊게 우리의 생각을 들어주길 바랐다.

두 나라를 가르는 바다를 바라보면서, 나는 도요다에게 일본에 대한 나의 사랑, 그리고 검은 수프라를 몰았던 나의 애틋한 추억에 대해 말했다. 그의 환심을 사려거나 아첨하려고 그런 것이 아니었다. 비즈니스 세계에 오래 몸담아온 사람이라면 비즈니스 관계는 모두 거래가 아니라 연결에 관한 것이라는 점에서 삶의 관계와 똑같다는 것을 알 것이다. 비즈니스는 일시적이지만, 관계는 영원하다. 그 말은, 관계는 진실해야 하고, 공통된 기반 위에 구축되어야 한다는 것이다.

그러고 나서 나는 우리의 생각을 공유했다. "주인과 신뢰관계로 맺어진 차를 상상해보세요"라고 운을 뗐다.

"타이어 공기압이 낮고, 다음 주유소가 어디에 있는지, 정비 시기가 언제인지 주인에게 알려주는 자동차. 이게 다가 아닙니다. 더 많은 것이 있죠. 고객이 기업과 판매자, 정비사 네트워크, 심지어 다른 운전자와 더 신뢰할 수 있고 개별적인 관계를 형성할 수 있게 도울 수 있습니다."

처음에 도요다는 확신이 들지 않는 것처럼 보였고, 그럴 만도 했다. 그는 자동차 기술의 최전선에서 수 년을 보냈지만, 디지털 네이티브(태어나면서부터 디지털 환경에서 성장한 세대 - 옮긴이)는 아니었다.

"처음으로 소셜 네트워크를 접하고 있습니다. 그걸 뭐라고 부릅니까?"

그가 물었다.

"차는 믿을 만한 친구 같아야 합니다. 그래서 우리는 그것을 도요타 프렌드 Toyota Friend라고 부릅니다."

내가 말했다. 내 말에 도요다는 미소를 지었다.

"우리가 그 명칭을 써도 되겠습니까?"

그가 물었다.

"물론입니다."

나는 일본어로 긍정의 대답을 했다.

도요타 프렌드는 그날 내 손님들에게 깊은 반향을 일으켰고, 그들이 떠나기 전에 우리는 기꺼이 그들과 함께 도요타 프렌드를 만들기로 약속했다. 그 개념은 시대를 앞서 있었고, 도요타가 그 비전을 달성하기 위해 우리나 다른 회사로부터 기술을 완전히 통합하는 데는 많은 시간이 걸렸다. 그러나 그 생각이 맞았고, 이후 몇 년에 걸쳐서 그랬다는 것이 곧 분명해졌다. 다른 주요 자동차 회사들이 도요타를 모방하거나 각자 버전을 만들어냈다. 오늘날 도요타의 5천 개 매장과 280개의 대리점이 자동차 중심에서 신뢰를 형성하는 고객 중심 모델로 전환하기 위해 세일즈포스를 사용하고 있다.

개인적으로 가장 기쁜 일은 도요다와 내가 평생 친구가 되었다는 사실이다. 몇 년간, 내가 일본을 여행할 때면 함께 만났고, 그는 몇몇 세일즈포스 행사에서 기꺼이 연설을 했다. 그런 유대관계는 단지 일부 제품이나 기술에만 형성된 게 아니었다. 나아가 신뢰는 두 회사를 화합시켰다.

지금 생각하면 도요타의 그 당시 위기는 아득한 기억처럼 보인다. 도요타는 또다시 세계에서 가장 신뢰받고 존경받는 브랜드 중 하나로 올라섰다. 그리고 그 회사를 제자리로 되돌려놓은 것은 애당초 그 회사를 그 자리에 있게 해주었던 가치와 똑같은 것이었다.

있는 그대로

2018년 가을, 나는 비즈니스 카운슬The Business Council 회의에 참석하기 위해 디트로이트로 날아갔다. 그 회의에서는 CEO들이 함께 모여 모범 사례를 공유하고 새로운 아이디어 도전을 논의한다. 대화가 친숙한 주제, 즉 여러 기관의 신뢰 붕괴로 바뀌는 데는 오래 걸리지 않았다. 이 추세는 거기에 모인 〈포춘〉지 선정 100대 기업 경영진에게 새로울 것이 없는 것이었다. 그러나 그 회의에서는 전례 없는 위급한 수준으로 떠올랐다.

2018년 에델만 신뢰도 지표조사에 따르면, 28개국 3만 명 이상을 대상으로 조사한 결과 70% 가까이가 CEO의 첫 번째 책무로 고품질의 제품과 서비스 생산에 앞서 신뢰 구축을 우선석으로 꼽았다. 거의 3분의 2의 CEO가 정부의 조치를 기다리지 말고 정책 변화에 앞장서야 한다고 생각하는 셈이다. 나는 여기에 열렬히 동의했다. (2019년 에델만 신뢰도 지표조사에서는 응답자 76%가 CEO가 도전적인 이슈에 입장을 표명하고 기업 대내외적으로 개인적인 약속과 헌신을 증명해 보이기를 기대하는 것으로 나타났다. 그리고 75%는 그들의 고용주가 다른 어떤 조직보다도 훨씬 옳은 일을 할 것으로 믿는다고 말했다.)

이 자료는 최근 주요 뉴스 제목들로 미루어볼 때 놀랄 만한 것은 아니었다. 미국 은행 웰스파고Wells Fargo는 고객이 요청하지도 필요로 하지도 않았는데 직원들이 계좌만 개설하면 인센티브를 주었으며, 고객에게 원치 않는 보험과 주택 담보 서비스의 수수료를 청구했다고 인정했다(웰스파고 직원들이 판매 목표를 달성하기 위해 2011년부터 고객들의 정보를 도용해 최대 200만 개의 '유령계좌'를 개설했음이 2016년 밝혀졌다. - 옮긴이). 우버Uber는 운전자가 연루된 여러 성폭행 혐의로 비난을 받았다. 게다가 예전에 이 회사에서 일했던 한 여성 엔지니어는 사내 성희롱과 여성에게 적대적인 유해하고 역기능적인 문화를 보고하고 나섰다. 그 여파로 창업자이자 CEO인 트래비스 캘러닉이 해임되었다. 페이스북은 놀랍게도 그들의 무한 가상세계에 살고 있는 20억 인구의 신뢰를 저버렸다는 새로운 폭로가 매주 이어지듯 했으며, 러시아의 미국 선거 개입 시도에 연루된 스캔들에서 정점을 이루었다. 그러는 사이 최고 경영진들은 이러한 문제들을 무시하거나 축소시키고 비난을 모면하려고 애썼다.

디트로이트에서 우리는 인재들이 어떻게 많은 회사들을 떠나가는지 논의했다. 그들은 회사의 행동이 모순되거나 자신의 가치와 기업이 시도하는 계획의 가치가 어긋난다고 믿기 때문에 회사를 떠난다. 요컨대 사람들은 선의를 위한 목적 있는 플랫폼을 만들려고 노력하는 고용주를 위해 일하고 싶어 한다는 것이다. 이것은 어떤 지적인 구성 개념이 아니다. 똑똑한 직원들은 기업이 시도하는 계획의 가치가 그들의 가치관과 어긋나는 것을 볼 때, 그것을 개인적인 배신으로 간주한다. 그러곤 거기에서 걸어 나온다.

한편, 바로 이 시나리오는 전 세계 구글 사무실에서 대규모로 공공연하게 펼쳐졌는데, 서로 멀리 떨어져 있는 수천 명의 직원들이 회사가 성적 위법행위로 기소된 남성 임원들에게 수백만 달러의 퇴직 보상금을 지불한 것에 항의하기 위해 파업을 단행했다.

구글은 언제나 최고 기술 기업 중 하나다. 가장 재능 있고 야망 있는 많은 사람들이 그곳에서 일하고 싶어 한다. 그렇게 일하고 훌륭한 보상을 받는 기업으로 잘 알려져 있다. 나에게 교훈은 항상 명확했다. 아무리 존경받거나 사랑받더라도 신뢰에 관해서는 현실에 안주할 여유 있는 회사는 없다는 것. 그리고 신뢰를 쌓는 일은 회사 내부에서 시작해야 한다는 것.

● ● ●

우리가 내부 소셜 네트워크인 채터를 처음 소개했을 때, 몇몇 고위 관리자는 나쁜 생각이라고 여겼다. 이것은 분명히 거리에 상관없이 부서 간의 협업과 조화를 더 간단하게 해줄 것이다. 하지만 또한 직원들에게 회사의 문제에 대해 동료들과 함께 불평할 수 있는 확성기도 제공하게 될 거라고 우려했다. 반대론자들이 추측한 대로 채터는 분명 우리에게 역효과를 가져올 것이다.

사람들이 불평할 거라는 그들의 첫 번째 추측은 옳았다. 시체 없이 많은 세일즈포스 직원들이 불평 방송Airing of Grievances이라는 내부 채터 그룹을 형성한 것이다. 정확히 말 그대로였다. 어느 날 임원 한 명이 식은땀을 흘리며 내 사무실로 들어올 때까지 나는 이런 그룹이 존재하는지도 몰랐다. 채터상의 일부 대화는 그다지 달갑지 않은 회사의 모습을 묘사하고 있는 것 같았다. 나는 그에게 무슨 일이 일어나고 있는지 잘 볼 수 있도록 내 사무실 대형 화면에 채터를 띄워달라고 부탁했다.

내 반응은 그의 예상과는 달랐을 것이다.

"이거 대단하군!"

나는 들떠 소리쳤다.

그 순간, 그는 내가 제정신이 아니라고 생각했을 게 틀림없다. 하지만 나는 리더는 사람들이 말하는 것보다 말하지 않는 것에 훨씬 더 관심을 가질 필요가 있다고 믿었다. 사실, 걱정해야 하는 때는 사람들이 불평을 멈출 때다. 왜냐하면 그건 문제가 감춰지고 있다는 첫 번째 신호이기 때문이다.

채터에 나타난 대부분의 불평은 정확히 적색경보는 아니었다. 주차 공간을 독차지하고 있는 트럭이나 스낵바의 견과류 통이 텅 비어 있다, 같은 불평들이었다. 하지만 우리가 오랫동안 지켜온 관행을 재검토하지 않을 수 없었던 중요한 통찰력도 있었다.

첫 번째 중요한 불만 사항 중 하나는 회사의 온보딩Onboarding(조직 내 신입사원이 빠르게 조직문화를 익히고 적응하도록 돕는 것 - 옮긴이) 과정에 관한 것이었다. 듣자 하니, 신입사원들은 그 과정에 별로 흥미를 보이지 않았다. 그 게시 글에는 도착하지 않은 노트북, 연결되지 않은 전화기, 사원증 누락 등에 대한 불평들이 넘쳐났다. 분수령은 신규 사원이 첫날 그만두었을 때였다. 사원들에게 우리의 온보딩 과정이 흡사 '신고식'과 비슷하다는 공감대가 형성되었고, 우리는 그 문제를 즉시 해결해야 한다는 것을 알았다. 단 2년 만에 1만 명의 직원을 채용한 기업의 업무 수행에 있어 온보딩은 필수적이었다.

그래서 우리는 전체 과정을 개편해 변칙적인 부분은 줄이고 일관성은 더 높였다. 그러는 한편, 직원 개개인을 위한 개인화된 일대일 활동량을 증가시켰다. 그렇게, 아주 간단히 불평이 차츰 잦아들었다.

많은 기업의 결정이 회의실 방음벽 뒤에서 이루어진다. 만약 그것이 너무 지나치거나, 상부가 극비주의를 고집한다면 직원들은 회사의 가장 중요한 계획을 알 수 없는 꼭두각시 인형술사에게 지시받는 것처럼 느낄 수 있다. 그로 인해 어느 누구도 그 계획을 특별히 열심히 실행하고 싶어 하지 않을 거라고 나는 생각한다.

그래서 세일즈포스는 실제로 회사의 전 직원이 볼 수 있도록 경영진 연례 워크숍을 실시간으로 방송한다. 또한 직원들로부터 질문 받는 시간도 따로 확보한다. 상상할 수 있듯이, 이 방송은 몰아서 볼 만한 TV 프로그램이 아니다. 모든 사람이 채널을 맞추려고 애쓰는 것도 아니다. 우리가 측정할 수 없는 것은 단지 자신이 할 수 있다는 것을 아는 사람들의 가치다.

가치의 재미있는 점은 그 영향력이 우리처럼 데이터에 집착하는 기업에조차도 항상 수치화되지는 않는다는 것이다. 사람들이 좋은 경험을 할 때, 평행우주에서는 그것이 나쁜 것이었을지도 모른다는 것을 인지할 수조차 없다. 우리가 온보딩 시스템을 고쳐서 얼마나 많은 생산성 손실을 막았는지, 혹은 얼마나 많은 똑똑한 직원들의 이탈을 막았는지 표로 나타낼 방법은 없다. 나는 노트북을 하루 더 기다려야 하는 것 때문에 사람들이 그 자리를 박차고 일어나 회사를 그만둘 거라고 말하는 것이 아니다. 하지만 그것이 직원의 잠재의식에 입력되기만 해도, 작은 불신의 조짐은 몇 달 혹은 심지어 몇 년까지 잠재해 있다가 그들이 화려한 외부 일자리를 제의받을 때 다시 드러날 수 있다고 생각한다.

이 모든 것에서 캐내야 할 어떤 가치 있는 데이터가 있다면, 투명성은 우리가 얻는 것에 관한 것이 아니라 잃는 것을 피하는 것에 관한 것이라는 것이다.

어쩌면 나는 가끔 투명성을 너무 과하게 여겼는지도 모르겠다. 때때로 내 정직함이 사람들을 난처하게 만든다는 것을 안다. 올바른 균형을 찾는 일은 쉽지 않다. 어떨 때는 아주 겁이 날지도 모른다. 그러나 일단 진짜로 완전한 투명성의 개념을 받아들이면, 또한 자유로워진다. 그것은 당신이 내리는 모든 결정에 스며들기 시작하며, '우리' 대 '그들'이라는 부정적인 개념을 완화시키기 시작한다. 그것은 비밀 계획에서 벗어나 스스로를 드러내며 긍정적이고 윤리적인 행동을 장려한다.

한마디로, 투명성은 경쟁우위가 된다.

취약성이 당신을 더 강하게 만든다

구글이나 페이스북, 또는 많은 다른 〈포춘〉지 선정 500대 기업에 비해, 세일즈포스는 누구나 다 아는 이름은 아니다. 우리는 매장도 없고 소비자와 직접 접촉하지도 않는다. 로고가 새겨진 스마트폰이나 평면 TV를 만들지도 않는다. 나는 세일즈포스가 최신 유행 기술 기업의 이름과 섞여 많은 사람들의 눈에 잘 띄지 않을 거라는 걸 확실히 안다.

비록 우리가 일반적으로 알려져 있지는 않더라도, 우리를 알리기 위해 열심히 일했다는 것은 의심의 여지가 없다. 사실, 창업 당시, 그 일에 회사의 사활이 달려 있었다. 우리가 클라우드 서비스를 일반인에게 제공할 때, 우리는 고객에게 그들의 금융 데이터와 세일즈 리드, 그리고 그들 고객의 민감한 데이터 수집물을 보호하도록 우리를 신뢰해달라고 요청했다. 아, 그리고 또 우리가 '클라우드cloud'라고 부르는 아주 이해하기 힘든 곳에 이 모든 정보를 안전하게 보관할 수 있도록 우리를 신뢰해달라고 부탁했다. 지금은 모든 사람들이 두 번 생각하지 않고 클라우드에 모든 것을 저장하지만, 1999년 당시에는 상당히 급진적인 영업 메시지였다.

게다가 우리는 특정 월에 소프트웨어를 만료하기로 결정하는 대신 손쉽게 서비스를 해지할 수 있는 구독 모델을 기반으로 비즈니스를 구축했다. 우리에게 100% 신뢰하지 못할 징후가 보이면, 고객은 우리를 버릴 수 있었다.

다시 말해, 우리의 성공 열쇠가 제품 사용을 쉽게 만드는 명확한 인터페이스 설계나, 제품을 동작시키는 훌륭한 코드가 아니란 걸 처음부터 알고 있었다. 그렇다면 지금처럼 당시에도 우리의 비밀 열쇠는 우리가 약속 하나하나를 모두 일관적으로 이행할 것이라는 고객의 신뢰였을 것이다.

하지만 작은 스타트업이 수지를 맞추는 게 말처럼 쉬운 일은 아니었다. 초창기, 우리의 많은 시스템이 베타 단계를 겨우 벗어났을 때, 때때로 서비스가 지연되거나 완전히 네트워크가 끊기는 전반적인 시스템 장애를 겪었다. 우리 비즈니스는 블랙박스나 다름없었고, 고객들은 뒤에서 무슨 일이 벌어지고 있는지 알 길이 없었다. 어느 날 제품에 로그인해서 실제로 사용해보아야만 제품이 제대로 작동하는지 안 하는지, 아니면 아예 작동하지 않는지를 알 수 있었다.

첨단 기술로 고객을 미래로 이끌겠다는 대담한 약속을 한 기업이 서비스 상태를 투명하게 알려주지 못하는 부분은 큰 취약점이었다. 고객에게 좌절감을 안기는 주요 원천이었다. 결함이 발생했을 때, 우리는 그 상황에서 대부분의 기업들과 똑같이 처신했다. 머리를 파묻고 가능한 한 고객에게 결함에 대해 거의 말하지 않으면서 눈감고 아웅 했다. 우리는 엔지니어들이 문제해결을 위해 24시간 일하고 있다는 것을 알고 있었지만, 우리의 중대한 실수에 고객의 이목을 집중시키는 것이 특별히 현명하다고 생각하지는 않았다. 솔직히 우리도 당황했다. 돌이켜보면, 나중에 알았지만 경쟁사 한 곳이 언론에 어떤 서비스 중단을 보도하기 위해 세일즈포스 무료 시험판에 등록했었다는 건 놀라운 일이 아니라고 생각한다.

2005년 어느 날, 최고 경영진과의 원격 회의에서 공동 창업자 파커 해리스Parker Harris가 프레젠테이션을 진행하고 있었다. 그런데 직원 중 한 명이 급히 달려와 그에게 긴급한 소식을 전하는 것이 아닌가. 쪽지를 읽는 파커의 얼굴에 나타난 표정은 내가 알아야 할 모든 것을 말해주었다. 그가 잠시 멈췄다가, 회의실을 바라보았을 때 나의 우려가 현실이 되었다. 그는 어떤 CEO도 듣고 싶어 하지 않는 말을 했다.

"우리 사이트가 다운되었다는군요."

파커 팀이 사태를 수습하는 데 90분이 걸렸는데, 그 상황을 감안하면 아주 훌륭한 대처였다. 하지만 미친 듯이 전화를 걸고 이메일을 보내고 우리로부터 어떤 납득할 만한 대답도 듣지 못했던 고객들은 그 시간을 영원처럼 느낀 것 같았다. 그날 하려던 업무로 복귀하려는 노력은 헛수고였다. 그 사건은 우리에게 블랙박스를 알기 쉽고 투명한 것으로 교환할 때라고 경종을 울려주었다. 결국, 우리가 언제까지 계속 대답을 강력히 요구하는 고객들을 피할 수 있겠는가?

그때 파커가 목소리를 높여 대담한 해결책을 제안했다.

"모든 사람에게 무슨 일이 일어나고 있는지 실시간으로 정확히 알립시다."

그 말에 많은 임원들이 즉각 반발했다. 그러면서 그들이 물었다.

"왜 전 세계에 우리의 취약성을 보여주어야 합니까?"

처음에 나는 그들의 의견에 동의했다. 세계 어느 곳에서나 노트북을 가진 사람들이 우리의 서비스 단절을 모니터링할 수 있는 인터페이스를 만들겠다는 생각이 마음에 들지 않았다. 그것은 마치 기업의 자살 행위처럼 보였다.

그러나 몇 분 만에 나는 다른 각도로 그 사건을 바라보았다. 물론, 가장 쉬운 일은 아무것도 하지 않는 것이었다. 그냥 앉아서 이를 악물고 문제가 해결되기를 기다리는 것이었다. 반면 대담하고 반직관적이며 꽤 정확할지도 모를 조치는 근본적인 책임을 수용하는 것이었다. 즉, 고객이 무슨 일이 일어나고 있는지, 있는 그대로 나쁜 점까지 모두 볼 수 있게 하는 것이었다.

간단히 말하면, 이것이 트러스트닷세일즈포스닷컴trust.salesforce.com이 탄생한 배경이었다. 오늘날까지 이 사이트는 시스템 성능, 예정된 유지보수, 트랜잭션 규모 및 속도 그리고 모든 보안 문제 정보를 실시간 제공한다. 그리고 시간이 흐르면서, 우리는 고객이 미리 계획을 세울 수 있도록 신제품 출시에 관한 우리의 독점 계획을 사전에 제대로 공유한다. 또는 연례행사인 드림포스 콘퍼런스를 앞두고 콘텐츠를 미리 볼 수 있도록 하는 등 회사의 안팎에서 벌어지고 있는 일들을 점점 더 많이 알렸다.

나는 적극적으로 밖에 나가 세상에 당당히 맞설 때, 대개 어느 정도는 고통이 수반된다는 것을 부정하지 않을 것이다. 취약성은 두렵다. 하지만 그것은 또한 당신을 더 강하게 만든다.

대박, 확실

2007년 1월 9일은 기술 및 기기 마니아들이 1969년 달 착륙과 같은 경건함으로 회상하는 날이다. 그날은 아이폰이 처음 세상에 나온 날이다.

많은 업계 관계자들이 샌프란시스코에서 열린 맥월드 컨벤션에서 스티브 잡스가 이 세상을 바꿀 기기를 공개하는 것을 지켜보았다. 당시 그들에게 아이폰의 중요성은 곧장 명확하게 와닿지 않았다. 그러나 나는 혁신적인 미래가 도래했다는 것을 직감적으로 알았다. 곧 이 세상의 모든 사람들이 이 기기, 그러니까 실제로 전화기를 넘어서는 강력한 소형 컴퓨터를 지갑과 주머니에 넣고 다니게 될 것이었다.

나는 이들 중 많은 사람들이 세일즈포스의 고객이 될 거라는 걸 깨달았다. 그들은 우리의 소프트웨어를 이 매끈한 기기에서 실행할 수 있는 능력을 원하게 될 것이었다. 나와 함께 이 행사에 참석한 파커도 같은 반응을 보였다. 그는 아이폰을 '세상을 깜짝 놀라게 하는 것'이라고 불렀다. 그리고 그의 말이 옳았다.

다음 날, 나는 회사로 돌아와서 모든 피봇pivot을 끝낼 피봇을 발표했다. 그 순간부터 우리 팀에게 엔지니어링 자원을 새로운 목표에 집중시킬 것이라고 말했다. 그것은 세일즈포스를 데스크톱 회사에서 모바일 회사로 전환하는 것이었다. 모바일 기능은 우리가 만든 모든 제품에 적용되어야 할 것이었다.

만약 그날, 당신이 내게 이 시스템 전반에서 일하고 있는 모든 사람이 우리 엔지니어링 팀의 작업 접근 방식을 완전히 다시 생각해볼 것을 원한다고 말했다면, 어땠을까? 나는 전혀 놀라진 않았겠지만 겁이 났었을 것이다. 기술이 엄청난 속도로 발전하면서 이른바, 당신을 여기에 있게 해준 기술이 당신을 거기로 데려다주지는 않을 것이다. 파커는 엔지니어링 팀에게 이렇게 말했다.

"모든 옛 버전들은 잊읍시다. 모바일은 이제 더 이상 세일즈포스의 새 버전이 아닙니다. 새로운 비전입니다."

그 당시 내가 예상치 못했던 것은 그것이 어떻게 우리의 결심과 우리가 수년간 쌓아온 신뢰의 문화를 시험할 것인가 하는 것이었다.

파커와 기술 팀이 이 캠페인을 시작하자마자, 그들은 연이어 실패를 맛봤다. 모바일 기기에서 작동하려면 데스크톱 컴퓨터에서 동작하도록 구축한 소프트웨어가 완전히 새로운 기술 아키텍처로 변경되어야 했다. 문제는 우리 중 누구도 이런 훈련을 받은 적이 없다는 거였다. 어느 누구도 터치스크린 인터페이스를 이용한 간단한 소프트웨어를 만드는 방법에 조예가 깊지 않았다.

기념비적으로 느껴졌던 첫 번째 개발 스프린트에서 우리는 모바일 앱을 만들었다. 고객은 기본적으로 그 모바일 앱을 싫어했다. 그들은 앱이 너무 투박하고 느리다고 불평했다. 이 실패는 무엇보다도 우리의 사기와 자신감을 난도질했다. 다행히도 우리는 혁신에 대해 충분히 알고 있었기 때문에 같은 접근법을 사용해서는 다른 결과를 기대할 수 없다는 것을 이해했다. 그래서 지금이 상황을 바꿀 때라고 결정했다.

2012년에 파커는 새로운 모바일 팀 리더를 찾기 시작했다. 그는 경쟁사인 오라클과 SAP에서 대규모 기술 팀을 이끌었고, 업계에서 일반적으로 존경받았던 스리니 탈라프라가다를 낙점했다. 스리니가 도착한 직후, 나는 핵심 경영 팀과의 특별 회의를 소집해 우리의 모바일 계획을 재고해보았다. 모두가 내 방 테이블에 둘러앉자, 몇몇 임원이 상세한 제안을 했다. 스리니의 차례가 왔을 때, 이 신참은 딱 다섯 마디로 간단히 말했다.

"그건 완전 대박일 겁니다. 확실합니다."

나를 포함해 모두 그의 허세 섞인 표현에 웃었지만, 그 충격은 놀라웠다. 사무실에 갑자기 전기가 다시 들어온 것 같았다. 그리고 모바일 팀은 스리니가

CEO에게 무슨 말을 했는지 들었을 때, 그들의 새로운 상사가 대담하게 일대 모험을 감행했다는 사실을 좋아라했다. 그들은 즉각 그를 신뢰했다.

파커와 스리니가 처음 바꾼 것 중 하나는 코딩과 전혀 관련이 없었다. 그들은 샌프란시스코의 상징적인 페리 빌딩 맞은편에 위치한 랜드마크 빌딩에 있는 그들의 현대식 새 사무실에서 모바일 팀 전체를 떼어내어 몇 블록 떨어진 곳에 위치한 사무실에 데려다놓았다. 그곳은 최근까지 버려져 있던 아주 열악한 공간이었다. 엔지니어들은 페인트칠이 벗겨지고 경치나 편의시설, 가구 따위가 없는 이 황량한 업무 공간으로 귀양 가는 것을 결코 달가워하지 않았지만, 스리니는 자신의 결정을 고집했다. 그는 때때로 새로운 방식으로 문제를 보기 위해서는 환경의 변화가 필요하다는 것을 알고 있었다. 이 경우처럼 열악한 환경일지라도.

실리콘밸리에서 이미 했던 시도의 작고 점진적인 개선에 초점을 맞추는, 계속되는 반복 개념은 사실상 신앙과도 같다. 그때까지 우리는 그런 반복 개념의 충성스러운 신봉자들이었다. 모바일 앱 버전이 실패할 때마다, 우리는 이 작은 수정들이 합쳐져 제대로 될 거라는 희망을 품고 끝없이 시도를 반복했다. 하지만 결코 그런 일은 일어나지 않았다. 파커와 스리니는 당장 그들의 팀이 다시 시작하기를 원했다.

그 팀에는 사기 진작이 필요했다. 그래서 파커는 사무실 화이트보드에 큼지막하게 '대박, 확실'이라고 휘갈겨 썼다. 물론, 엔지니어들은 그 당시 그들의 작업을 대박이라고 느끼지 않았다. 그럼에도 불구하고, 그들 한 명 한 명은 모두 그 말을 맹신하며 동의했다.

모바일 팀은 그들의 음침한 작전사무실에서 오랜 시간 일했다. 그것은 지치는 일인 동시에 아주 신나는 일이기도 했다. 어느 순간, 그들은 처음부터 새로운 앱을 만들기 시작했다. 코딩 막바지 단계에서는 스리니를 포함한 40여 명의 엔지니어가 밤샘작업을 했다. 그들이 이 프로젝트를 바탕으로 세운 팀 정신은 오늘날까지 지속되고 있다.

2014년 5월, 몇 년 동안 시작 단계에서부터 실패했다가 다시 짜 맞추기를 하며 혹독한 시기를 보낸 후, 세일즈포스의 모바일 버전에 대한 비전이 실현되었다. 세일즈포스 모바일 앱은 엔터프라이즈 모빌리티의 기준을 세웠다. 이를 통해 필립스나 스탠리 블랙 & 데커Stanley Black & Decker 등 수많은 신규 고객을 확보했고, 그 기업들의 직원은 책상에 붙박이처럼 매여 있지 않아도 되었다.

2018년 새로운 샌프란시스코 세일즈포스 타워가 문을 열었을 때, 모바일 팀의 엔지니어들은 그들이 일하는 공유 공간에 화이트보드를 하나 설치했다. 거기에는 '대박', '확실'이라는 두 단어가 적혀 있었다.

수년간 나는 신뢰와 투명성이 동전의 양면이라는 것을 배웠다. CEO로서, 나는 회사의 모든 비밀들, 즉 모든 코드, 재무 자료, 기술적 문제를 모든 직원이 볼 수 있게 펼쳐놓을 수 있었다. 하지만 만약 그 직원들이 서로를 믿지 못한다면, 경영진이 얼마나 개방하든 충분하지 않을 것이다. 전선에 있는 사람들은 상황이 어려워질 때, 그들의 팀과 리더가 현장 바로 옆에 함께 있을 거라는 걸 믿을 수 있어야 한다. 확실하다.

없던 거래

신뢰는 단순한 개념처럼 보일지 모르지만, 사실 본질적으로 꽤 다면적이다. 어느 정도까지 다른 사람을 믿느냐의 문제인 동시에 다른 사람이 당신을 확실히 믿을 수 있도록 하는 것이기도 하다. 리더에게 가장 어렵게 여겨지는 점은 자신의 판단을 믿을 적절한 때가 언제인지 아는 것이다. 주위의 어느 누구도 동의하지 않을 때조차 말이다.

대체로, 나는 남들이 나를 어떻게 생각할지 걱정하는 데 많은 시간을 소비하는 사람이 아니다. 내가 골든스테이트 워리어스 농구팀 경기 동안 코트 근처에서 댄스를 추다 종종 영상에 잡히거나, 일명 세일즈포스의 최고 사랑 책임자로 불리는 내 반려견 골든리트리버와 함께 회사에 나타나는 모습을 보면 설명이 되리라 생각한다. 나는 남들이 나를 미쳤다고 생각할지도 모를 상황에서도 항상 내 방식대로 살고 싶어 했다. 결국, 실리콘밸리의 모든 벤처 투자가들이 내 아이디어가 쓸모없다고 말했는데도, 나는 훌륭한 직장을 그만두고 작은 임대 아파트에서 회사를 차릴 정도로 나 자신을 믿었다.

시간이 흐르면서 나는 본능에 충실하도록 배웠고, 그 점에서 꽤 좋은 성적을 받았다고 생각했다. 그러나 최근 경영대학원에서 공부했던 어떤 상황과는 다른 리더십 딜레마에 빠졌다. 중차대한 이해관계가 걸린 상황이었기 때문에 스스로 불편한 질문을 던질 수밖에 없었다. 내 본능이 틀렸다면?

어느 순간, 모든 리더는 주변의 모든 똑똑한 사람들의 판단을 무시해야 하는 입장에 처하는 자신을 발견하게 될 것이다. 궁극적으로는 간단한 선택으로 귀결될 그런 것 말이다. 설령 지금의 위치에 있게 도와준 사람들의 신뢰를 잃게 될지라도, 계속해서 마음 가는 대로 하고 본능을 충실히 따를 것인가?

2016년 나는 트위터를 사야 한다고 확신했고, 그때 바로 이 딜레마에 빠졌다.

내 머릿속에서 그 비즈니스 건은 강렬한 사례였다. 나는 트위터 인수로 고객이 새롭고 다양한 측면에서 대중적 존재감을 얻게 될 거라 믿었다. 그 플랫폼은 우리 고객이 그들의 고객과 일대일 관계를 맺고 그들의 제품을 더 효율적으로 마케팅 및 판매, 그리고 지원을 할 수 있게 해줄 터였다. 또한 기업이 완전히 새로운 잣대로 혁신의 씨앗이라 할 솔직한 피드백과 다양한 관점을 요청할 수 있는 훌륭한 수단처럼 보이기도 했다.

트위터를 통해 고객이 3억 명 이상의 사용자로부터 수집된 잠재적 데이터 보고에 접근할 수 있게 될 거란 것도 나는 알았다.

그리고 나는 이 소셜 플랫폼을 이용함으로써 또한 광고, 전자상거래, 그리고 다른 데이터 기반의 애플리케이션을 크게 개선할 수 있을 거라고 굳게 믿었다. 더군다나 트위터는 어려움을 겪고 있었고, 내 생각에 두 회사의 합병은 두 회사 모두에 유익할 것으로 보였다.

하지만 불행히도 경영진은 내 생각에 그냥 시큰둥한 정도가 아니었다. 그들의 입장은 매우 회의적이거나 완강히 반대하는 등 다양했다. 그들은 많은 투자자들의 신망을 잃은 곤궁한 처지의 소셜 네트워크를 인수하는 것이 소프트웨어를 판매하는 우리의 핵심 비즈니스와 어떻게 맞아떨어지는 건지 이해하지 못했다.

이러한 우려는 나를 단념시키지 못했다. 적어도 처음에는.

우리는 트위터 인수 작업을 조용히 하려고 했지만 결국 정보가 유출되었다. 사람들이 내게 미쳤다고 말하면 할수록, 트위터 인수에 대한 내 열정은 커져만 갔다. 나는 사람들에게 트위터가 '다듬어지지 않은 보석'이고 그래서 귀중한 거라고 말했다. 심지어 대략적인 가격을 정했는데, 그 회사에 200억 달러 이상을 지불할 준비가 되어 있었다.

여전히 나는 경영진과 마찰을 빚고 있었고, 소문이 돌자, 나조차도 내가 태풍의 눈을 향해 가고 있을지도 모른다고 느끼기 시작했다. 우리의 주가는 곤두박질치기 시작했는데, 무시할 액수가 아니었다. 듣자 하니 월스트리트는 우리의 경영진보다 훨씬 더 확신하지 못하는 상태였다.

나는 미신을 믿는 사람은 아니다. 하지만 항상 징후와 징표의 힘을 믿어왔다. 돌이켜볼 때, 나는 반대론자를 이기는 것에 너무 집중한 나머지 하마터면 큰 것을 놓칠 뻔했다는 것을 깨달았다.

그해 가을 나는 트위터 인수에 필요한 투자적격등급을 달라고 신용평가기관들을 설득할 요량으로 그들과 회의를 잡았다. 트위터 인수 규모는 당시 우리에게는 사상 최대였다. 회의는 세일즈포스 본사에서 어느 아침 일찍 열릴 예정이었다. 약속된 시간에 나는 내 경력상 최고의 설득을 준비한 것 같은 기분으로 차에서 내렸다.

그때 나는 보도 턱을 제대로 보지 못하고 발이 걸려 세게 넘어졌다.

내 옆에 최고재무책임자인 마크 호킨스가 서 있었는데, 넘어지기 직전 몹시 황급하게 외치는 그의 낮익은 목소리가 들렸다.

"오, 넘어져요!"

정말이지, CEO가 임원진 앞에서 대놓고 발을 헛디뎌 넘어지는 것도 그렇지만, 아주 혼잡한 보도 위에서 넘어져 수십 명의 직원들이 지켜보고, 오가는 많은 사람들을 놀라게 하는 일은 또 다른 얘기다. 내 키가 약 196cm 정도라는 것도 도움이 되지 않았다. 엄청나게 큰 쿵, 하는 소리가 났다고 한다.

직원들이 나를 향해 달려들더니, 몸을 숙여 내가 의식이 있는지 살폈다. 나는 재빨리 보도에서 몸을 일으켜 청바지를 쳐다보았다. 무릎이 금속판에 부딪치면서 바지가 찢어지고 다리에 생채기가 났다. 정강이에서 피가 뚝뚝 떨어지는 것을 느낄 수 있었다. 그때는 미처 몰랐지만, 넘어지면서 반월연골이 파열되었다. 나는 혼잣말을 했다. 아파도 아랑곳하지 말고 계속 걸어.

"자, 힘차게 계속 갑시다."

비서실장인 조 포치가 믿을 수 없다는 듯이 나를 쳐다보았다. 나는 큰 소리로 말했다.

최선을 다해 내 실수를 감추려고 노력했지만, 몹시 창피했다. 나는 어설픈 사람이 아니다. 그날 그 일이 있기까지 지난 50년 동안 용케도 별 탈 없이 차에서 내려 똑바로 서왔다. 하지만 돌이켜보면, 그 순간이 우연의 일치는 아니었다고 생각한다. 머릿속이 복잡했기 때문이다. 내 발은 내 머리가 하지 말아야 할 것을 말해주고 있었다.

나는 그날 평가기관들에 잘 설명했고, 그들이 그 거래에 있어 내 말을 믿을 거란 걸 알았다. 그러나 내 마음 가장 깊은 곳에서 소리 없이 곪아온 의심은 너무 강했다. 2주 후 드림포스 무대에서 나는 동료, 임원, 투자자의 걱정스러운 얼굴들을 마주하게 되었다. 거의 모두가 세일즈포스와 트위터 조합에 반대했다. 이제 포기할 때라고 판단했다. 트위터 인수설로 급락 중인 우리 주가 때문이라기보다 내가 내 본능을 믿어야 하는 것 이상으로 이 사람들이 나를 믿어줘야 한다는 걸 깨달았기 때문이었다. 그래서 좀처럼 하지 않는 일을 했다. 바로 그들에게 사과한 것이다. 그리고 나는 그 거래에서 손을 떼기로 결심했다는 것을 분명히 했다.

발을 헛디뎌 좋은 점은 비유적으로 그리고 이 경우엔 말 그대로 항상 통찰력이 생긴다는 것이다. 트위터 사건을 통해 내가 배운 점은 많은 다양한 계통의 신뢰가 있고 때때로 그 신뢰들이 충돌할 거라는 것이다. 리더의 진정한 기준은 어떤 사업을 하든 그러한 충돌을 극복하고 더 강해질 수 있느냐 하는 것이다.

사업을 시작하든 팀을 운영하든 아니면 회사 전체를 경영하든지 간에, 자신의 본능을 믿는 것은 비전이나 아이디어 실현에 필수적일 수 있다. 하지만 나는 이제 자신에 대한 믿음이 전부가 아니라는 것을 이해한다. 유능한 리더가 되려면 퍼 올릴 신뢰의 저장소가 필요하다. 그리고 일단 저장소의 신뢰를 다 써버리면, 다시 채우는 데는 몇 년이 걸릴 수 있다.

세일즈포스가 트위터 인수에서 손을 떼면서 실로 엄청난 잠재적 가치를 잃었을 가능성이 있다. 인수로 인해 회사를 망쳤을 가능성도 있다. 우리는 어느 쪽일지 결코 알 수 없을 것이다.

어떤 계산에도 포함되지 않은 건 우리가 유지한 신뢰의 가치다.

● ● ●

나는 샌프란시스코 우리 집에서 기업가와의 정기 만찬을 주최한다. 그중 한 만찬에서, 젊은 스타트업 CEO와 긴 대화를 나눈 적이 한번 있었다. 그에게 회사의 최고 가치를 물어보았다. 그는 뻔한 대답임을 넌지시 내비치는 어조로 "혁신"이라고 대답했다.

왜 "신뢰"라고 대답하지 않았느냐고 내가 묻자, 그는 나를 이상하게 쳐다보며 이렇게 설명했다.

"저는 신뢰를 믿지 않습니다. 최고의 아이디어가 승리하고, 그것이 실리콘밸리 성공의 열쇠라고 믿습니다."

한때는 그랬는지 모르지만, 나는 "앞으로는 그렇지 않을 겁니다"라고 대답했다. 그렇다. 혁신은 중요하다. 하지만 신뢰보다 혁신에 가치를 두기 시작하면 진짜 곤경에 처하게 된다. 따뜻한 물에서 느긋하게 즐기다 물이 끓는 순간에 꼼짝할 수 없는 개구리 신세가 될 것이다.

전에도 말했지만, 다시 한 번 말하면 가치를 돈으로 환산할 방법은 없다. 그리고 맞다. 가치, 특히 신뢰를 우선시할 때 이익을 꾀하지 못할 순간이 있을 것이다. 단기적으로 말하자면 그렇다. 그러나 당신의 회사가 어느 분기에 벌어들인 돈은 시간이 흐를수록 당신이 잃게 된 신뢰보다 결코 더 가치 있지는 않을 것이다.

대부분의 성공한 CEO들, 특히 창업자에게 회사를 정말 훌륭하게 만든 중요한 이정표를 말해달라고 하면, 대개 획기적인 제품이나 아이디어 중심으로 이야기한다. 혁명적인 청정에너지 기술, 매우 인기 있는 회계 소프트웨어 프로그램, 또는 숨 가쁘게 경쟁 중인 한 검색 엔진 알고리즘의 일부 작은 변경 혹은 그 사이 어떤 것의 이야기일 수 있다.

우리가 대부분 이런 유형의 것으로 기본 값을 정한다는 것은 놀랄 일이 아니다. 모든 새로운 혁신이나 제품은 '전과 후'를 가지고 있으며, 그 차이는 정량화될 수 있다. 이 판매 수치, 이 고객 유지율, 그리고 이 수익을 확인해보십시오! 정말 놀랍습니다!

내가 눈에 띄는 비율 증가나 한껏 들뜬 제품 출시 같은 피상적인 것들을 초

월했다고 말할 수 있었으면 좋겠다. 그러나 나는 세일즈포스의 제품과 수익을 여러 차례 자랑해왔다. 우리가 전 고객에게 애플리케이션을 원하는 대로 바꿀 수 있는 기능을 제공하는 방식을 알아내면서 기쁘게도 다음 회계 연도에 25%나 수입이 늘어났고, 그런 이익이 왜 우리 회사 규모에 놀라운 일인지 설명할 수 있는 차트를 만들 수 있었다. 그것은 그래픽으로 보자면 홈런이었다. 우리 CEO들은 자신을 칭찬할 때 이런 그래프를 제시하는 것을 좋아한다.

하지만 나는 세일즈포스의 진짜 성공 이야기는 신뢰가 완고함이나 자존심을 압도했던 순간들, 그러니까 투명성이 창피함에 대한 두려움, 혹은 수백만 달러의 수익 손실 가능성마저 이겨냈던 순간들로 가장 잘 설명된다고 믿는다.

회사가 만든 훌륭한 제품은 커다란 떡갈나무와 같다. 큰 떡갈나무는 그 나무를 심은 모든 사람에게 수년 동안 캠핑하기 좋은 그늘을 제공할 수 있다. 신뢰와 같은 가치는 극적인 수익 차트를 만들어내지 못할 수도 있고 가장 커다란 나무가 절대 되지 못할지도 모른다. 가치는 묘목이 되기를 바라며 땅속에 심는 수백여 개의 작은 도토리에 더 가깝다. 내가 몇 년 동안 배운 것은 그 묘목을 보살핀다면, 결국에는 다 같이 성장할 거라는 것이다. 지구상에 숲보다 더 튼튼한 한 그루의 나무는 없다.

4장

고객 성공

기술을 통한 변화

메릴린치의 내 개인 금융 자문가가 전화를 걸어 '긴급' 통화라고 말했다는 걸 들었을 때, 나는 둘 중 하나일 거라고 생각했다. 모두 전혀 좋은 내용은 아닐 것이다. 주식시장이 폭락하고 있다거나 내 투자 중 하나가 죽을 쑤고 있다는 것 둘 중 하나일 터였다.

사실, 그보다 훨씬 더 나쁜 소식이었다. 세일즈포스에 관한 거였다.

알고 보니, 내 자문가는 내 포트폴리오 때문이 아니라, 우리 회사가 그의 회사와의 거래를 잃을 위기에 처했다는 것을 경고해주려고 전화한 것이었다. 2013년, 메릴린치는 세일즈포스의 그저 한 고객이 아니었다. 단일 규모로는 가장 큰 고객이었다.

6년 전, 메릴린치가 2만 2천 명의 고객 자문가를 위해 세일즈포스 소프트웨어를 설치하기로 결정했을 때, 그것은 우리에게는 정말 최초의 대규모 거래 계약이었다. 당시 나는 그 계약을 굉장한 성과이자 세일즈포스가 성장할 준비가 다 되었다는 가장 확실한 징표라고 공표했다. 만약 이 선도적인 금융 서비스 기업이 매우 안전하고 기술적으로 정교한 그들의 시스템과 트랜잭션을 더도 말고 덜도 말고 딱 클라우드에서 우리가 모두 관리할 수 있다고 믿는다면, 우리가 할 수 없는 것은 아무것도 없을 것이라고 나는 생각했었다.

그랬었지만 이제 우리는 분명히 문제에 직면한 것이었다. 메릴린치의 최고운영책임자COO인 존 호가티가 수천 명의 자문가에게 세일즈포스를 뻥 걷어차 버려야 한다고 말하면서 그들의 호응을 유도하는 동안, 내 자문가는 회사 전체 회의에서 빠져나와 내게 막 전화를 건 것이었다.

"여기엔 당신네 제품을 좋아하는 사람이 아무도 없어요."

그렇게 말하곤 내 자문가는 내게 불필요한 설명을 했다.

"어서 빨리 당신이 직접 수습해야 합니다."

설상가상, 2013년의 메릴린치 저항은 (생각해보니) 우리 중 누구도 통제할 수 없었던 어떤 외부 환경 때문에 생긴 일이 아니었다. 그 회사는 경쟁사에 현혹되거나 IT 예산을 삭감하지도 않았다. 이유는 잔인할 정도로 간단했다. 그들은 우리의 소프트웨어를 좋아하지 않았다.

문제는 이랬다. 메릴린치의 기반 비즈니스의 수호자인 메릴린치 자문가들은 다른 무엇보다도 속도와 기능성을 중시했다. 반면에 세일즈포스 소프트웨어는 너무 느렸고, 우리가 그들을 위해 구축했던 인터페이스는 그들에게 직관적이거나 사용이 쉬워 보이지 않았다. 간단한 작업에도 너무 많은 일련의 단계가 필요해 귀중한 근무 시간이 낭비되었다. 예를 들어, 주소록에서 연락처를 검색하려면 세 번의 클릭을 해야 했는데, 클릭할 때마다 6초 정도 대기 시간이 걸렸다. 내가 그들의 불만의 본질을 알면 알수록 상황이 더 나쁘게 들렸다. 나는 메릴린치에 몹시 화가 났고 우리가 잘릴 직전에 있다는 사실에 조금도 놀라지 않았다.

그날은 나에게 여러 면에서 어두운 날이었다. 고객으로서의 메릴린치를 잃는 것은 그 자체만으로도 재앙이 되겠지만, 그 파장은 더 큰 재앙이 될 수 있었다. 메릴린치의 거부는 세일즈포스가 큰 경기판에 낄 준비가 되어 있지 않다는 메시지를 전달할 것이었다. 그러면서 다른 주요 고객들의 불만을 끄집어내고 우리와의 관계를 다시 생각하게 만들 것이었다. 그 이상으로, 나는 우리가 5단계 화재 경보가 발령되기 전에 이러한 문제를 알아채지 못한 것에 화가 났다. 무엇보다 우리의 핵심 가치 중 하나인 고객 성공에 부응하지 못했다는 점에 기분이 안 좋았다.

세일즈포스의 슬로건은 고객이 성공하도록 도구를 제공하고 지원하는 것보다 더 중요한 건 없다는 것이다. 어떤 때 그것은 성장, 수익 또는 순이익 증가의 문제고, 다른 때는 그들의 고객과 더 잘 접촉하고 연결하는 문제다. 종종, 성공은 단순히 이전의 복잡 미묘한 프로세스와 운영을 간소화해 고객의 더 많은 시간과 관심을 다른 곳에 쓸 수 있게 해주는 것을 의미한다. 감상적으로 들릴지 모르지만, 고객의 성공은 세일즈포스의 성공 측정 방법이다. 결국, 고객이 우리와 함께 성장하지 않으면 우리는 성장할 수 없다.

우리는 벼랑 끝에 서 있었다. 우리는 메릴린치와 이 가치를 유지하는 데 실패했다.

그 회의 직후, 메릴린치의 최고정보책임자인 마크 알렉산더는 우리가 '저지'된 상태라고 알려왔다. 이는 우리가 이러한 사용적합성 문제를 해결할 때까지는 더 이상 그 은행과 새로운 사업을 할 수 없다는 의미였다. '은행'이라는 말은 메릴린치뿐만 아니라 그 모기업이자 세계 최대의 금융기관 중 하나인 뱅크오브아메리카를 뜻했다. 우리는 이미 뱅크오브아메리카와 몇몇 사업에 착수했으며, 더 많은 사업을 확보하기 위해 열심히 노력하고 있는 상황이었다. 이 고객을 잃으면 그 문이 영원히 닫힐지도 모를 일이었다.

나는 내 자문가의 말이 맞다는 걸 알았다. 내가 개입해서 그 상황을 해결할 뭔가를 해야 했다. 그것도 아주 빨리. 머릿속에 있는 다른 모든 이슈를 지우고 책상을 깨끗이 정리한 후, 첫 번째로 사이먼 멀카히에게 전화했다. 그는 2009년에 우리가 가장 복잡한 고객 엔지니어링 프로젝트를 처리하기 위해 고용한 런던 출신의 41세 세일즈포스 임원이었다. 전직 영국 육군 장교였던 사이먼은 이전엔 〈세계경제포럼〉에서 일했었다. 그는 그곳에서 스미스소니언 Smithsonian이 소장하고 싶어 한 아주 기발한 '혁신 열지도 Innovation Heatmap'를 만들었다.

그러므로 메릴린치와의 관계를 회복시키기 위한 '회복 Get Well' 프로그램을 진두지휘할 인물로 사이먼보다 더 나은 사람은 없었다. 그는 산호세에서 나와 합류해 존 틸 John Thiel 메릴린치 자산관리 부장과 저녁식사를 했다. 나는 존에게 우리가 이 문제들을 해결할 것이고, 사이먼이 필요한 모든 자원을 동원해 그렇게 할 거라고 약속했다.

정해진 시간과 엄청난 압박 속에서, 사이먼은 전국의 메릴린치 지점을 순회하기 시작했다. 그는 수십 명의 메릴린치 자문가와 회의를 하면서 그들과 그들의 동료가 가장 싫어하는 소프트웨어의 특징과 기능, 그리고 그들이 바라고 우리가 해줄 수 있는 어떤 특정 개선 사항들을 보다 분명하게 밝힐 수 있기를 바랐다.

이 여정을 시작한 지 2주 만에 재미있는 일이 일어났다. 사이먼은 자신의 인터뷰 접근 방식이 의미 있고 실행 가능한 데이터를 많이 산출하지 못한다는 것을 발견했다. 그와 같은 입장에 선 대부분의 사람들은 대다수 자문가의 불평이 작고 비교적 간단하게 해결될 소프트웨어 문제라는 사실에 안도했을 것이다. 그러나 사이먼은 이러한 불평을 다 합쳐도 자문가들의 불만 강도를 설명해주지는 못하는 것 같아 그런 사실을 받아들일 수가 없었다.

사이먼은 손에 수수께끼를 쥐고 있는 것처럼 보였다.

● ● ●

1980년대 오라클 영업부에서 처음 일을 시작했을 때, 문제해결에 철저하게 참여하기는커녕 고객과 마주 앉아서 우리 제품이 어떻게 기능하고 있는지 이야기한다는 개념은 좀처럼 상상이 되지 않았다. 그 당시 오라클과 다른 급성장 중인 기업들은 간단한 전략을 고수했다. "곰을 보면, 곰을 쏴라"라는 식이었다. 다시 말해서, 만약 고객을 만나고 있다면, 목표는 오로지 최대한 짧은 시간 안에 계약서에 도장을 찍고 나오는 것이다.

나는 이 전략을 좋아했던 적이 없다. 이 전략의 문제는 거래 상대인 고객이 구매한 소프트웨어를 정말로 필요로 하는지, 또는 그 소프트웨어가 고객이 사업 목표의 진전을 이루는 데 도움을 주는지를 고려하도록 누구에게도 동기부여를 하지 않았다는 점이다. 또한 신뢰를 쌓을 시간 역시 많이 두지 않았다.

우리가 세일즈포스를 설립했을 때, 나는 가능한 한 그 비즈니스 모델을 피하겠다고 맹세했다. 그 당시 기업용 제품을 판매하는 회사는 극소수에 불과했고, 그들은 모두 고객에게 높은 유지보수 비용을 제시하며 장기 계약 체결을 요구했다. 만약 그 결과가 마음에 들지 않는다 해도, 당신은 빠져나가지 못했을 것이다. 그래서 세일즈포스는 언제든 취소할 수 있는 구독 모델을 만들어 판매하기로 결정했는데, 이는 우리가 얼마나 많은 곰 가죽을 수집했는지는 중요치 않다는 의미였다. 갱신율은 고객이 우리의 소프트웨어를 통해 필요로 하는 것을 얻고 있는지의 척도가 되었다. 따라서 우리의 주요 건전성 지표도 되었다.

이 공식을 똑바로 아는 데는 시간이 좀 걸렸다. 초기에 우리 고객 대부분은 매달 신용카드로 결제하고 한순간에 해지할 수 있는 작은 기업들이었다. 얼마 후, 나는 우리에게 해지율 문제가 있고, 운영 철학에 근본적인 변화가 필요하다는 것을 깨달았다. 우리는 기본 비즈니스 모델을 바꾸려 한 것이 아니었다. 때문에 고객에게 우리의 상호 이해관계가 일치한다는 것, 즉 고객이 얼마나 빨리 성공하느냐에 우리의 성공이 달려 있다는 것을 보여주기 위해서는 노력의 방향을 새로 설정해야 했다.

첫 번째 단계는 영업부서 외에 계약 체결보다 경청하는 일을 담당하는 또 다른 접점을 고객에게 제공하는 것이었다. 그를 위해 고객 성공 매니저 팀을 만들었다. 전체 팀 역할은 고객이 우리의 소프트웨어 도구를 어떻게 사용하고 있는지 파악하고, 그들이 우리를 떠나기로 결정했다면, 바로 가서 이유를 알아보는 것이었다.

시간이 흐르면서, 고객 성공 매니저 팀은 중요도로도, 수치적으로도 계속 성장했다. 그들은 명예로운 고객 서비스 담당자 그 이상이 되었다. 그들은 우리 회사의 눈과 귀였다. 그들은 우리가 제품을 개선할 때뿐만 아니라 구체적이고 독특한 고객의 요구에 맞춰 개선 사항들을 조정하는 데 이용한 귀중한 피드백을 수집했다.

하지만 2013년에는 이 시스템의 운용이 미진했던 것 같았다. 메릴린치는 너무 크고, 요구는 너무 구체적이고 복잡하며 명확히 설명하기 어려웠다. 그래서 우리 제품이 제 역할을 하지 못하고 있다는 것을 알 수 없었다.

이 무렵 세일즈포스는 설립된 지 14년이 되었고 우리 기술 팀은 어마어마한 팀이 되어 있었다. 우리는 무엇이 잘못되었든 고칠 수 있는 충분한 프로그래밍 화력을 가지고 있다고 확신했다. 그러나 메릴린치의 자문가들과 연이어 만났음에도 사이먼은 문제해결에 필요한 조치는 고사하고, 여전히 문제가 정확히 뭔지 알아내느라 애를 먹고 있었다.

사이먼은 자문가들이 부분적인 이야기만 하고 있다는 느낌을 받기 시작했다. 그는 메릴린치의 자문가들이 주소록 검색같이 우리가 고칠 수 있어야 한다고 생각하는 작은 문제들에 대해서 할 말이 많다는 것을 알아차렸다. 자문가들은 그들의 일의 방식을 근본적으로 바꿀 수 있는 대대적이고 전면적인 개선에 대해서는 말하지 않고 있었다. 왜냐하면 그들은 우리의 소프트웨어가 그들이 원하는 개선을 이루어줄 수 있는 힘을 가지고 있다는 것을 전혀 깨닫지 못했기 때문이었다.

그래서 사이먼은 방향을 전환하기로 했다. 그는 되묻고 있던 질문 대본을 서류가방에 집어넣고 자문가들에게 우리 소프트웨어를 잠시 잊으라고 요청하면서 회의를 이끌어가기 시작했다. 그는 자문가들에게 상세한 작업 흐름에서 카메라를 뒤로 당겨보라고 했다. 그러곤 그들이 일하면서 부닥쳤던 더 큰 문제들을 더 폭넓게 전체적인 시각에서 보여 달라고 부탁했다. 그제야 진실이 드러나기 시작했다. 예를 들어, 자문가들이 더 빠른 검색 속도를 요구했을 때 그들에게 정말 필요한 것은 그들 고객에 대한 예방 차원의 사전 경고나 그들에게 유용한 시장 데이터를 알려주는 등의 일을 할 수 있는 더 스마트한 '과업'이었다.

사이먼이 이 접근법으로 어떻게 바로 수십 가지의 유망한 아이디어를 도출할 수 있었는지 이야기했을 때, 내 어린 시절의 영웅인 앨버트 아인슈타인의 말이 생각났다.

"만약 내게 문제를 해결할 시간이 한 시간이 있다면, 문제를 생각하는 데 55분을 쓰고, 그 해결책을 생각하는 데 5분을 쓸 것이다."

결국 아인슈타인이 옳았다. 만약 문제를 이해하는 데 투입하는 시간과 노력의 대부분을 집중한다면, 해결은 쉬운 부분이 될 것이다. 과거에 우리는 고객의 시간을 잡아먹는 작고 지루한 모든 업무 기능을 단순화하거나 자동화할 수 있도록 지원했다. 물론 중요한 일이었다. 하지만 기술이 거의 무한한 가능성을 지닌 세상이 아닌가. 그런 세상인데도 전체적인 시각으로 고객이 직면한 가장 크고 시급하며 잠재적 고통을 지닌 문제를 파악하고, 그 해결 방법을 찾아내는 일을 포기해야 하나. 우리는 그렇게 미미하고 주변적인 개선부터 해나갈 수는 없었다.

이런 접근의 변화가 얼마나 중요한 것으로 판명되었을지는 더 말할 필요가 없다. 진짜 문제는 우리가 메릴린치를 위해 만든 소프트웨어가 아니라 우리가 구축한 고객 성공 인프라였다. 메릴린치의 자문가들이 우리에게 알려준 것은 우리가 그 과정을 거꾸로 하고 있다는 것이었다.

문제의 이면에 있는 문제를 처리함으로써, 우리는 고객이 상상할 수 없었던 방식으로 그들을 더 효율적으로 만들어줄 수 있는 소프트웨어를 설계할 수 있었다. 그 이후로, 우리는 체크리스트에 집중하는 것을 멈추고 돌파구를 마련할 방법을 찾아야 한다는 것을 알았다.

이 철학은 소프트웨어 비즈니스에만 적용되는 것이 아니며, 기술 세계에도 적용이 가능하다. 우리는 어떤 기업 고객이든 그들이 생각했던 것보다 그들을 더 성공적으로 만들어줄 수 있는 특징을 제공할 수 있다. 기업은 곰을 쏘는 것을 멈추고 고객이 정말로 필요로 하는 것을 듣기 시작해야 한다.

드림포스와 커뮤니티의 힘

세일즈포스는 '고객 성공'을 공식적인 가치로 규정한 최초의 회사 중 하나였다. 하지만 우리는 항상 그 일이 거기서 끝나지 않는다는 것을 알고 있었다. 결국 가치는 행동으로 옮기고 되살릴 때 큰 가치가 있다.

고객 성공 원리를 활성화시키기 위해 사용한 전술 중 하나는 정교해 보일 수도 있고, 어쩌면 상당히 유별나 보이기까지 할 수도 있다. 우리는 고객 성공을 매년 개최하는 콘퍼런스의 초점으로 삼았다.

항만 지역에 사는 사람이라면, 이 행사 모습에 아마 친숙할 것이다. 매년 가을, 90개국에서 직원, 고객, 현역 실무자, 독립 소프트웨어 개발자, 파트너 및 투자가로 구성된 넓은 의미의 세일즈포스 가족 중 17만 명 이상이 샌프란시스코를 방문하겠다고 등록한다. 그리고 1천500만 명의 또 다른 사람들이 온라인상에서 그 행사를 함께 지켜본다. 우리는 이 행사를 드림포스라고 부른다.

드림포스는 흔히 소프트웨어 콘퍼런스로 묘사된다. 나는 그 묘사가 정확하다고 생각한다. 우리는 분명히 소프트웨어 회사니까. 그 외에도 우리는 수많은 세미나 및 제품 시연, 그리고 다른 콘퍼런스 부류의 프로그램을 개최한다. 드림포스를 처음 개최했을 당시 우리의 생각은 고객을 한꺼번에 근거지로 불러 모아 신제품을 선보이고, 더 많은 비즈니스를 창출하려는 것이었다. 그러나 많은 참가자들이 드림포스를 가족 모임으로 묘사하는 걸 선호했다. 다소 귀엽게 들릴지 모르지만, 그게 딱 맞는 묘사다. 많은 사람들이 오래된 친구들을 보고, 새로운 친구들을 만나고, 커뮤니티 느낌을 한껏 즐기기 위해서 드림포스에 온다.

드림포스는 우리의 원대한 생각을 숙고하고 더 나은 모습을 추구할 수 있는 나흘간의 기회다. 우리는 미셸 오바마, 멀린다 게이츠, 젭 부시를 초청 연사로 내세웠다. 우리는 비즈니스 리더들이 여성 리더십부터 평등, 지속 가능성 및 명상까지 모든 것을 논의하는 CEO 시리즈를 주최한다. 앨 고어 전 미국 부통령을 초청해 기후위기에 맞서는 주제의 강연을 열었다. 존 루이스 하원의원에게는 평등 발전, 그리고 오스카상을 수상한 여배우 패트리샤 아퀘트에게는 임금 평등을 주제로 한 강연을 요청했다. 참가자들은 짙은 황색의 예복을 입은 승려가 이끄는 명상 세션에 매일 참여할 수 있다.

어떤 면에서 드림포스는 대규모 파티다. 참가자들이 샌프란시스코 레스토랑에서의 크고 떠들썩한 저녁식사를 계획했다면 우리는 스티비 원더, U2, 레이디 앤터벨룸, 닐 영, 푸 파이터스 콘서트를 주최했다.

내 방식으로 생각하면, 드림포스는 세일즈포스가 활기를 띠는 곳이자 사람들이 우리의 공유 가치 아래에 함께 모여 다양한 분야의 흥미로운 사람들과 섞이고, 어울리고, 먹고 마시고, 만나고, 배움을 나누는 곳이다. 어떤 두 사람도 같은 이유로 드림포스에 오거나 같은 의미를 느끼며 드림포스를 떠나지 않는다.

2003년 첫 드림포스를 개최했을 때, 얼마나 많은 사람들이 등록할지 전혀 감을 잡을 수 없었다. 그 당시 우리에게는 400명도 채 안 되는 직원과 8천 명의 유료 고객만 있었다. 나는 아무도 오지 않을까 봐 걱정되어 콘퍼런스 의장인 엘리자베스 핑캠에게 티켓 가격을 낮추라고 말했던 것을 기억한다. 나는 그녀에게 좌석들이 텅 비는 난처한 광경을 피하기 위해 대회의장에서 의자 200개를 빼달라고 요청했다. 그녀에게 "그곳이 입석 전용 공간처럼 보였으면 좋겠다"라고 말했다. 그런데 말할 것도 없이, 1천 명이 넘는 사람들이 나타났을 때 나는 뛸 듯이 기뻤다.

오늘날 우리는 모스콘 센터 주변 거리를 차단해 '드림파크' 캠퍼스를 조성한다. 우리는 전체 구역에 인조잔디를 깔고, 등반 벽과 폭포를 세우고, 열두 팀의 밴드 공연을 야외무대에서 교대로 열고, 바쁜 참가자들이 바삐 움직이는 사이사이 먹을 수 있는 점심 도시락을 소풍용 탁자에 잔뜩 쌓아놓는다. 이벤트, 밋업meetup 그리고 행복한 시간이 샌프란시스코의 사우스오브마켓South of Market, 파이낸셜 디스트릭트Financial District, 유니언 스퀘어Union Square 근처 수십 개의 호텔과 식당에 넘쳐난다. 나는 드림포스가 진행되는 동안 잠잘 겨를이 거의 없다. 그런데도 아직 그곳에서 일어나는 일들을 전체적으로 경험하지 못하고 있다. 어느 해인가 참가자 수가 너무 많아서 셀러브리티 크루즈Celebrity Cruises와 협력했다. 그들은 샌프란시스코 항구에 드림보트라 불리는 배를 정박

시키고 그 지역 호텔이나 에어비앤비Airbnb 주인들이 감당할 수 없는 모든 참가자들에게 거처를 제공했다.

한 목표를 달성하기 위해 채택한 전술이 또 다른 목표 달성을 위해 진화하는 것을 보며 나는 끊임없이 놀란다. 더 많은 소프트웨어를 판매할 기회를 잡고자 시작했던 일이 우리가 하는 모든 일의 중심에 고객을 두는 발상의 전형이 되었다. 사실 드림포스가 커지면 커질수록 우리에 대한 것은 점점 줄어들었다. 오늘날 고객의 축하 행사로 마련된 드림포스에서 고객은 그들의 성공을 즐기고, 새로운 기술을 습득하고, 기술과 혁신 트렌드를 더 폭넓게 연구하며, 사회적 이슈에 대해 토론한다. 이 트레일블레이저들은 자신의 성공만을 생각하는 것이 아니다. 다른 사람들이 그들의 사업과 경력을 또 다른 수준으로 끌어올리도록 격려하고 싶어 한다. 이 때문에 2천700여 개의 교육 세션과 워크숍 중 상당수는 실제로 직원보다는 고객이 주도하고 있다. 일부 고객은 동호회를 조직하고 이벤트를 준비하거나, 심지어 드림포스 관련 팟캐스트 진행까지 시작했다.

다시 말해서 드림포스는 우리의 이익을 강화하는 것이 아니라, 클라우드, 모바일 기술, 소셜 미디어, 인공지능의 발전으로 계속 파괴되고 있는 이 세계에서 고객이 지속적으로 발전하도록 돕는 것이다. 참가자들이 캠퍼스를 바삐 돌면서 가능한 한 배운 모든 것을 흡수하고, 알게 된 것을 서로 공유하면서 발산하는 기쁨과 목적의 조합을 묘사하기란 어렵다. 드림포스는 우리 커뮤니티가 지닌 트레일블레이저 정신이 살아나는 이상하고, 때론 엉뚱한 에너지의 장이다.

2016년 드림포스를 몇 주 앞두고 나는 뉴욕 타임스퀘어에 있는 웨스틴 호텔에서 만찬을 주최했다. 선별된 고객과 숙련된 우리 기술 전문가에게 내 기조연설을 미리 선보이고 싶었다. 이들은 대형 금융회사의 CEO부터 각 직급의 세일즈포스 전도사까지 다양한 구성을 이루고 있었다. 만찬은 그들의 충성도와 지지에 대해 재미있는 형식으로 감사하려던 것이었지만, 수천 명의 사람들 앞에서 할 내 연설에 대해 피드백을 받을 수 있는 기회이기도 했다.

나의 드림포스 기조연설의 주요 주제는 아인슈타인이라는 신제품이었다. 고객은 아인슈타인을 통해 우리가 소프트웨어 속에 구축한, 점차 더 정교해지는 인공지능 능력을 활용할 수 있게 될 것이었다(5장에서 좀 더 다룰 것이다). 나는 곧 있을 아인슈타인 출시를 생각하며 황홀해했다. 그러곤 내 손님이 나의 무한 열정에 빠져들기를 바랐다. 그러면서 의상 리허설을 마치고 발언 시간을 가졌다.

"여러분은 우리의 포커스 그룹focus group입니다."

내가 말했다.

"제게 여러분이 생각한 것을 말해주십시오."

반응은 내 예상과 달랐다. 아무도 나의 기조연설이나 아인슈타인에 대해 말하고 싶어 하지 않았다. 그들은 소프트웨어에는 전혀 관심이 없었다. 그들은 몇 주 후에 샌프란시스코 드림포스에 가서 친구나 동료들과 재회하는 것이 얼마나 흥분되는 일인지를 말하고 싶어 했다. 그리고 거기서 흡수할 수 있는 새로운 지식에 대해 진정으로 토론하고 싶어 했다.

그때 나는 불현듯 세일즈포스의 엔지니어링 실험실 안에서 일어나는 것이 무엇이든 실험실 밖에서 일어나는 것과 비교하면 의미가 퇴색한다는 것을 깨달았다. 드림포스는 미래의 도전과 기회에 스스로 대비하기 위해 모인 똑똑하고, 참여적이며, 야심찬 사람들로 구성된 커뮤니티의 중심지였다. 그들은 발전하기 위해, 그들의 업적을 축하하기 위해 왔지만, 서로의 발전과 성취 역시 축하의 대상이었다.

요즘은, 내가 만약 한 회사의 리더급과 이야기를 하는데 그들이 가치의 가치the value of value에 대한 나의 주장을 믿는 것 같지 않으면, 나는 드림포스가 어떻게 우리의 브랜드와 고객 성공의 궁극적 표현이며, 우리 커뮤니티가 어떻게 성장의 선순환을 일으키고 만드는지 설명한다. 우리 제품을 사용해 성공하게 된 사람들은 다른 사람들이 그들과 함께하기를 원한다. 결국, 그런 열망에 힘입어 우리의 커뮤니티 그리고 우리의 비즈니스가 성장한다.

연결

2008년 글로벌 금융위기가 터지자 많은 세일즈포스 고객이 오랫동안 두려워했던 평가에 직면했다. 손쉽게 돈을 벌고 공격적으로 확장하는 시대는 그야말로 하루아침에 사라졌다. 많은 경영진이 할 수 있는 최선은 경제가 다시 정상화될 때까지 가만히 기다리는 것이었다. 그러다 어떻게 해서든 파산당하지 않고 살아남기를 기도하는 것이었다.

하지만 경기가 다시 회복되기 시작했을 때조차도 많은 고객들이 '정상'이라는 개념이 재평가되어야 한다는 것을 직감적으로 알았다. 그전까지 그들은 경제 호황에 도취되어 익숙하고 오래된 비즈니스 모델을 계속해서 추구할 수 있었다. 그러나 마약이 사라지자 그들은 두 번째 무서운 사실에 직면했다. 기술이 그들을 마중 나오고 있었다. 하늘이 개기 시작했지만, 세일즈포스는 지평선상에 위협적으로 나타나는 새로운 먹구름을 보았다. 우리 고객 중 상당수가 위태로운 변곡점에 다다를 참이었다. 홈디포Home Depot도 그런 고객 중 하나였다.

버니 마커스Bernie Marcus와 아서 블랭크Arthur Blank는 1978년 로스앤젤레스 커피숍에서 주택 건축 자재 공급을 위한 원스톱 매장을 창안했다. 그 이래로 홈디포는 고공행진을 하며 매우 경이로운 수익을 올렸다. 밝은 오렌지색 간판을 단 대형 매장은 오랫동안 건축업자와 집주인을 좌절시켰던 이질적이고 경직된 공급망을 편리하고 질서정연하게 만들었다. 또한 홈디포는 주요한 사회경제적 변화를 이용하거나 가속화시킬 것 같았다. 튼튼한 경제는 손쉬운 융자와 결합되어 엄청난 주택 경기 호황을 부채질했다. 뿐만 아니라, 수백만 명의 미국인을 집수리광으로 만들었다. 집을 사고 개조하고 파는 TV 쇼가 시청률을 지배하기 시작했고, 홈디포는 시대정신의 중심에 부러워할 만한 지위를 확보했다.

주택 거품이 계속 커지면서 세일즈포스의 고객 중에 홈디포만이 샴페인을 터뜨린 건 아니었다. 그러나 경기 대침체는 대부분의 침체보다 더 심한 후유증을 홈디포에 안겼다. 집값 하락, 신용시장 긴축, 일자리 감소로 홈디포의 팽창은 끼익 소리를 내며 멈췄다. 사람들은 자신의 집 개조에 대한 모든 열정을 잃었다. 그들은 그저 집을 가지고 있기만을 바랄 뿐이었다.

2008년 9월 심각한 주식시장 폭락의 방아쇠가 된 리먼 브라더스가 파산한 후 홈디포의 최고재무책임자는 전국 매장 관리자에게 현금, 그러니까 금전등

록기와 금고에 있는 꼬깃꼬깃한 지폐를 모조리 미국 애틀랜타 본사로 보내라고 지시했다. 그 후 몇 달 동안, 그 회사는 최대한 현금을 오래 보유하기 위해 노력했다. 모든 자금 지출 삭감, 신규 매장 개설 계획 동결, 주식 매입 프로그램 중단, 3대 주요 부문 폐쇄 및 직원 7천 명 해고가 그 회사가 뒤이어 실행한 조치였다.

마구잡이로 퍼져 있던 매장과 막대한 재고는 한때 홈디포를 최대 경쟁우위로 만들어줬지만, 갑자기 가장 큰 부채가 되어버렸다. 북적거리던 통로와 주차장은 사실상 텅 비었다. 매출은 두 자릿수 감소로 악화되었고, 수년간 전문 지식과 긴밀한 고객 관계를 쌓아온, 수천 명의 오렌지색 앞치마를 두른 판매 직원들은 돈이 많이 드는 하릴없는 사람들이 되었다. 설상가상으로, 홈디포는 도저히 가능할 것 같지 않은 낮은 가격으로 도전장을 내민 아마존과 같은 온라인 소매 공룡들의 불길한 행보에 맞닥뜨렸다. 많은 소매상과 마찬가지로, 홈디포는 일부 고객들이 그들의 상점을 제품 전시실로, 그들의 직원들을 컨설턴트로 활용한 다음, 집으로 돌아가서 필요한 물품을 온라인에서 구매하는 게 아닌가 하는 의구심이 들기 시작했다.

세일즈포스에게 홈디포의 곤경은 심각한 우려의 원천이었다. 2007년에 그 회사가 고객이 된 이래로 우리는 최소한의 몇몇 작은 프로젝트를 함께 진행하면서 한편으로는 더 큰 프로젝트를 제안해왔다. 우리는 홈디포가 소매업계에 충격을 가하는 디지털 파괴의 물결에 대비할 수 있도록 돕고 싶었다. 하지만 지금은 그럴 때가 아니라고 홈디포 경영진이 우리에게 말했다. 그 회사는 새로운 지출이 필요한 일은 전혀 원하지 않았다.

2011년, 시장은 마침내 한숨 돌리기 시작했다. 하지만 경기 회복이 온라인으로 이동한 모든 판매를 보상해주지는 못할 게 분명했다. 홈디포가 강력한 미래를 보장받으려면 디지털 전략을 수용해야 한다는 것을 우리는 알고 있었다.

메릴린치 사태 이전에도, 우리는 모든 세일즈포스 직원의 일이 고객의 말에 귀 기울이는 것이라고 믿었었다. 우리의 최신 제품을 홍보하고 판매를 극대화하려고 애쓰기보다 실제로 그들이 필요로 하는 것을 이해하려고 노력했다. 그리고 이 일을 잘하기 위해 우리는 자주 책상에서 벗어나 고객의 입장에서 경험해보아야 한다. 그것은 CEO도 마찬가지다.

그래서 2011년에 나는 홈디포에 직접 접촉하기로 결심했다. 계획을 세운 다음 홈디포 경영진에게 발표하러 날아가기 위해 세일즈포스 애틀랜타 사무실과 협업했다. 내 목표는 사고방식의 전환을 북돋우는 것이었다. 기술이 사형 선고가 아니라 구세주가 될 수 있다는 것을 그들에게 납득시키고 싶었다.

우리가 회의를 하러 차를 타고 갈 때, 세일즈포스 애틀랜타의 대기업 고객 담당 책임자 워런 웍은 낙관적이었다. 그는 홈디포의 방어적인 행동이 성과를 거두기 시작했다고 말했다. 마침내 그들은 공격에 들어갈 준비가 되었다. 하지만 주차장의 보안 경비를 통과할 때 경비원이 기업 본사를 '매장 지원센터'로 지칭하자 우리 둘 다 조용해졌다. 그것이 내가 알아야 할 모든 걸 말해주었다. 분명 홈디포는 온라인으로 고객 지원이 이루어지는 디지털 전략을 받아들여야 했다. 하지만 그들은 아직도 그들의 미래가 대형 오프라인 매장에 달려 있다고 생각하는 것 같았다.

워런은 설명했다.

"홈디포는 온통 매장 생각뿐이군요."

그의 말에 나는 더 확실히 두려워졌다.

"그들은 아마존에 매장이 없다는 것을 알고 있나요?"

나는 대꾸했다.

우리는 물리적 매장이 아닌 커뮤니티를 그들 문화의 중심에 두도록 홈디포를 설득해야 했다.

기술은 파괴적일 수 있다. 수천 개의 기업들이 '우버 되다Ubered'나 '아마존 되는Amazoned(특정 기업(등장)으로 인해 위협받는다는 의미로 사용되는 신조어 - 옮긴이)' 것에 두려움을 느꼈다. 그리고 많은 경우 정확히 그렇게 되었다. 그러나 동시에, 기술은 고객을 연결하고 그들에게 힘을 실어주는 믿을 수 없는 가치를 지니고 있다. 그것이 바로 홈디포가 해야 할 일이었다. 나는 세일즈포스의 엔지니어들이 그 일을 위한 완벽한 소프트웨어를 제공할 수 있다고 믿었다.

하지만 우리가 생각했던 것보다 어려움이 더 컸다. 그 회사에는 고객 데이터베이스조차 없었다. "우리는 여전히 기술 분야에 엄청 많은 도움이 필요합니다"라고 최고정보책임자인 맷 캐리가 나에게 말했다. 그러나 문제는 기술 그 자체가 아니었다. 그들은 고객과 다면적인 관계를 맺을 기회를 놓치고 있었다.

우리는 홈디포에 그들의 고객인 주택 소유자와 건축업자의 성공에 투자할 것을 제안했다. 이는 고객이 단지 매장을 방문해 오렌지색 앞치마를 두른 직원을 찾는 데서 끝나는 것이 아니었다. 그들에게 집이나 현장에서 편리하게 온라인으로 로그인해 일을 처리하는 데 필요한 도구, 자료, 조언을 얻을 수 있는 방법을 제공하는 것을 의미했다.

그것은 꽤 간단한 아이디어였다. 정말이다. 나는 맷에게 말했다.

"홈디포는 가능한 수준에서 심도 있는 모든 연결을 구축하는 새로운 방법이 필요합니다."

우리는 식견이 출중한, 오렌지색 앞치마를 두른 전국의 판매 직원들을 연결하는 소프트웨어 애플리케이션을 구축해 그들이 모바일 기기로 서로 즉시 상의할 수 있게 했다. 만약 고객이 판매 직원이 대답할 수 없는 질문을 한다거나, 그들이 찾을 수 없는 품목이 있다거나, 혹은 한 직원이 동료들과 그것을 상의하거나 지침 사항을 안내하고 싶다면, 그들은 몇 줄 입력하고 나서 그 해결 방법을 볼 수 있었다.

홈디포의 새로운 웨어하우스Warehouse 애플리케이션은 빠르게 성장했다. 2018년까지 이 하이브 마인드hive mind에는 19만 명의 실제 사용자를 확보했고, 매달 200만 건의 게시물이 올라왔다. 고객은 홈디포의 동굴 같은 매장 안에 들어섰을 때, 자신이 계획한 비전을 실현시키는 데 필요한 답을 거의 확실히 얻을 수 있다는 것을 알게 되었다. 시간이 흐르면서, 건축업자와 집주인들은 홈디포를 잘 꾸며진 전시장으로 취급하지 않았다. 대신 박식한 판매 직원들이 그들을 맞이할뿐더러 완벽한 페인트 색깔, 최고의 세탁기, 또는 일에 적합한 전기 도구를 고르는 것을 기꺼이 도와주는 환영의 커뮤니티로 보기 시작했다.

결국 세일즈포스는 홈디포가 주방 개조 같은 DIY 프로젝트를 시작하는 고객을 위해 원스톱 자원을 구축하는 것을 도왔다. 뿐만 아니라 오래된 집의 내부 철거나 새로운 화장실 설치 등의 개조 공사를 주관하기 위해 건축업자에게 주문하는 시스템을 구축하는 것을 도왔다.

2014년 홈디포는 마침내 제자리걸음을 멈췄다. 그 회사는 상당한 급성장을 이루며 대부분의 대형 유통업체들의 궤적을 밟은 것은 물론 항간의 모든 예상을 깨뜨렸다. 온라인 소매 사업 부문이 급성장한 덕분에 그 회사의 주가는 이후 4년 동안 2배 이상 올랐다. 2017년 미국 경제 전문매체 〈패스트컴퍼니 Fast Company〉는 홈디포를 세계에서 가장 혁신적인 기업 중 하나로 선정했다.

홈디포가 성공한 비결은 고객이 진정으로 원했던 커뮤니티 경험을 창출하기 위해 물리적인 장소와 온라인 서비스를 결합한 데 있었다.

예전에 홈디포 비즈니스는 얼마나 많은 드릴 비트(드릴에 부착된, 구멍을 뚫는 날-옮긴이)와 건식벽체가 계산대를 통과했는지에 달려 있었다. 그랬다면 이제 홈디포는 무선으로 멀리 떨어져 있는 직원들을 연결하고, 또한 소비자와 건축업자를 연결함으로써 기술이 적이 아니라는 것을 깨달았다.

고객이 자신이 직접 만든 아름다운 새 정원에서 와인 한 병을 따면서 느끼는 자부심이나, 건축업자가 예산보다 적은 비용으로 제 날짜에 힘든 작업을 완료했을 때 쉬는 안도의 한숨을 돈으로 환산할 수 없다고 본다. 내가 말할 수 있는 것은 홈디포가 이야기를 바꿨다는 것이다. 홈디포는 더 이상 기술을 위협으로 보지 않고, 맷의 설명처럼 고객이 이해받고, 연결되고, 보살핌을 받는다고 느낄 수 있도록 도와주는 도구로 보았다. 그리고 홈디포가 성공하자, 우리 역시 성공했다.

성공, 재정의

지난 몇 년 동안, 세일즈포스는 몇몇 시기적절하고 우호적인 순풍을 맞는 수혜를 누리고 있다. 그중 하나는 의심할 여지없이 온라인 상거래로의 전환과 많은 기업이 점점 더 디지털 고객 경험을 강조하고 있는 현실이다.

우리가 1999년에 도박을 했던 신생 산업인 고객관계관리, 즉 CRM은 2013년 무렵, 업계에서 가장 크고 빠르게 성장하는 소프트웨어 분야가 되었다. 결국, 판매할 제품을 가지고 있는 모든 기업은 온라인 고객과의 상호작용으로 인한 마찰을 해소할 필요성을 느꼈고, 이러한 필요성은 영업 부서와 IT 부서에서 거의 모든 사업부로 파급되었다.

그러나 그 당시 나는 고객 성공 철학이 곧 이사회 주제가 될 줄은 몰랐었다. 이는 주로 다른 기업에 상품과 서비스를 공급하는 우리 같은 산업분야에만 국한된 것이 아니다. '고객 성공'은 교통과 엔터테인먼트에서부터 소매 및 금융 서비스에 이르기까지 전 분야에서 유행어가 되었다.

기업에 고객과 어떻게 관계를 맺느냐보다 더 중요한 일은 없다. 온라인 포털이 고객 서비스 센터를 대체하고 알고리즘이 최전선에서 인간을 대체하고 있는 세상이다. 이런 상황인 만큼 우리 같은 기업은 계속해서 고객이 갈망하는 개인적 인맥이 여전히 그리고 항상 온라인에 존재한다는 것을 보여줄 필요가 있다. 단순히 영업사원이나 고객 성공 매니저, 또는 CEO와의 인맥을 말하는 것이 아니다.

나는 5만 명 가까이의 직원을 거느린 회사를 경영하는 지금도 아버지께 배운 것을 단 한 번도 잊은 적이 없다. 어떤 것도 인간관계를 대신할 수 없다. 인간관계는 모든 사업의 근간이다. 2013년, 우리는 세계 곳곳에 점점 더 많은 사업체를 갖게 되었다. 그러면서 회사의 가치를 공유하고 그런 인간적 차원에서 고객과 연결하기 위해서는 나와 함께 일할 수 있는 또 한 명의 경영자를 데려와야 한다는 것을 깨달았다.

몇 년 동안, 나는 키스 블록을 세일즈포스에 데려오려고 노력했다. 그리고 이제 내가 가진 모든 것을 걸고 그를 데려와야 할 때라고 결심했다. 키스와 나는 비슷한 시기에 오라클에 고용되었지만, 서로 다른 해안 지역에서 일해서 서로를 잘 알지 못했다. 그는 20년 이상 계속 오라클에 다녔는데, 가장 최근에는 기업용 비즈니스를 구축하는 최고경영자 자리에 있었다. 나는 그가 '고객의 언어를 말하고' 우리가 다음 단계로 성장할 수 있도록 도울 진귀한 사람이라는 것을 알고 있었다.

우리가 메릴린치 '회복' 프로그램을 진행하고 있을 무렵, 나는 키스에게 샌프란시스코에서 아침을 먹자고 요청했다. 키스가 보스턴 출신이기 때문에 당연히 우리는 각자의 지역 스포츠 팀에 대한 열띤 토론으로 미팅을 시작했다. 그는 패트리어츠 미식축구팀과 레드삭스 야구팀에 대해, 나는 골든스테이트 워리어스 농구팀과 자이언츠 야구팀에 대해 이야기했다. 그 후 2시간 동안 우리는 혁신과 기업문화, 그리고 물론 고객 성공에 대한 견해를 주고받았다.

키스는 카네기 멜론에서 정보 시스템과 경영과학을 공부해서인지, 이런 주제에 관한 관점이 깊고 놀라웠다. 나는 또한 미국 동부 해안 출신의 그의 전문성과 신중한 태도가 나의 캘리포니아 기풍과 외향적인 성격을 잘 보완해줄 거라는 것을 알 수 있었다. 그가 하와이 셔츠(내가 가장 좋아하는 옷)을 가지고 있다는 것을 알았을 때, 나는 내 운이 좋았었다는 걸 알았다.

그 직후, 키스는 우리의 새 공동 대표 및 최고운영책임자가 되었다. 위대한 기업의 기반이 인재라는 건 공공연한 이야기지만, 이 한 명의 특별한 고용이 얼마나 든든한 대들보가 되었는지는 더 말할 필요가 없다. 세일즈포스가 판매와 서비스를 넘어 마케팅, 분석, AI 등을 포함한 제품 포트폴리오로 확장하면서, 키스는 전 세계의 금융 서비스, 의료, 소매 및 기타 다양한 사업으로 우리의 입지를 확장하는 데 도움을 주었다.

나는 이제 키스를 팀에 합류시킴으로써 고객을 더 성공적으로 만들었다는 것을 안다. 왜냐하면 회사 전체가 고객의 요구를 더 잘 충족시키는 데 기여했기 때문이다. 고객 성공은 단순히 선순환이기만 한 것이 아니라, 호혜적 관계다.

고객의 입장이 되어보다

메릴린치에서 우리가 겪은, 거의 재앙에 가까웠던 일을 생각할 때면 나는 한때 독일 코카콜라의 전 최고경영자였던 울릭 네함머Ulrik Nehammer가 세일즈포스에 출근하기 직전, 내게 한 말을 잊을 수가 없다.

"결정을 내리기에 가장 위험한 곳은 사무실 안입니다."

그가 말했다.

"당신은 고객이 있는 곳에서 결정을 내려야 합니다."

이것이 우리의 '회복' 캠페인의 마지막 단계로 사이먼의 엔지니어 팀이 메릴린치의 사무실로 들어가 자문가들이 일하는 책상 옆에 진을 쳤던 이유다. 이렇게 초밀착한 덕에 그들은 우리가 진작 발견했던 한층 심각한 소프트웨어 문제를 해결하고 새로운 고장 원인을 제거할 수 있었다. 또한 그들은 현장에서 바로 솔루션을 가지고 고친 다음, 자문가들의 반응을 가늠할 수 있었다.

2014년 9월, 첫 위험 경보가 울린 지 약 1년 후, 우리는 2만 5천 명에 달하는 메릴린치의 자문가 모두에게 새로운 제어장치를 선보였다. 우리는 완전히 새로운 일정관리 방법을 제공했고, 그들의 메모 파일화 방식과 작업 만들기 방식을 단순화했으며, 새로운 검색 패러다임까지 도입했다. 몇 달 만에 메릴린치 내부에서의 우리 플랫폼의 채택률이 60%에서 90%로 증가했다. 곧 우리는 '저지' 상태에서 벗어나 이런저런 말없이 원상 복귀했다.

우리는 문제를 세세히 관리하고 불만을 잠재울 정도로만 일했어도 메릴린치를 지키는 것이 가능했었을 것이다. 그게 확실히 더 쉬웠을 것이다. 하지만 우리는 우리가 되고 싶은 것이 무엇인지 기억하고 있었다. 그래서 과거에 우리에게 효과적이었던 방법을 다시 생각해 보는 것을 두려워하지 않으며 문제에 접근했다.

고객을 되찾은 것도 기뻤지만, 내 기분이 더 좋았던 것은 우리의 가치관이 만들어낸 완벽한 시너지 효과 때문이었다. '고객 성공'을 우선시함으로써 메릴린치의 신뢰를 회복하는 동시에 새로운 솔루션과 혁신을 조성했다. 그 위기는 또한 고객과의 문제해결 방식에 있어 새로운 청사진을 우리에게 제공해주었다. 뿐만 아니라, 성공은 고객의 비즈니스를 지킬 수 있을 정도만큼만 일하는 것이 아니라, 고객이 지금 그리고 앞으로 몇 년 동안 성공하는 데 필요한 도구를 제공하는 것이란 걸 상기시켜준 유용한 계기가 되었다.

● ● ●

이 학습은 새로운 고객이 다른 문제를 가지고 우리에게 왔을 때 유용할 것이다.

아디다스 CEO, 카스퍼 뢰르스테드Kasper Rørsted가 우리에게 그의 다국적 스포츠웨어 브랜드는 신세대 신발 구매자를 이해하려 노력하고 있다고 말했다. 이 사람들은 '즉각적인 만족'을 기대하는 디지털 네이티브digital natives였고, 아디다스는 그 사실을 확실히 수용해야 한다는 상당한 압력을 받고 있다고 그는 설명했다. 온라인 고객이 아디다스 사이트를 방문했을 때 그들은 너무 자주 '나중에 다시 방문해주세요'라거나 그보다 '사이트 다운'이란 더 안 좋은 단어가 화면에서 깜빡이는 것을 보아야 했다. 아디다스가 대중적 인기 상품인 카니예 웨스트Kanye West의 '이지Yeezy' 신발을 온라인에서 하루 동안 한정 판매했을 때가 있었다. 그때 트래픽 증가로 인해 사이트가 다운되어 아디다스를 당황시켰다. 고객은 아디다스로부터 멀어졌다. 심지어 아디다스와 카니예와의 관계까지 긴장시켰다. 아디다스는 사람들을 전도사가 아닌 비평가로 만드는 일종의 마찰을 없애고, 전체 고객 경험을 변화시킬 필요가 있었다.

아디다스는 이지 신발이 크게 성공할 거란 걸 알았다. 시장에 수요가 이미 있었다. 아디다스 정의대로라면, 성공은 고객의 기대에 부응하고 수억 명의 팬들과 개인화된 관계를 구축할 거래 경험을 제공하느냐의 문제였다.

우리는 아디다스와 협력해 플랫폼이 확실히 많은 동시 방문자를 처리할 수 있도록 했다. 그리고 재판매를 목적으로 이지 신발과 다른 핫 아이템들을 대량 구매하려고 시스템을 조작하는 해커봇hacker bot을 제거했다. 기술적인 문제를 꽤 빠르게 처리해 아디다스가 브랜드를 중심으로 디지털 커뮤니티를 형성하는 동시에, 휴가 시즌에 하루 판매 기록을 달성하도록 지원할 수 있었다.

하지만 아디다스가 직면한 더 큰 전략적 과제는 제품 수요를 잘 활용해 고객과 보다 지속적인 관계를 만드는 것이었다. 그 회사에는 운동화광들이 웹사이트에 더 자주, 더 많이, 반짝 세일을 하건 안하건 계속 접속하도록 할 더 나은 방법이 필요했다.

코딩 전에, 우리는 모두 아디다스의 상징인, 세 줄 무늬 로고가 새겨진 운동화를 주문했다. 직접 고객의 신발을 신고 1마일을 걸어보는 것, 즉 항상 고객의 입장이 되어보는 것의 중요성에 대해 끊임없이 이야기해왔다. 그런데 실제로 그렇게 할 수 있는 기회가 그때 생긴 것이었다. 나는 내 발 사이즈에 맞는 14퍼렐 윌리엄스 아디다스 운동화를 신고, 우리의 최고 엔지니어들과 데이터 과학자들 중 몇 명을 불렀다. 그러곤 그들에게 모두가 아디다스 본사에 파견될 것이라고 말했다. 얼마 지나지 않아 세일즈포스의 당시 최고제품책임자였던 알렉스 데이온이 데모와 로봇으로 가득 찬 18륜차를 몰고 아디다스 본사로 갔다. 그리고 인공지능이 어떻게 아디다스가 이전과는 전혀 다르게 고객을 더 잘 알고 소통할 수 있게 도와줄지 보여주었다.

AI 기반 웹사이트는 저장된 과거 구매 이력 데이터를 분석했다. 그리고 그 결과를 가지고 각 구매자가 어떤 스타일을 원하는지 예측하고 그들에게 특별 제공 가격을 제시했다. 그럼으로써 모든 고객과 개인화된 상호작용을 할 수 있었다. 이렇게 지능적으로 제품을 추천하는 방식은 고객이 원하는 것을 정확히 찾는 데 도움이 될 것이었다.

2017년 11월, 아디다스는 세일즈포스와 함께 구축한 AI 기반 앱을 출시했다. 이 앱은 2019년 봄까지 25개국 이상에서 700만 회 이상 다운로드 되었다. 2018년 이 기업의 온라인 매출은 36% 급증했다.

아디다스가 이룬 성공은 우리의 성공이기도 했다. 우리는 그들의 말에 귀를 기울였고, 그들의 문화를 흡수했으며, 그들이 정말로 필요로 하는 것이 무엇인지 이해했다. 그들과 그렇게 협력해 우리는 성공을 거두었다.

● ● ●

이 책을 쓰는 동안에도, 나는 우리가 아직 풀지 못한, 비즈니스 미래에 대한 무수히 많은 수수께끼가 존재한다는 것을 안다. 그것은 결코 끝나지 않을 과정이다. 하지만 나는 고객 성공에 관한 네 가지의 명확한 핵심 답안을 얻었다.

첫째, 기술은 진화를 멈추지 않을 것이다. 앞으로 몇 년 안에, 머신러닝Machine Learning과 인공지능은 아마도 비즈니스를 창출하거나 망하게 할 것이다. 성공에는 보다 지능적이고 개인화된 경험을 제공할 수 있게끔 이러한 도구의 사용이 포함될 것이다. 이전과는 다르게 고객을 이해할 수 있도록 말이다.

둘째, 우리는 관심 고객과 투자 기회를 연결할 더 나은 방법을 찾는 것이든, 고객이 집을 개조한 경험에 짜릿함을 느끼도록 만드는 것이든, 가능한 모든 성공의 기준을 충족시키도록 돕는 더 좋은 도구들을 가졌던 적이 없다.

셋째, 고객의 성공은 모든 이해관계자에게 달려 있다. 내 말인즉슨, 이는 열심히 일하고 책임감을 느끼며 최선을 다해 일할 수 있는 환경에서 자신의 경력을 쌓고 있는 직원을 의미한다. 이는 인턴에서부터 CEO에 이르기까지 전 직원에 해당한다. 또한 고객 솔루션을 설계하고 구현하기 위해 노력하는 파트너와 학교, 병원, 공원 및 우리 모두를 지원할 수 있는 다른 시설을 제공하는 우리 지역사회도 마찬가지다.

네 번째이자 가장 중요한 핵심은 다음과 같다. 고객이 기업으로부터 정말로 원하는 것과 실제로 가능한 것 사이의 차이는 빠르게 사라지고 있다. 그로 인해 모든 것이 변화할 것이다. 미래는 우리가 이미 하고 있는 일을 더 잘하기 위해 배우는 것이 아니라, 우리가 어디까지 상상의 나래를 펼칠 수 있는지에 달려 있다.

몇 년 전만 해도 불가능했던 성공담을 만들어내고, 고객이 극적이고 새로운 방식으로 번창할 수 있도록 돕는 능력은 성공 기업의 성장 동력이 될 것이다. 나는 고객이 점차 기업한테서 기적을 기대할 새로운 시대로 접어들고 있다고 믿는다. 만약 모든 일의 중심에 고객을 두는 일을 가치 있게 여기지 않는다면, 그 기업은 뒤처지게 될 것이다.

자동차, 태양열 집열판, TV 프로그램, 혹은 다른 어떤 것을 만들든지 간에, 우리는 말로 다할 수 없는 엄청난 기회들을 포착할 수 있다. 모든 기업은 고객이 새로운 목적지를 찾을 수 있도록 돕고, 그곳에 도달할 수 있는 새로운 길을 여는 데 투자해야 한다.

그러기 위해서는 재빨리 미미한 주변적인 문제를 개선하려는 충동을 억제하고, 고객이 미처 완전히 인식하지 못했더라도 그들이 진정으로 원하는 것에 귀를 기울이는 데 더 많은 시간을 할애해야 한다. 결국 그것은 당신의 성공이 고객의 성공과 불가분의 관계에 있다는 것을 받아들이느냐 마느냐의 문제다.

5장

혁신

인공지능과 생태계의 힘

2015년 여름, 나는 세일즈포스의 유명 엔지니어 10여 명을 회의에 초대했다. 회의 주제는 AI라는 단 2개의 알파벳 대문자로 표시되었다.

엔지니어들이 도착해 회의 탁자 주위에 둘러앉았을 때, 그들이 곧 일어날 일에 대해 이미 꽤 좋은 아이디어를 가지고 있다는 것을 알 수 있었다. 나는 우리 포트폴리오의 모든 제품에 AI를 주입하는 전사적인 프로젝트를 시작하겠다는 발표를 위해 그들을 불러 모았다. 그리고 그들의 일은 그 프로젝트를 실행하기 위해서 회사의 모든 역량을 어떻게 활용할지 알아내는 것이었다. 압박 같은 것은 없었다.

마이크로프로세서가 20세기 후반을 정의하는 기술이었다면, 인공지능과 머신러닝은 어떻게 봐도 21세기를 대표하는 기술 발전이 될 태세였다. 이런 보이지 않는 흐름에 맞추어 나아갈 수 있는 능력이, 향후 세일즈포스와 고객의 성공은 말할 것도 없고, 곧 우리 삶의 가장 중요한 기능을 좌우할 것이다.

우리는 혁명에서 뒤처지고 싶지 않았다.

그날 내가 엔지니어들을 불러 모았을 때, AI는 아직 초기 단계에 있었다. 하지만 구글의 예측 검색, 금융기관의 사기 탐지, 실시간 언어 번역 그리고 가장 사랑스런 고양이 영상 검색 등 많은 전문화된 작업을 수행하는 데 이미 AI가 응용되고 있었다. 애플의 시리Siri와 아마존의 알렉사Alexa 같은 1세대 AI 기반 기기들은 "날씨가 어때?" 또는 "오늘 아침 내 일정이 어떻게 되지?"와 같은 질문에 답하고 가전제품을 주문하며 쇼핑과 할 일 목록 등의 정보를 저장할 수 있었다. 그리고 미래에 '더 똑똑하게' 상호작용할 수 있도록 수천 개의 변수들 사이의 상관관계를 지속적으로 보여주었다.

이러한 애플리케이션들이 최첨단의 모습을 보이자, 우리 모두는 그것들에 상상조차 하지 못했던 엄청난 잠재력이 있다는 것을 알았다. 클라우드에 있건 호주머니 속에 있건 컴퓨터는 매우 강력해졌고 엄청난 양의 데이터를 생성해냈다. 때문에 머신러닝의 획기적인 발전은 단순히 경기장만을 바꾸는 것이 아니라 경기를 완전히 변화시킬 것이었다. 그것도 아주 빠르게 말이다. 곧, 고객은 우리에게 이 새로운 분야로 이끌어달라고 요청하게 될 것이었다. 나의 공동 창업자 파커 해리스는 이렇게 말했다.

"AI는 인터넷보다 더 많은 영향을 미칠 것입니다. 우리는 아직 이 경기의 첫 라운드에 있습니다."

AI의 전망 중 중요한 것은 처음으로 기업이 소비자 행동, 산업 동향, 인구 통계학적 변화 등에 관해 획득했었던 데이터 수집물을 응용해 인간의 뇌가 발견할 수 없었던 패턴을 알아내기 시작할 수 있다는 거였다. 이러한 능력은 기계가 점점 더 똑똑해질수록 더 많이 정교해질 것이었다. 곧, 매우 정확하게 커뮤니케이션을 조정하는 데 사용될 수 있었다. 고객에게 연락할 적기부터 이메일에 사용할 적절한 제목, 그리고 소셜미디어상에서 제품을 설명할 때 강조해야 할 특징이나 품질에 이르기까지 모든 커뮤니케이션에 해당한다. 다시 말해, AI는 과거에 대해 '이해한' 모든 것을 가지고 미래에 대해 놀랄 정도로 정확한 예측을 할 수 있었다. 만약 AI의 잠재력을 최대한 활용한다면, 우리는 고객이 가능하리라 생각하지 않았던 방식으로 그들이 성공할 수 있게 도와줄 지능과 통찰력을 창출할 수 있을 것이었다.

AI에 대한 가장 흥미진진한 전망은 어떤 한 가지 일을 더 효율적으로 할 수 있는 능력에 맞춰지지 않는다. 오히려 거의 모든 것을 더 잘할 수 있다는 기대감을 높이는 가능성에 맞춰진다. 이 어마어마한 잠재력은 AI를 매우 두려운 것으로 만드는 요인이기도 했다. 우리에게는 실행 계획은커녕 청사진 비스름한 것도 없었다. 우리는 비즈니스용 AI 도구를 구축하고 싶어 했다. 즉, 각 개별 고객이 코딩이 아닌 클릭으로 쉽게 맞춤 제작할 수 있는 도구, 데스크톱과 스마트폰에서 수십억 명의 고객 상호작용을 처리할 수 있는 도구 말이다. 그러나 아무도 이전에 그런 도구를 만들어본 적이 없었던 탓에 우리는 어떻게 시작해야 할지 알 수가 없었다.

우리가 컴퓨터 능력을 비약적으로 발전시키고 고객 데이터를 수집하고 이해하기 위해 보다 정교한 알고리즘을 개발하는 데 투자했던 모든 시간은 이 일의 서막이었다. AI가 효과적이고 윤리적으로 적용될 수 있다면, 우리는 AI가 놀라운 일을 할 수 있다는 것을 알았다. 우리는 또한 회사의 생계가 그것에 달려 있다는 것도 알았다.

● ● ●

많은 사람들에게 '혁신'이라는 용어는 실리콘밸리와 거의 동일시되었는데, 이유 없이 그렇게 된 것은 아니다. 어쨌든 너무나 많은 상징적인 기술 기업이 실리콘밸리에서 탄생했다. 몇 곳만 예를 들자면, HP, 인텔, 애플, 오라클, 시스코, 인튜이트Intuit 및 구글 등이 있다. 실리콘밸리는 여전히 매년 수천 개의 스타트업이 전설적 기업이 되길 바라며 뿌리를 내리는 곳이다. 그곳의 정신은 전 세계 수십 개의 진취적인 도시로 퍼져 나갔다. '차세대 혁신 비즈니스' 구축을 꿈꾸는 모든 사람이 성공하는 것은 아니지만, 이렇게 일부는 성공한다.

이 유명한 지역과 가까운 곳에서 자라면서, 나는 기술이 지형을 변화시키는 걸 지켜보았다. 말 그대로 농지와 살구 과수원이 마이크로칩 부품 공장에 자리를 내주었고, 나아가 그곳은 멀리 떨어져 있는 전 세계 수십억 인구를 연결하는, 보이지 않는 거대한 네트워크의 허브가 되었다.

나는 이 지역에서 한때 유망했던 그토록 많은 기업이 현금이 바닥나 사라지고, 그토록 많은 재능 있는 기업가가 기력을 소진하고, 사무용 빌딩 맨 꼭대기에 걸렸던, 그토록 많던 회사 로고가 입주자에 따라 바뀌는 것을 목격했다. 시간이 흐르면서 이곳이 진화하는 것을 지켜보며 나는 또 얼마나 쉽게 역사의 부차적인 존재가 되는지를 배웠다. 실리콘밸리와 그 밖의 어마어마한 일들이 일어나고 있는 곳을 지나는, 끊임없이 불어오는 변화의 바람을 견뎌내기 위해서는 혁신만 외쳐서는 충분하지 않다. 혁신을 근본원리로 가치 있게 여기지 않으면 결코 혁신을 이루지 못한다.

나는 우리가 세일즈포스 내부에서 혁신을 논의하는 데 소비한 총 시간을 추정할 수 없다. 모든 핵심 가치 중에서, 혁신은 전통적인 비즈니스 성공의 척도와 가장 정량적으로 관련 있다. 그래서 가장 똑똑한 인재를 채용한 다음, 내부의 창의력을 이용해 그들을 육성했다. 왜냐하면 어떠한 비즈니스, 틀림없이 어떠한 기술 비즈니스에도 혁신은 주가, 수익, 이익과 같은 측정지표에 상당히 직결되기 때문이다.

성공적인 기업은 지속적으로 혁신한다. 이게 다다.

2015년 세일즈포스의 최고 엔지니어들과 함께 회의 탁자에 둘러앉았던 날, 나는 아마 우리 회사 역사상 가장 야심찬 도전을 내가 그들의 손에 맡긴 거란 걸 알았다. 나는 그것의 위험성이 높다는 것 또한 알고 있었다. 그것은 단지 세일즈포스가 위험천만한 AI에 미래를 걸 것이냐의 문제가 아니었다. 우리에게 미래가 있을 것이냐의 문제였다.

나는 우리 팀이 기대에 부응할 수 있다고 확신했다. 그들은 결국 이미 많은 도전을 이겨냈고, 클라우드, 소셜 네트워크와 모바일을 어느 정도 CRM 앱에 통합하는 방법을 찾아냈었다. 물론, AI가 여태껏 우리가 오르려고 시도했던 산 중에 가장 높은 산이라는 것도 알았다.

나는 고위험의 비즈니스 계획이 본질적으로 스트레스 테스트란 것을 알게 되었다. 고위험 비즈니스 계획은 항상 당신을 자신의 가치관에 의문을 가지도록 부추길 것이고, 심지어 가치를 꽉 쥐고 있던 당신의 손을 느슨하게 풀어버릴 것이다. 하지만 또한 새롭고 놀랄 만한 통찰력으로 이어져 때로는 가치를 당신의 문화 속에 훨씬 더 깊이 주입시킬 것이다.

2015년의 그 회의는 특별히 긴 회의는 아니었다. 우리는 유망하다고 판단한 몇몇 AI 애플리케이션을 검토했고, 몇 가지 추구할 새로운 방향에 대해 자유롭게 이야기했다. 우리 팀과 나는 이미 이 도전을 통해 우리가 혁신이라고 부르는 것을 실천하게 될 것임을 알고 있었다. 하지만 그렇게 하려면 접근법을 다르게 바꿔야 한다는 것을 바로 알아차릴 수는 없었다. 머지않아 우리는 최고의 직원을 불러 모아 기한을 정한 후 그들을 일하러 보내는, 단순함 이상의 일을 해야 했다. 우리가 막 그러한 일을 배우려고 할 때, 이런 도전을 이겨내는 데는 어떤 형태의 용기가 필요하곤 했다.

나는 달력의 한 날짜에 동그라미를 치면서 회의를 끝냈다. 그 날짜는 드림포스 2016의 시작 일이었다. 첫 번째 AI 제품을 계획대로 궤도에 올리는 데 1년도 채 안 남은 상황이었다.

우리는 공부할 시간을 충분히 가졌었다. AI는 우리의 기말고사였다.

미래를 의식하고 예측하라

아버지와 할아버지를 제외하고 내 인생의 첫 위대한 롤 모델은 알베르트 아인슈타인이다.

그는 물론 천재였다. 역사상 가장 위대한 혁신가 중 한 명인 그는 말 그대로 우주의 비밀을 풀었다. 하지만 그게 다가 아니었다. 핵무기 사용과 확산에 맞서 지칠 줄 모르고 캠페인을 벌였던 사회정의 옹호자였다. 그는 또한 내 할아버지가 그랬던 것처럼 자신의 가치에 따라 살고 일하는 것이 무슨 의미인지를 몸소 보여주었다.

무엇보다 그는 계속해서 아이 같은 놀라운 열정으로 자신의 일에 열중했다. '상상'은, 그가 말한 것으로 전해지길, "최고의 연구 형태"다.

아인슈타인의 지식, 도덕적 신념, 직관 그리고 끝없는 호기심의 희귀한 조합은 내게는 거의 불가능한 이상이었다. 나중에 나에게 영감을 준 선불교도처럼 아인슈타인은 선입견을 버리고 자유롭게 세상에 대해 생각했다. 나는 결국에는 이 정신이 세일즈포스 내부에서 재창조되기를 열망했다.

10대 때, 나는 방 안에 아인슈타인 포스터를 걸었고, 고등학교 수학 선생님을 설득해서 그의 교실에도 또 다른 아인슈타인 포스터를 걸었다. 젊은 시절의 전형적인 맹목적 추종의 경우로, (그리고 어쩌면 약간 오만했던 것으로) 나는 벌링게임 고등학교 졸업앨범에 그 위인의 말을 인용해 넣었다.

'위대한 정신의 사람들은 항상 평범한 생각을 가진 사람들의 격렬한 반대에 부닥쳐왔다.'

샌프란시스코에서 임대 아파트를 얻어 세일즈포스의 첫 사무실을 차렸을 때, 우리는 아인슈타인이 지켜보는 가운데 밤낮으로 녹초가 되도록 일했다. 나의 공동 창업자인 파커 해리스, 데이브 몰렌호프Dave Moellenhoff 그리고 프랭크 도밍게즈Frank Dominguez와 나는 물리 법칙을 성문화하려고 노력하지는 않았다. 하지만 소프트웨어 산업을 방해하고 의심하는 사람들이 틀렸다는 것을 증명하기 위해 전력투구했다.

물론, 내가 우리 계통의 유일한 아인슈타인 중독자는 아니다. 어쨌든 미래의 혁신가가 되기를 꿈꾸는 사람들은 이전 시대의 위대한 혁신가에게 경의를 표하지 않을 수 없다.

이 말이 그다음 나의 최고의 롤 모델이 다름 아닌 전설의 스티브 잡스인 이유를 설명해줄지도 모르겠다.

1984년 애플 하계 인턴으로 고용되었을 때 나는 스티브를 처음 만났다. 내가 맨 처음 이 일을 하게 되었던 건 요행 같은 거였다. USC 대학생 때 애플의 매킨토시 팀에 연락해 소프트웨어 오류에 대해 항의했고 어쩌다 그 대화가 일로 이어지게 되었다. 나는 애플에서 노련한 개발자인 양 흉내를 내며 최선을 다했다. 하지만 열아홉 살 인생을 통틀어 나의 프로그래밍 경험은 고등학교 시절 10여 개의 아케이드 게임과 어드벤처 게임을 짠 것이 전부였다. 애플에서 일하는 것은 대단한 일이었고, 나는 자격이 심각할 정도로 부족하다고 느꼈지만, 아무도 그 여름에 나를 쫓아내지는 않았다. 사실, 나는 스티브 잡스가 내 좁은 사무실 칸막이를 지날 때마다 어떻게든 용기를 내어 말을 걸었다.

대단한 것은 아니었지만, 그런 작은 상호작용을 통해 결국 유대감이 형성되었을 것이다. 스티브와 나는 명상과 동양철학에 대한 열정뿐만 아니라 기술과 과학에 대한 사랑을 공유했다. 뛰어난 경영자이자 유일무이한 혁신가인 그는 여러 관점으로 세상을 한눈에 볼 수 있는 재능을 가진 영적이고 직관적인 인물이었다. 나는 그가 자신의 지혜를 나눌 의지가 있다는 것을 알았다. 그래서 두려워하지 않고 그것을 그에게 요구했다.

인턴 생활이 끝난 후에도, 우리는 계속 연락을 취했고, 내 경력이 쌓여갈수록 그는 일종의 멘토가 되었다. 2003년 기억에 남는 어느 날, 내가 애플 본사 접견실에서 초조하게 서성거렸던 이유다.

사업을 시작한 이후 4년 동안 우리는 400명의 직원을 고용했고, 연간 5천만 달러 이상의 수익을 창출했으며, 다음 해 주식 상장을 위한 기초 작업을 하고 있었다. 우리의 발전을 자랑스러워하는 것은 당연하지만, 나는 위험할 정도로 자부심이 강한 상태임을 느낄 만큼 기술 비즈니스에 대해 충분히 배웠다.

사실대로 말하자면, 나는 답답함을 느끼고 있었다. 회사를 다음 성장 단계로 발전시키기 위해서는 과감한 조치가 필요했다. 우리는 그렇게 많은 회사들이 무너지고 사라지는 무시무시한 창업 단계에서 살아남았다. 하지만 나는 매 분기마다 월스트리트에 공개해야 하는, 상장기업 경영에 따르는 압박감을 어떻게 이겨내야 할지 상상하기가 힘들었다.

때때로 멘토에게 지도를 구하는 것이 이렇게 한바탕 치르는 무력감에서 살아남을 수 있는 유일하고 확실한 방법이다. 그래서 쿠퍼티노Cupertino를 순례하기로 했다.

그날 스티브의 직원이 나를 애플의 이사회실로 안내해주었을 때, 나는 곤두선 내 신경을 타고 밀려오는 흥분을 느꼈다. 그 순간, 나는 풋내기 인턴이 사장에게 몇 마디 건넬 용기를 낸다는 것이 어떤 느낌이었는지 생각났다. 몇 분 후, 스티브는 예상대로 청바지와 검정색 터틀넥 차림의 평범한 복장을 하고 서둘러 들어왔다. 그에게 뭘 물어볼지 정확히 결정하지는 못했지만, 바로 본론으로 들어가는 편이 낫다는 것을 알고 있었다. 그는 바쁜 사람이었고, 직선적인 데다 중요한 것에 재빨리 집중하는 능력에서는 전설적인 사람이었다.

그래서 나는 그에게 내 노트북으로 세일즈포스 CRM 서비스의 데모를 보여주었다. 예상대로 그는 바로 몇 가지를 생각해냈다. 스티브는 탐색 탭의 모양과 색상에 이르기까지 우리 소프트웨어의 기본 기능에 대한 제안들을 속사포로 쏟아낸 후, 뒤로 물러나 앉더니 두 손을 깍지 끼고 더 중요한 부분을 언급했다. 그는 세일즈포스가 "환상적인 기업용 웹사이트"를 만들었다고 말했다. 하지만 그와 나 둘 다 그것만으로는 충분하지 않다는 것을 알고 있었다.

"마크."

그가 말했다.

"훌륭한 CEO가 되고 싶다면, 미래를 의식하고 예측하게."

그의 말에 나는 고개를 끄덕였다. 아마 약간 실망했었던 것 같다. 그는 전에도 내게 비슷한 충고를 해주었지만, 끝까지 다 말해주진 않았다.

그때 스티브는 나에게 큰 고객을 확보해야 하고, "24개월 안에 10배 성장하지 않으면 망하게 될 것"이라고 말했었다. 나는 침을 꿀꺽 삼켰다. 그러자 그는 덜 무서운, 그러나 더 헷갈리는 말을 했다. 우리에게는 '애플리케이션 생태계가 필요하다'라는.

나는 성공하려면 가장 유명한 대기업을 확보할 필요가 있다는 것을 이해했다. 그런데 세일즈포스 '애플리케이션 생태계'는 어떤 모습일까? 스티브는 그건 내가 알아내야 할 일이라고 말했다.

2006년 1월까지, 세일즈포스는 3억 달러의 수익을 올렸다. 스티브와의 만남 이후 3년 만에 그 규모가 3배가 된 것이었다. 우리는 빠르게 성장하고 있었지만, 출시하는 제품과 특징이 더 혁신적일수록, 고객은 우리에게 더 많은 것을 기대했다. 우리의 뛰어난 기술 팀은 생산성 한계에 부닥치기 시작했다. 개인적으로, 나는 우리가 규모 확장의 압박을 이겨낼 수 있을지 걱정되기 시작했다.

예전 같으면, 우리 위치 정도의 기업은 내부의 가장 뛰어난 과학자들을 차출해 극비라고 쓰인 3중 잠금장치의 문 뒤에 숨겼을 것이다. 이 차출된 천재들은 주위의 소음으로부터 차단된 별도의 공간에서 함께 원형을 변형시키기도 하고 점토 모형을 두고 골똘히 생각에 잠기면서 오랜 시간을 보냈을 것이다. 그 당시, 혁신의 일반적인 모델은 비밀리에 많은 시간과 비용을 들여 만들어졌다. 외부의 도움을 투입하는 것은 확실히 환영받지 못했다.

그 과정이 끝나면, 과학자들은 카페인을 과다 복용한 듯한 부스스한 모습으로 은신처에서 나와선, 여태껏 아무도 본 적이 없을 법한 새로운 제품 보따리를 세상에 선보이곤 했다. 이후 그 제품이 게임체인저game changer(시장의 흐름이나 판도를 뒤바꾸는 대상-옮긴이)인지 아닌지 결정하는 건 고객의 몫이었다. 그러나 게임체인저가 아닐 때가 너무 많았다.

우리도 회사 초기에 이 구식 모델을 지지했다. 그 후, 2006년에 세일즈포스의 혁신 접근방식이 바뀌기 시작했다. 이는 의식적인 결정이었다거나 우리가 많은 시간을 들여 계획한 것이 아니었다. 거의 순전히 우리가 직면한 도전에 대한 반응이었다. 하지만 나는 진정한 대규모 혁신을 하기 위해 이미 과로 상태인 기술 팀에 더 이상의 희생을 요구하기란 어렵다는 것을 깨달았다. 우리의 혁신 활동을 확대할 수 있는 유일한 방법은 외부 인사를 채용하는 것이었다.

디지털 시대의 특징 중 하나는 매우 다른 유형의 인프라, 즉 컴퓨터 프로그래밍이라는 공통 언어를 통해 운영된다는 것이다. 공장이 없으면 자동차를 만들 수 없지만, 프로그래밍 언어에 능통한 개발자라면, 소스 코드만 있으면 새로운 응용 프로그램을 만들 수 있다. 매년, 전 세계에서 유능한 개발자들이 성장하고 있다. 나는 문득 우리가 해야 할 일은 그 재능 있는 사람들을 활용하는 것이라는 것을 깨달았다. 그러면 우리가 원하는 만큼 많이 반짝이는 새 차를 생산할 수 있다는 것을 깨달았다.

어느 날 저녁, 샌프란시스코에서 저녁을 먹으면서 나는 간단하지만 거부할 수 없는 생각에 빠져들었다. 전 세계 어느 곳의 개발자든지 세일즈포스 플랫폼용 애플리케이션을 직접 만들 수 있다면 어떨까? 그들에게 세일즈포스 사용자가 그 앱을 다운로드할 수 있도록 온라인 디렉토리에 저장해두겠다고 제안하면 어떨까? 이 아이디어가 완전히 쉬운 것으로 느껴진 건 아니었다. 어쨌든 나는 혁신이란 건 회사 안에서 일어나야 하는 것이라는 낡은 관점과 함께 자라난 사람이다. 이 관점대로라면, 우리 제품을 외부 개발자에게 개방하는 행위는 흡사 우리의 지적 재산을 포기하는 것과 같았다. 게다가 통제권을 함께 포기하는 것이므로 그 아이디어는 리더십과는 극과 극처럼 느껴졌다. 하지만 그 순간 나는 직감적으로, 세일즈포스가 내가 원하던 부류의 새로운 회사가 되려면, 어디에서나 혁신을 추구해야 한다는 것을 알았다.

그래서 나는 레스토랑 냅킨에 그 아이디어를 스케치했다. 그리고 바로 다음 날 아침 법무팀에 가서 앱스토어닷컴AppStore.com 도메인을 등록하고 앱스토어App Store 상표를 사 달라고 부탁했다.

그 직후 나는 고객들이 '앱스토어'라는 명칭을 좋아하지 않는다는 것을 알게 되었다. 사실, 좋아하지 않는 정도가 아니라 싫어했다. 나는 마지못해 그들에게 양보했다. 그리고 약 1년 후, 우리는 앱익스체인지AppExchange를 고객에게 소개했다. 그것은 최초의 비즈니스 소프트웨어 마켓플레이스였으며, 어디서나 혁신을 추구하겠다는 우리의 새로운 약속 속에서 탄생한 최초의 주요 이니셔티브initiative였다.

• • •

우리가 앱익스체인지를 출시하고 약 2년 후인 2008년에 나는 스티브가 애플의 차세대 혁신 엔진을 공개하는 것을 보기 위해 애플의 쿠퍼티노 본사를 다시 방문했다. 그 위대한 엔진은 수백만 명의 고객, 개발자, 파트너가 애플 기기로 구동되는 응용 프로그램을 자체적으로 만들 수 있는, 자유롭고 경계 없는 디지털 허브였다. 스티브는 뛰어난 쇼맨이었고, 그 공개 발표는 기대를 저버리지 않았다. 당시 그가 네 마디를 말하는 순간 나는 어안이 벙벙해졌다. "지금 여러분에게 앱스토어를 소개합니다!"

순간 우리 경영진의 숨이 모두 멎었다. 2003년에 내가 스티브 잡스를 만났을 때, 그가 장기에서 나보다 백 수는 앞서 있다는 것을 이미 알고 있었다. 하지만 우리 중 누구도 스티브가 원래 내가 비즈니스 소프트웨어 거래를 위해 제안했던 것과 똑같은 이름을 채택했다는 것을 믿을 수 없었다.

나한테 그것은 신나고 영광스러운 일이었다. 그리고 스티브는 자신도 모르게 5년 전 내게 보여주었던 선견지명에 보답할 수 있는 놀라운 기회를 주었다. 그가 발표를 마치자, 나는 그를 옆으로 불러 우리가 '앱스토어'의 도메인과 상표를 소유하고 있으며, 그에게 무료로 권리를 양도할 수 있게 되어 기쁘고 영광이라고 말했다.

2019년까지 앱익스체인지에는 판매 계약 및 프로젝트 관리 도구에서부터 협업 지원에 이르기까지 구매 가능한 5천 개 이상의 앱이 있었다. 그리고 세일즈포스 고객의 거의 90%가 그 앱들을 사용하고 있었다.

스티브는 내가 비즈니스에서 어떠한 위대한 혁신도 외부와 단절된 상태에서 일어나지 않는다는 것을 이해하는 데 도움을 주었다. 모든 위대한 혁신은 말 그대로 어디서나 나올 수 있는 수백 개의 더 작은 획기적 발전과 통찰력의 결과를 바탕으로 이루어진다. 이는 생태계가 시장의 판도를 바꾸는 차세대 혁신을 담당할, 실리콘밸리에 기반한 뛰어난 기술자나 멘토로부터 구축될 수도 있고, 혹은 지구 반대편 초보 개발자로부터 구축될 수도 있다는 것을 인정하는 일에 관한 것이다. 이 원리는 물론 기술에도 적용되지만 지적, 과학적, 이론적인 대약진에도 적용된다.

소프트웨어, 소매, 예술과 문화 등 어떤 분야에 속해 있건 진정한 규모를 달성하고자 하는 기업은 내부의 벽을 넘어 혁신을 추구하고, 전 세계인의 지식과 창의성을 이용할 필요가 있다.

혁신, 어디서나

2014년에 세일즈포스는 '릴레이트아이큐RelateIQ'라는 회사를 인수했다. 그 회사의 소프트웨어는 사용자의 이메일, 달력, 스마트폰 통화 및 소셜 미디어 게시물에서 수집한 데이터를 활용해 중요한 통찰과 알림들을 제공했다. 예를 들어, 영업 담당자가 고객으로부터 회신을 받지 못했다고 하자. 그러면 그 소프트웨어는 그들의 최초 회의 날짜와 전화 및 이메일로 보낸 모든 사전 통신 날짜 등의 관련 변수를 모두 모아 영업 담당자에게 후속 조치를 취할 것을 상기시키는 작업을 자동 생성할 것이다. 그 당시에, 그런 지능적인 능력은 우리 소프트웨어에 구현하던 AI 능력에 가장 근접한 것이었다. 우리는 그것이 우리 비즈니스 전반으로 확산시켜야 하는 실용적인 예측형 지능이라는 것을 알았다.

1년 후 내가 거대한 AI 이니셔티브를 발표했을 때, 우리의 첫 프로젝트 중 하나는 영업팀이 수년간 피드백 세션에서 설명했었던 문제와 관련 있었다.

그들은 결실을 맺지 못할 고객에게 너무 많은 시간을 할애하지 않기 위해서 그들의 활동 우선순위를 정하는 지원 도구를 간절히 원했다.

그래서 헤르난 아소레이가 이끄는 소규모 데이터 과학자들이 그 과제를 맡았고, 그들은 '기회 평가opportunity scoring' 시스템을 구축했다. 기본적으로 알고리즘은 영업 기회가 진행되는 기간, 같은 고객을 대상으로 영업하는 경쟁자 수, 고객의 금전적 가치와 후방의 고객지원팀 같은 변수를 고려했다. 그런 다음 별 1에서 5개까지 순위를 매겨 기회를 평가했다. 시간이 지날수록 알고리즘은 자체 예측과 그 실제 결과를 비교해나가면서 더 똑똑해지고 더 나은 예측을 할 수 있었다.

이 시스템은 우리 영업팀에서 큰 인기를 끌었다. 그들은 생산성이 바로 향상되는 것을 보았다. 그래서 2016년 여름, 우리는 일부 고객에게도 기회 평가 시스템을 이용할 수 있도록 했다. 드림포스 2016 개막일 전까지는 아직 갈 길이 꽤 멀었지만, 우리는 계속해서 우리 길을 걸어갔다.

이때 나는 우리의 AI 캠페인에 명칭이 필요하다고 판단했다. 우리가 해야 할 다른 모든 일을 생각해볼 때, 이 일은 사소하게 들릴 수 있겠지만, 언제까지 우리가 그 일을 'AI 프로젝트'라고 부를 수는 없는 노릇이었다. 우리의 AI는 정체성이 필요했다. 나는 IBM의 왓슨처럼 극적이고 쉽게 인지할 수 있는 이름이어야 한다고 생각했다. 놀랄 것도 없이, 나는 "아인슈타인"을 외쳤다. 그것은 거부할 수 없을 만큼 너무나 적절한 이름이었다.

"세일즈포스 아인슈타인, 세상에서 가장 똑똑한 CRM!"

하나 더, 아인슈타인 AI를 구축하기 위해서는 실제 아인슈타인의 정신을 주입해야 했다.

아인슈타인이 드림포스 2016에 데뷔하기까지 몇 달 동안, 엔지니어 존 볼, 비탈리 고든과 슈바 나바르가 이끄는 소규모 팀은 팔로알토 시내의 웨스트 엘름 가구점 아래 동굴 같은 사무실에서 24시간 내내 일했다. 그곳은 그들이 방해받지 않고 집중하기 위해서 세일즈포스 본사를 벗어나 서둘러 떠난 곳이었다.

그러나 그 임시 연구실의 뛰어난 두뇌들조차도 밖에서 혁신을 추구할 필요가 있었을 것이었다.

헤르난은 2014년부터 세일즈포스에서 일하면서 그다지 화려하지는 않지만 중요한 역할을 맡고 있었다. 그는 데이터를 이용해 우리 고객이 각각의 소프트웨어 제품을 사용하는 방식을 파악했다. 그리고 그렇게 학습한 내용을 고객의 채택과 시장 동향에 기초해 어떤 새로운 제품의 특징과 출시에 가장 많은 돈을 투자할 것인지에 관한 결정을 이끄는 데 적용했다.

혁신을 핵심 가치로 받아들이고 이를 함양하기 위한 강력한 생태계를 구축했을 때의 가장 좋은 점 중 하나는 세일즈포스의 모든 사람이 새로운 아이디어를 공유하도록 고무된다는 것이다. 세일즈포스에서는 어디에서 나온 것이든 간에 좋은 아이디어는 좋은 아이디어라고 믿는다. 그 결과 인턴에서부터 고위 경영진에 이르기까지 모든 사람이 자신의 아이디어가 논의될 수 있다고 자신할 수 있게 된다.

그래서 2016년 초에 헤르난은 주저 없이 내게 와서 우리에게 문제가 있다는 걸 알려주었다. 그가 몇 주 전에 참석했던 경영진 회의에서 나는 여러 지역의 영업 간부들에게 분기별 실적을 예측해달라고 요청했었다. 그들 모두 내게 내부에서 계획한 목표에 도달할 것이라 말했다. 하지만 막상 해당 분기 실적이 들어오자, 영업 간부 중 한 명의 예측이 완전히 빗나간 것으로 밝혀졌다.

그래서 예상치 못한 부족액이 발생했다.

그러나 헤르난은 우려의 목소리만 내지는 않았다. 그에겐 생각이 있었다.

그가 모든 분기별 판매 데이터를 아인슈타인에 입력하고 시간이 흐를수록 점점 더 똑똑해지는 재무 예측 도구를 구축할 수 있다면 어떨까? 만약 그가 알고리즘을 제대로 알아낸다면, 우리가 더 이상 정확한 분기별 예측을 위해 간부들에게 의존할 필요가 없을 것이라는 것을 그는 알았다. AI가 우리를 위해 그 일을 할 것이었다.

이것은 크고 힘든 일이었다. 그리고 그 일을 실행하기 위해 헤르난은 그의 평상시 일에서 자유로워질 필요가 있었다. 이렇게 하는 것이 이상적이지는 않았지만, AI의 코드를 알아낼 작정이라면, 혁신이 일상적인 제품과 기능보다 우선시되어야 한다는 것을 우리는 알고 있었다. 그래서 헤르난은 자신의 상사인 알렉스 데이온에게 시간과 자원을 요청해 허락받았다.

그것은 최고의 트레일블레이저의 정신이었고, 헤르난은 그 일을 해냈다.

요즘 한 달에 두 번 20명의 최고 경영진과 회의할 때마다, 아인슈타인은 항상 회의실에 함께한다. 경영진이 각기 다른 지역, 제품, 기회에 대한 의견과 예측을 제시하면, 나는 아인슈타인의 생각을 알아보기 위해 가상의 아인슈타인에게 전화를 걸어 물어본다.

그러면 아인슈타인은 해당 분기 실적 달성 여부를 예측한다. 또한 우리의 강세 지역과 약세 지역을 짚어주고, 심지어 특정한 양상이나 우려 부분을 알려준다. 때때로 아인슈타인의 분석은 듣기에 고통스러울 수 있는데, 나에겐 민감한 부분이다. 하지만 아인슈타인의 분석은 거의 틀리지 않았다. 그 밖에도 아인슈타인은 모든 기업에 필요하다고 내가 믿는 것, 즉 객관적이고, 편견이 없는, 냉정한 목소리를 우리에게 제공해주었다.

비록 그 일은 헤르난의 예외적 업무였지만, 그는 궁극적으로 우리 영업 간부들을 위한 내부 도구 그 이상의 것을 개발했다. 그것은 우리의 가장 인기 있는 제품 중 하나인 아인슈타인 포캐스팅Einstein Forecasting이 되었다. 사실, 내가 CNBC에서의 짐 크레이머Jim Cramer와의 인터뷰 도중 아인슈타인 포캐스팅에 대해 설명하자, 크고 작은 기업의 CEO들이 너무 많은 전화를 해왔다. 그들 모두 아인슈타인 포캐스팅을 구매할 수 있는지 알고 싶어 했다.

2016년 9월 19일 예정대로 드림포스에서 세일즈포스 아인슈타인을 정식으로 소개했다. 우리는 이 업적이 정말 자랑스러운 동시에 우리의 일이 결코 끝난 게 아니라는 것을 알고 있었다. 이것은 우리가 떠나는 AI 여정의 시작이었고, 더 발전하기 위해서는 우리에게 온전한 생태계의 힘이 필요했다.

진행 중

2018년 어느 여름 저녁, 세일즈포스의 가장 똑똑한 기술 전문가 두 명이 샌프란시스코 시내에 있는 블러바드 레스토랑 칸막이 자리에 앉아 레드 와인을 한 병 주문한 후 월별 전략 회의를 시작했다.

이 회의에서는 그들이 가장 좋아하는 주제인 AI가 거의 전적으로 다뤄질 예정이었다.

새 최고제품책임자인 브렛 테일러와 최고 과학자인 리처드 소처는 이미 수

개월째 AI 이니셔티브의 다음 단계에 접어든 상태였다. 무엇보다 그들은 어떤 언어로 말하든지 간에 어느 누구든 이해할 수 있는 딥러닝deep learning 능력을 갖춘 앱과 누군가의 자연스러운 목소리와 언어로 대화할 수 있는 디지털 비서digital assistant를 만들고 있었다. 그날 저녁 그들의 회의는 세일즈포스벤처스Salesforce Ventures의 존 소모르자이John Somorjai와 그의 팀이 이끌었던 야심찬 인수 결과에 따른 것이었다. 우리는 새롭게 떠오르는 트렌드와 유망 스타트업을 주시한다. 뿐만 아니라 우리의 혁신 생태계를 확장하고, 제품 기술의 격차를 메우려고 노력한다. 그래서 브렛과 리처드 같은 유능한 컴퓨터 과학자를 찾아 데려오려고 2009년에 세일즈포스벤처스를 설립했다.

39세의 나이가 무색할 정도로 에너지와 지혜로 가득한 브렛은 믿을 수 없는 이력을 가지고 있다. 그는 페이스북의 최고기술책임자였고 페이스북의 상징인 '좋아요Like' 버튼을 고안해낸 엔지니어였다. 그전에는 구글에서 구글맵을 만드는 데 참여했다. 브렛은 또 퀍Quip이라는 스타트업을 공동 창업했는데, 퀍은 많은 장치에서 문서, 할 일, 작업, 스프레드시트와 프레젠테이션 협업과 실시간 커뮤니케이션이 가능한 앱이었다. 우리가 2016년에 퀍을 인수했을 때, 우리는 브렛이라는 놀라운 기술자이자 임원을 얻게 된 것이다. 뿐만 아니라, 세일즈포스의 제품군에 통합될 수 있는 많은 차세대 생산성 도구를 얻었다.

리처드 역시 트레일블레이저의 정신을 구현하는 인물이다. 그는 세계적으로 유명한 AI 연구가다. 장난기 어린 미소에 주황빛 더벅머리를 한 그는 가끔 다정하게 '소년 과학자'로 불리기도 한다. 서른여섯 살의 독일 태생인 그는 대부분의 주말에 패러글라이더와 제트 서핑보드를 자신의 스테이션왜건(접거나 뗄 수 있는 좌석이 있고 뒷문으로 짐을 실을 수 있는 자동차를 말함 - 옮긴이)에 싣고 해안으로 향했다. 모터를 켜고 부서지는 파도 속으로 곧바로 돌진하는 그를 보면, 그가 딥러닝 분야의 선도적인 AI 전문가라는 것을 짐작조차 할 수 없을 것이다. 그는 소프트웨어가 우리 뇌 속의 뉴런들이 정보를 보유하고 처리하는 방식을 모방하도록 프로그래밍한다. 그는 또 자연어 처리 분야의 유능한 전문가다. 이는 3만 4천 개가 넘는 학술적 인용으로 증명이 가능하다.

그날 밤 브렛과 리처드가 가볍게 주고받은 수수께끼 같은 약어와 전문용어를 조금이라도 이해한 사람은 지구상에, 실리콘밸리에서조차 거의 없을 것이다. 이 뛰어난 혁신가들은 신입사원에서부터 장기근속 직원까지 수십 명의 다른 유능한 직원들과 더불어 어디에서나 혁신을 추구하기로 한 우리의 약속을 구현한 전형적인 인물들이었다.

그들의 공동 노력 덕분에 우리는 제품에 AI를 아주 매끄럽게 녹일 수 있었다. 그래서 고객은 AI가 제품 속에 있다는 것을 거의 의식조차 못한다. 아마존의 알렉사나 애플의 시리, 또는 구글의 어시스턴트를 사용해 날씨를 확인하거나 음악을 트는 것이 얼마나 수월해 보이는지 생각해 보라. 최고 모바일 엔지니어 칭칭 류 덕분에 우리는 사람들이 기업을 경영하도록 지원할 수 있는 앱 비스름한 것을 갖게 되었다. 단지 몇 달 만에, 그녀는 엄청난 양의 세일즈포스 데이터와 함께 모든 기본적인 AI 기술을 취했고, 그것을 우리가 지금 아인슈타인 보이스 어시스턴트Einstein Voice Assistant라고 부르는 놀라운 경험으로 바꿔놓았다.

이제 아인슈타인은 내 손안에서 살고 있다. 그는 우리의 비즈니스 맥락을 이해하고, 회의에 참석하며, 그 대화에 관련된 메모와 기록을 업데이트할 데이터를 수집하고, 심지어 견해까지 내놓는 음성인식 디지털 비서 역할을 하고 있다. 시간이 지나, 모든 고객에게 이와 같은 인공지능 기반의 디지털 비서를 제공할 수 있게 되는 것이 우리의 목표다. 기술이 발전함에 따라 이런 디지털 비서는 더욱 정교해질 것이다.

앞으로 몇 년간, 점점 더 많은 혁신이 인간과 기계가 각각의 독특한 능력을 이용하며 함께 일하는 데서 나올 것이다. 기계가 일상적이고, 반복적이며, 인간이 할 수 없는 패턴 인식 같은 일을 더 많이 할수록, 우리는 더 많은 시간을 '미래를 의식하고 예측'하는 데 쓸 수 있을 것이 우리의 목표다(한때 내게 그렇게 하라고 조언했던 어떤 한 현명한 사람처럼).

AI의 윤리성에 대한 합리적인 우려가 있고, 나도 같은 우려를 한다. 하지만 결국, 인공지능을 만드는 것은 인간이고, 이 도구를 만드는 사람들이 윤리적인 만큼 똑같이 윤리적일 것이다. 이렇게 보면, 기계에는 인간처럼 초심자의 마음이란 게 없다. 본질적으로 세상에 나올 때 선하거나 악한 기술은 없다. 문제는 어떻게 사용되느냐다. 미래의 제품은 오로지 그 주변에서 일어나는 정직하고 열린 대화만큼 선한 제품일 것이다.

AI와 로봇 자동화 때문에 일자리가 사라질 거라는 두려움 역시 매우 현실성이 있다. 그렇기 때문에 나는 컴퓨터가 인간이 이전에 수행했던 더 많은 일을 떠맡을수록, 사람들이 트레일블레이저처럼 많은 호기심과 개방성과 모험적인 정신을 지속적으로 채택하도록 도울 더 많은 방법을 찾아야 한다고 믿는다. 그래야 사람들이 앞으로 이 멋진 신세계brave new world(영국의 소설가 A. L.헉슬리의 미래소설. 1932년에 출판. 사람들이 전보다 더 나은 삶을 기대하는 상황, 특별히 신기술의 발전 때문에. 그러나 종종 기대에 미치지 못해 실망하게 되는 세상을 의미한다. 셰익스피어의 템페스트에서 최초로 사용되었다. 사람들의 삶을 개선하지만 흔히 다른 문제들을 야기하기도 하는 방향으로 변화해가는 사회나 상황을 가리킴-옮긴이)를 배우고 적응할 수 있기 때문이다.

좋든 싫든 인공지능은 우리의 미래다. 그 기술을 설계하는 사람들이 그 기술을 사용하는 사람들과 끊임없이 협력할 때만 인공지능은 세일즈포스나 어디에서든 효과적일 것이다.

이 때문에 우리가 혁신이 실제로 어디에서나 이루어질 수 있다는 사실을 완전히 수용하는 것이 더 중요해진다.

● ● ●

2017년, 입사한 지 몇 개월 만에 리처드 소처가 걱정스러운 표정으로 내게 왔다. 수석 과학자인 그는 자신이 받은 적은 예산으로 어떻게 우리가 구상하는 모든 최첨단 작업을 할 수 있는지 이해하지 못했다.

"당신은 혁신에 충분한 돈을 쓰고 있지 않습니다."

그는 진짜로 곤혹스러워하며 말했다.

"그러면서 어떻게 혁신을 핵심 가치라고 할 수 있습니까?"

처음에 나는 그 질문을 제대로 이해하지 못했다. 내가 보기에 예산은 괜찮았다. 그때 나는 리처드가 세일즈포스에서 혁신이 어떻게 작용하는지 이해할 수 있을 만큼 우리와 오래 일하지 않았다는 것을 떠올렸다. 그는 혁신적인 제품을 만드는 우리의 능력이 오로지 연구개발에 쏟아부은 돈이 얼만가의 문제만은 아니라는 것을 깨닫지 못했다. 그것은 또한 전통적인 지혜에 도전하고 마음껏 자유롭게 아이디어를 추구하는 호기심 많은 사람들로 이루어진 다양한 생태계를 가지고 있는가의 문제이기도 했다.

세일즈포스에서 혁신을 수행하는 방식에 대해 나는 리처드에게 이렇게 말했다.

"우리는 어디서나 혁신을 추구한다네."

6장

평등

거울에 비친 좋은 모습

2015년 3월, 세일즈포스의 직원 성공 책임자인 신디 로빈스가 내가 주관하는 회사 중역회의 중 한 정기 회의에 참석하고자 우리 집에 왔다. 그때 나는 뭔가 좀 이상하다고 느꼈다. 그녀는 이상할 정도로 말이 없고, 심지어 약간 불안해 보였다. 뿐만 아니라, 또 다른 고위 여성 임원인 레일라 세카를 지원군으로 대동하며 평상시와는 다른 모습을 보였다.

나는 회사 사무실이 느긋하고 솔직한 대화를 위한 최상의 환경이라고 생각해본 적이 없다. 때문에 이러한 일대일 회의는 보통 내 집에서 한다. 기본 복장은 '캐주얼'인데, 기술 회사의 어휘로 말하면 '청바지'다. 하지만 이날 나는 새로운 차원의 '캐주얼'을 선보였다. 그때 웨어러블 헬스케어 기기 업체 핏빗Fitbit의 자선운동 프로그램에 참여해 델의 창업자 겸 CEO인 마이클 델과 경쟁하고 있었다. 그랬던 터라 반바지와 티셔츠, 야구 모자를 쓰고 경쾌한 발걸음으로 회의 장소로 들어갔다. 나는 헬스클럽 죽돌이 같은 모습으로 등장한 것이다. 그런데 그때 방 안에서 느껴지는 에너지로 보아 분명 뭔가 중요한 일이 막 일어나려는 참이라는 것을 알 수 있었다.

신디와 레일라는 둘 다 40대 초반이었고 항만 지역에서 성장했다. 신디는 2006년 채용 담당으로 세일즈포스에 입사해 700명의 직원을 직접 관리하는 사장 겸 최고인사책임자로 승진했다. 레일라는 2008년 세일즈포스 앱익스체인지의 마케팅 담당 이사로 입사해 비즈니스 소프트웨어 부서에서 다양한 역할을 수행해왔다.

비록 그 둘은 수년간 친한 친구로 지내오고 있지만, 처음에는 어떻게 그렇게 서로 아귀가 맞지 않았는지 생각하며 종종 웃곤 했다. 신디는 회사 내부에서 조용하고 강철 같은 전문가로 평판을 얻고 있는, 자칭 내성적인 성격이다. 반면에 레일라는 더없이 외향적으로 명품 스카프에 버켄스톡Birkenstock 샌들을 신는가 하면 한때는 평화봉사단에서 일한 적도 있었다. 순탄하지는 않았지만, 두 사람은 결국 남성 중심의 산업에서 함께 유리천장을 깨기 위한 도전을 하며 유대감을 갖게 되었다.

"무슨 일이죠?"

나는 머뭇거리며 물었다.

혹시나 내 운동복 차림에 당황했을지라도 신디와 레일라는 티를 내지 않았다. 두 사람은 자리에 앉아 바로 본론부터 말했다. 그들은 세일즈포스의 여성 직원이 같은 일을 하는 남성에 비해 임금을 적게 받고 있다는 의심이 든다고 말했다.

"우리는 여기에 임금 불평등이 존재하는지 알고 싶습니다."

신디가 말했다.

나는 내 얼굴 표정에 분노와 놀라움이 섞여 그대로 드러나는 것을 확실히 느꼈다. 인정하건대, 내 방어 능력이 발휘되었다. 먼저, 나는 신디와 레일라의 존재만으로도 그들의 주장이 약화된다고 생각했다. 이 두 명의 고위직과 고액 연봉의 여성 임원들은 양성평등에 대한 세일즈포스 헌신을 말해주는, 걸어 다니는 증거였다.

무엇보다, 나는 이 문제에 대해 3년 동안 꾸준히 열심히 노력하고 있었다. 2012년에 내가 회의를 소집하면, 회의실 안에 여성이 한 명도 없을 때가 종종 있다는 것을 알아채기 시작했다. 나는 곧 세일즈포스 전체 직원 중 여성 비율이 29% 미만이라는 것을 알게 되었다. 리더급에서는 14%밖에 자리를 차지하지 못한다는 것도. 리더 자리에 능력 있는 여성 직원들이 고려되고 있는지 확인하기 위해, 나는 우먼 서지Woman's Surge란 이니셔티브를 시작했다. 그 일환으로 앞으로 양성평등이 우선시될 것이라고 발표했다. 그리고 앞으로 대규모 경영 회의에서부터 소규모 제품 검토에 이르기까지 어떤 회의에도 참석자 중 최소한 30%는 여성이어야 한다고도 발표했다.

평등을 가치로 삼는 것은 단지 공정성이나 옳은 일을 하는 것의 문제가 아니다. PR에 관한 것도 아니고, '대중에게 비춰지는 인상'에 관한 것도 아니고, 심지어 내 개인적인 양심에 관한 것도 아니다. 평등은 좋은 비즈니스를 구축하는 데 있어서 중요한 부분이고, 명료하고 간단한 것이다. 그것을 증명하는 연구는 무궁무진하다. 예를 들어, 맥킨지앤컴퍼니McKinsey & Company의 한 연구는 경영진의 성별이 더 다양한 기업이 덜 다양한 기업보다 수익성 면에서 더 나은 성과를 낼 가능성이 21%나 더 많다는 것을 보여주었다. 게다가 임원들의 민족적, 문화적 다양성이 상위 백분위수 안에 드는 기업은 하위권 기업보다 수익성이 33%나 높았다.

피터슨 국제경제연구소Peterson Institute for International Economics가 91개국에서 2만 개 이상의 상장기업을 대상으로 실시한 조사에서 기업경영진에 여성 임원이 더 많은 기업은 수익성 증가와 상관관계가 있는 것으로 나타났다. 실제로, 여성이 적어도 최고 경영진의 30%를 차지하고 있는 기업이 남성 경영진으로만 구성된 기업에 비해 순이익을 1% 더 증가시키는 것으로 나타났다.

2015년으로 되돌아가서, 나는 우리가 평등 문제에 있어 아직 갈 길이 멀다는 것은 알았지만, 그래도 세일즈포스가 진정으로 양성평등을 중시하는 몇 안 되는 기술 기업에 속한다고 확신하고 있었다. 그래서 임금 차별이 만연할 수 있다는 것이 정말로 믿기지 않았다.

"그런 일은 있을 수 없습니다. 그건 옳지 않습니다. 우리는 그런 식으로 운영하지 않아요."

나는 그들에게 말했다.

내 말에 신디는 침착하게 나를 바라보았다. 그러곤 그녀는 과거에 잘못된 고집을 부리지 말라며 나를 설득할 때 썼던 신중한 어조로, 자신과 레일라 둘 다 각각 같은 우려를 하게 되었기 때문에 이번 회의에 레일라를 초대했다고 설명했다. 신디는 이어 "우리는 눈에 띄게 일했고, 더 큰 일을 맡았으며, 승진했고, 그때부터 서로 머리를 맞대기 시작했습니다"라고 말했다.

그러자 직설적이라고 소문난 레일라가 뛰어들었다.

"보세요, 마크."

그녀가 말했다.

"저와 똑같은 지위의 남자들이 고가의 테슬라 자동차를 사고 있어요. 어쩌면 그건 단순히 남자가 여자보다 더 많이 번다는 느낌일 수 있어요. 하지만 어쩌면 추악한 진실일 수도 있죠."

나는 그녀가 모든 임금 격차가 고의적이라고 말하는 게 아니란 걸 알았다. 임금 불평등은 비즈니스에서 고질적이고 다루기 힘든 문제다. 신디는 2014년에 정규직 여성이 평균적으로 정규직 남성 임금의 약 79% 정도에 해당하는 임금을 받는다는 것을 보여주는 미국 노동부의 연구 결과를 가져왔다. 〈여성정책연구소The Institute for Women's Policy Research〉는 최근 2001년부터 2015년까지 가족 돌봄 휴직이나 육아휴직을 감안하더라도, 여성이 남성의 약 절반 정도의 돈을 벌었다고 밝혔다. 그리고 나중에 안 사실이지만, 고학력 임원 사이에서도 임금 격차가 지속되고 있었다. 최고의 글로벌 MBA 프로그램에 관한 2018년 〈파이낸셜타임스〉 순위 자료에 따르면, 학위를 받기 전에 여성은 남성보다 평균적으로 9%를 덜 벌었고, 졸업 후 3년 미만의 경우는 14%를 덜 벌었다.

그것은 전적으로 사실이다. 하지만 나는 신디에게도 말했지만, 그 문제에서 벗어나려고 열심히 노력하고 있다. 그런데 어떻게 우리 회사 내부에서 그 문제가 사라지지 않고 그렇게 집요하게 계속될 수 있다는 것인가?

신디는 의자 등에 몸을 기대고 앉아 인내심을 가지고 임금 격차가 어떻게 노동 현장에 숨어드는지 설명하기 시작했다. 무의식적인 편견은 남성과 여성의 임금 처우에 중요한 역할을 한다. 여성 노동자는 전형적으로 가족을 고려해(남성보다 여성에게 더 무겁게 지워지는 경향이 있는 부담) 탄력 근무를 하려고 더 나은 임금을 포기하는 경우가 자주 있다. 그녀가 상기시켜주었듯이 많은 여성이 경력 초기에 임금 인상 협상을 공격적으로 하지 못하면, 그 후에는 남성을 따라잡는 데 몇 년을 보내게 된다.

신디가 결론지었다.

"우리는 임금 평등을 이끌 수도 있고 따라갈 수도 있습니다. 하지만 이 문제는 더 커질 뿐이지, 없어지진 않을 거예요."

이어서 그녀가 덧붙였다.

"우리가 따라가는 회사는 아니잖아요."

신디와 레일라는 단지 나를 당황시키려고 우리 집에 온 게 아니었다. 그들은 제안을 했다. 남성과 여성이 동등하게 임금을 받고 있는지 확실히 밝히기 위해 감사를 지시하는 게 왜 안 되겠는가? 그 자료가 혐의를 벗겨줄 거라 확신한 나는 즉시 그 당시 1만 7천 명의 모든 영업사원의 급여 검토를 의뢰하는 데 동의했다.

"윗선에서부터 아래로."

나는 "한 번에 한 명씩"이라고 말했다.

잠시 동안 신디는 안도하는 표정이었다. 그때 나는 그녀의 얼굴에 다시 걱정의 빛이 스치는 것을 보았다. 우리가 이 일을 진행하기 전에, 그녀는 이 감사가 헛되지 않도록 확실히 하고 싶다고 말했다. 그녀는 "우리가 평가를 해서 막상 뚜껑을 열어보니 큰돈이 든다는 걸 알고 그대로 뚜껑을 덮어버리는 일"은 절대 있어서는 안 된다고 말했다. 그녀는 임금 표기가 어떻든지 간에, 감사 결과에 따라 조치를 취하겠다고 내가 약속해주길 원했다. 다시 말해, 만약 임금 격차가 발견된다면, 내가 즉시 그 격차를 줄이겠다고 약속해줄 수 있는가 하는 거였다.

"물론입니다."

내가 말했다.

"그러니까, 돈이 얼마나 들지는 알고 있는 거죠, 그렇죠?"

신디가 말했다.

이 말을 듣는 순간, 나는 내가 상장회사의 CEO처럼 생각하기 시작했다는 것을 고백한다. 만약 저들이 맞는다면? 궁금했다. 1천만 달러가 들까? 아니면 5천만 달러?

"돈이 얼마나 들 것 같아요?"

내가 물었다.

"글쎄요, 잘 모르겠습니다."

신디가 대답했다.

나는 내가 대부분의 남성 기술 경영진보다 양성평등에 대해 더 진보적이라고 항상 생각했었다. 그때 나는 그것을 증명할 기회를 얻을 참이었다. "좋아요, 알겠어요" 하고 나는 말했다.

"시작합시다."

데이터 vs 확성기

2장에서, 인디애나의 성소수자 차별에 대해 내가 어떻게 공공연히 반대했는가를 이야기한 바 있다. 나중에, 나는 조지아와 노스캐롤라이나에서 성전환자들에게 출생 시의 성별에 근거해 공중화장실을 사용하도록 요구하는 끔찍한 법안과 싸웠다. 나는 항상 '평등'에 관한 모든 문제를 같은 부류로 묶곤 했다.

그러나 신디와 레일라와 대화하면서 성차별은 다른 종류의 괴물이라는 것을 깨닫기 시작했다. 임금 격차는 의회를 통해 밀어붙인 어떤 법안의 결과가 아니다. 임금 평등은 많은 정치인이 자신들의 지지층을 열광시키기 위해 집회장에서 외치는 구호 같은 것이 아니다. 적으로 규정하고 정면으로 맞설 단 한 명의 사람도 없고, 지지할 간단하고 보편적인 해결책도 없다.

대신에, 그것은 (보통은 남성들에 의해) 결정이 이루어지는 회의실 문 뒤에서 항상, 모든 곳에서, 조용히 털어놓는 광범위한 악성의 문제다. 그렇기 때문에 양성평등을 위해 싸우는 것은 인디애나에서 효과가 있었던 직설적인 방법보다 훨씬 더 많은 것을 요구할 것이다. 단순히 내 목소리를 내고, 그다음 증폭시킬 확성기로 트위터를 활용하기보다, 이 전투에서는 데이터를 살펴보고, 사람들의 말을 듣고, 불편한 질문을 하고, 무의식적인 행동을 조사해야 했다. 그 이하로는 메스 대신 버터 칼로 뇌수술을 하려는 것과 같았을 것이다.

4월 말, 감사가 막 시작될 참이라, 나는 투명성을 위해 전 직원에게 이메일을 보내기로 했다.

“세일즈포스의 남녀에게 반드시 동등한 기회와 동등한 보수를 보장하기 위해서 신디 로빈스, 레일라 세카 그리고 나머지 리더십 팀과 함께 노력하고 있습니다.”

또 이렇게도 추가했다.

“이는 우리가 시작하는 다년간의 프로젝트지만, 우리 회사와 산업 전반 모두를 위한 중요한 노력입니다.”

이때만 해도 나는 여전히 이 문제로 다음에 보내게 될 전사 이메일은 전반적으로 세일즈포스의 남녀 직원이 동등한 일에 대해 동등한 급여를 받고 있다는 결과를 확실히 선언하는 득의만만한 이메일이 될 거라고 자신하고 있었다.

하지만 불행히도, 그런 일은 일어나지 않았다.

한편, 우리는 급여평가를 위해 서로 다른 부서에서 온 사람들로 교차기능 팀을 구성하고, 외부 전문가와 함께 직무기능, 지위, 장소 등 급여를 결정하는 객관적 요소를 바탕으로 전 직원을 분석하는 방법론을 개발했다. 이 평가에서는 비교할 만한 역할별로 직원들을 그룹으로 나누고, 해당 그룹의 급여를 분석해 세계 전 지역에서 성별 간 설명되지 않는 임금 격차가 존재하는지 알아보았다.

몇 달 후, 의심할 여지가 없는 결과가 나왔다. 세일즈포스에는 임금 격차가 존재했다. 더구나 일부 몇몇 사무실에서만 일어난 고립 현상이 아니었다. 모든 부문, 모든 부서 그리고 지리학적으로도 회사 전체에 확연한 차이가 산재되어 있었다. 다른 말로 하자면, 그 바이러스는 회사 내 모든 곳에 퍼져 있었다.

나는 고개를 숙이지 않을 수 없었다. 실망했고, 솔직히 잘못을 깨달았다. 이 문제가 정곡을 찌르며 바로 내 코앞에서 일어나고 있었는데도 나는 또렷이 보지 못했다. 그날, 나는 신디에게 했던 약속을 지키기 위해 세일즈포스에서 곧 발생할 추가 비용을 이사회와 임원진에게 알렸다.

전체적으로 직원 중 6%, 대부분이 여성이지만 일부 남성들의 급여가 조정될 필요가 있다는 것을 알았다. 우리는 어느 누구의 급여도 줄이고 싶지 않았기 때문에 급여를 상향 조정했다. 그렇게 미국 직원의 급여 조정에 드는 총 비용은 약 300만 달러로 산출되었다. 내가 걱정했던 것보다는 적은 비용이었다. 물론 그 비용이 적은 액수는 아니었지만, 얼마나 적절하고 필요한 일인지 고려하면, 상대적으로 이득인 것 같았다.

• • •

그 후 몇 달 동안, 나는 여배우 패트리샤 아퀘트의 로스앤젤레스 자택 만찬부터 도쿄에서 열린 혁신 회의, 백악관에 이르기까지 모든 곳에서 임금 평등에 대해 공개적으로 말하기 시작했다. 그래서 신디가 나를 다시 찾아왔을 때, 나는 놀랐다. 아니 솔직히 말해서 당황했다.

첫 감사를 실시하고 300만 달러로 불평등 임금을 조정한 지 1년이 지나 우리는 그 수치를 다시 측정했다. 그 감사 이후 보수가 제대로 맞지 않았던 직원들의 급여 조정 비용으로 300만 달러가 더 필요한 것으로 나타났다.

"어떻게 이럴 수가 있소?"

나는 신디와 임원진에게 물었다.

이러한 수치들이 대부분 성장의 결과라는 것을 알고 나는 다소 안도감을 느꼈다. 우리 회사 규모는 당시 24개의 기업을 인수한 후 약 17% 더 커졌고, 그 과정에서 우리는 단순히 그들의 기술만 승계 받은 것이 아니라 임금 관행과 문화도 승계 받았던 것이다. 그 결과 인종과 민족은 물론 성별에 따라 낮은 보수를 받고 있던 직원 비율이 실제로 전년도의 6%에서 11%로 증가했다.

이 문제가 반복될 가능성이 있다고 보고, 좀 더 엄격한 조치를 취하기로 결정했다. 우리는 새로운 직업 코드와 기준을 고안했다. 그러곤 각각 새롭게 통합된 회사에 적용시켜 비슷한 일을 수행하는 모든 사람들이 첫날부터 비슷한 보수를 받을 수 있도록 했다. 거기서부터, 신디 팀은 차별을 근절하기 위해 성과급, 보너스, 주식보상 그리고 승진도 검토하기 시작했다.

이 정책들을 바로잡기 위해서 약간 손을 보긴 했지만, 결국에 그 정책들은 세일즈포스 기업의 일부가 되었다. 2018년에 신디와 나는 〈60분60 Minutes〉이란 방송 프로그램에서 레슬리 스탈Lesley Stahl과 우리의 성별 임금 이니셔티브에 대해 인터뷰했다. 나는 이 인터뷰가 다른 CEO들이 그들 기업의 임금 관행을 살펴보는 계기가 되길 바랐다. 또한, 오늘날의 비즈니스에서 대부분이 그렇듯, 평등이 다루기 어려운 움직이는 목표물이며, 우리가 계속 노력해나가야 하는 문제라는 것을 잘 알고 있다고 이야기했다.

2018년 초 우리 금융 서비스 팀과 함께 내가 JP모건 체이스JPMorgan Chase에 간 고객 방문 회의가 그 좋은 예다. 평상시대로라면 나는 그 회의에 가지 않았을 것이다. 하지만 그날 밤 거기서 JP모건의 CEO 제이미 다이먼Jamie Dimon이 주최하는 만찬에 참석할 예정이었기 때문에, 그 팀을 따라가기로 결정했다. 나는 팀장인 스티브 모로스키와 함께 브라이언트 파크에 있는 세일즈포스 타워 뉴욕에서부터 중심가에 있는 JP모건 본사까지 걸어서 갔다. 15분간의 빠른 산책이었다. 높게 솟은 JP모건 파크 애비뉴 고층 건물 밖 핫도그 판매대에서 구매한 팔라펠(중동 지방의 음식으로, 병아리콩을 으깨서 만든 작은 경단-옮긴이)로 간단히 끼니를 때웠다. 함께 걸으면서 스티브는 내게 세일즈포스 기술을 체이스 소비자 은행 네트워크에 도입시키기 위한 그의 아이디어를 설명했다. 그의 설명은 훌륭했고, 나는 그의 계획에 만족했다.

그러나 우리가 긴 마호가니 회의 탁자에 둘러앉았을 때, 내 열의는 금세 불안으로 바뀌었다. 그리고 실망했다. 발표에 참석한 세일즈포스 영업사원들이 모두 남자였던 것이다. 회의 직후 나는 스티브에게 간단하고 짧은 메모를 슬쩍 건넸다.

"왜 여성 영업사원은 없나요?"

그러고 나서 나는 만찬 장소로 향했다.

나중에 스티브는 그것을 '사랑의 메모love note'라고 불렀다. 그 메모를 건네받은 후 즉시 그는 빠르게 확장 중인 팀 구성원들에게 앞으로 구성원 고용 방식에 약간의 변화가 있을 것이라고 말했다.

나는 그 이후 스티브가 종종 여성 영업 담당자에게 대형 은행과 증권회사 대상의 영업 발표를 맡긴다는 것을 알았다. 내가 가장 좋아하는 측정지표인 데이터를 살펴보면서, 나는 65명의 영업사원으로 구성된 스티브의 금융 영업팀 여성 비율이 16%에서 37%로 증가했다는 것을 알게 되었다. 이제 그 팀의 리더급 인원 중에서 3분의 1이 여성이 되었다. 0에서 오른 수치였다.

스티브가 그의 팀에게 한 말은 우리의 평등 접근 방식의 중요한 부분을 시사한다. 나는 단순히 할당량을 채우기 위해 아무 여성 지원자나 채용해서는 안 된다고 생각한다. 맡은 역할에 가장 적합할 거라 생각하는 유능한 여성 후보자를 찾고, 그 고용 과정에서 무의식적인 편견을 없애기 위해 한층 더 많은 노력을 해야 한다고 생각한다.

급여를 평등화하는 것은 쉬운 과정이 아니었고, 값싸지도 않았다. 세 번째 급여 평가 후에, 우리는 성별, 인종, 민족에 따른 임금 격차를 해결하기 위해 총 870만 달러를 지출했다. 그 결과 벌써 막대한 성과가 나기 시작했고, 성과는 몇 년 동안 계속 증가할 것이다. 이미, 평등에의 헌신으로 〈포춘〉지가 선정한 가장 일하기 좋은 기업 1위에 뽑히는 영예를 안았다. 뿐만 아니라 2년 연속 〈피플〉지의 '배려하는 기업Companies That Care' 1위로 선정되는 데도 도움을 주었다. 그뿐만 아니라 나라에서 가장 우수하고 똑똑한 인재들, 특히 많은 경쟁자들이 기용하지 못한 엄청난 수의 여성 인재들을 유치할 수 있는 우리의 능력에 보탬이 되었다. 예를 들어, 스티브 모로스키는 그의 금융 영업팀이 일단 20%의 여성들을 고용하는 지점에 도달하자, 여성 영업사원 고용이 대인기를 얻었다고 나에게 알려왔다.

"우리는 새로운 네트워크에 연결되었고, 여성들은 세일즈포스에 오고 싶어 합니다."

이 모든 과정을 통해 포용은 획일적인 것이 아니라는 것을 알았다. 평등을 위한 싸움은 각기 다른 전선에서 벌어지는 많은 전투의 집합체이며, 각각의 전투는 독특한 도전 과제를 제시하고 독특한 해결책을 필요로 한다. 한 문제에 대처하는 데 사용한 수단들은 다른 문제를 다루는 데 쓸모가 없을 수 있다. 이 상황을 처리하려면 회사 내 모든 사람이 자신의 사각지대를 인식하고 새로운 솔루션을 시도할 수 있을 만큼 충분히 유연할 수 있어야 한다.

끝나지 않은 일

2018년 초, 사무실 주변에서 몇 명의 여성과 두 명의 남자가 에밀리 창Emily Chang의 《브로토피아 : 실리콘밸리에 만연한 성차별과 섹스 파티를 폭로하다 Brotopia : Breaking Up the Boys' Club of Silicon Valley》를 읽고 있었다. 〈뉴욕타임스〉 북리뷰가 "실리콘밸리가 어떻게 미화된 남학생 사교클럽이 되었는지에 관해 잘 연구한 역사"라고 말한 그 책의 문구는 성희롱 문제가 사무실 로맨스와 수영장 파티의 수준을 훨씬 넘어섰다는 것을 이해하는 데 도움이 되었다. 성희롱은 비록 하나의 심각한 징후였지만, 훨씬 더 크고 더 조직적인 문제, 즉 그것을 용인하는 조직문화의 징후였다.

2015년 신디와 레일라가 내 사무실에 들어온 이후, 나는 어떻게 기업문화가 크고 작은 방식으로 불평등을 야기할 수 있는지에 대해 많은 것을 배웠다. '무의식적인 편견'은 심각한 편견이고, 불행히도 의도가 선할 때조차 발을 들여놓을 수 있는 늪이기도 하다. 그리고 나는 아직도 가끔 그 늪에 발을 들여놓는다.

2017년 3월 세일즈포스 본사에서 열린 행사에서 신제품 로드맵을 소개하는 세션을 진행했다. 청중은 기자, 애널리스트 그리고 고객으로 구성되었고, 수천 명의 다른 사람들이 온라인으로 실시간 방송을 시청했다. 우리 역시 세일즈포스의 열여덟 번째 생일을 축하하는 자리였기 때문에 내 아내 린도 참석했다.

네 명의 연사가 있을 예정이었는데, 모두 세일즈포스 임원들이었다. 처음 세 사람은 남자였고, 그들을 한 명 한 명 호명하며 무대로 안내할 때, 나는 그들과 악수하며 감사의 뜻을 전했다. 하지만 네 번째 연사로 여성 임원이 발표하러 나왔을 때 나는 짧게 포옹을 했다.

발표가 끝나자, 린이 나를 한쪽으로 끌어당기더니 물었다.

"당신은 남자들은 안지 않았잖아요. 그런데 왜 여자는 안은 거죠?"

그녀는 이어서 말했다.

"당신의 그 행동이 그녀의 권위를 떨어뜨렸어요. 그들은 다 같은 전문가들이라고요."

그랬다. 그녀의 말이 옳았다. 나는 여성 임원을 다르게 대했고, 그 순간까지 그런 실수를 눈곱만치도 의식하지 못하고 있었다.

나는 무의식적인 편견이 모든 방면에서, 특히 역사적으로 대부분 남성이 지배적이었던 기술 분야 등의 산업에서 나타난다는 것을 알았다. 그런데 주요 대기업 리더로 구성된, 2030년까지 직장에서 완전한 성 평등을 이루는 것이 목표인 '동등을 위한 패러다임Paradigm for Parity' 조직의 공동의장이자 듀폰DuPont의 전 CEO였던 엘렌 쿨먼Ellen Kullman은 나를 격려하는 동시에 다소 위축시키는 말을 한 적이 있다. 그녀는 남성이 기업 세계에서 리더십의 대부분을 차지하다 보니, 그들이 여성을 대변하고 멘토링하는 중요한 역할을 담당하고 있다고 말했다.

"당신이 공평한 경쟁의 장을 만들 때까지 당신은 똑같은 결과를 얻게 될 겁니다."

멘토링은 내가 늘 편하게 여겼던 분야다. 나는 신디를 열심히 독려해 회사에서 잠재력이 높은 여성 대상의 멘토링 프로그램을 시범적으로 진행시켰다. 피드백 반응은 뜻밖이었다. 여성들은 투자가 이루어진 것에 감사했지만, 그들은 여성만을 위한 프로그램에 참여하기를 원하지 않았다. 그것은 마치 그들이 '교정될' 필요가 있는 집단에 속해 있는 것처럼, 그들이 (안 좋은 차원에서) 선발되었다고 느끼게 만들었다. 그들의 의견에 일리가 있었다. 이 떠오르는 샛별들은 잠재력이 높은 직원들, 즉 남성과 여성을 위한 멘토링 그룹의 일원이 되기를 원했다. 그래서 우리는 그렇게 조정했고 오늘날 우리의 기술부서와 영업부서 모두에서 '남녀 공동' 프로그램을 시행하고 있다.

이러한 실책들은 내가 여성 직원과 상호작용하는 방식을 의식해야 한다는 것을 가르쳐주었다. 심지어 내가 도움이 되고 더 포용적이고자 할 때조차도 말이다. 나는 남성 지배적인 비즈니스에서 시작한 남성이다. 때문에 어느 정도는 권위 있는 위치에 있는 남성에게 대하는 것에 비해 여성에게는 섬세한 인식과 기대에 많이 취약하다.

나는 나 혼자만 이런 상황에 놓여 있는 것이 아니라는 걸 깨달았다. 나는 무의식적인 편견을 능동적으로 해소하고 최고 경영진을 포함한 모든 직원에게 직장에서 포용을 추구하는 데 필요한 도구를 제공해야겠다고 판단했다. 그래서 2016년에 세계 각지에 있는 세일즈포스 사무실에서 이용할 수 있는 '평등 양성 Cultivating Equality'이라는 워크숍과 더불어 무의식적 편견에 대한 '트레일헤드 Trailhead' 온라인 학습과정을 개설했다. 트레일헤드는 일반 대중에게도 개방되었다. 또한 포용적 채용 절차로 도입했다. 그 목표는 우리 회사에 들어오려는 인재들이 채용 과정에서 편견을 없앤 우리의 커뮤니티에 편견이 없음을 확실히 인식하는 것이었다.

결국, 평등을 촉진하기 위해 리더가 할 수 있는 가장 중요한 일은 자신을 개방하고, 자유롭게 말하고, 정직하게 조사하고, 사람들의 말을 듣고, 너무 자부하거나 혹은 방어적인 바람에 결코 수정을 못해서는 안 된다는 것이다. 이때 피해야 할 세 가지 실수가 있다. 첫째, 자신이 모든 것을 알고 있다고 절대 확신하지 마라. 둘째, 진실을 찾는 것을 절대 거부하지 마라. 그리고 셋째, 결코 그 일이 끝났다고 (아무리 열심히 노력했다 하더라도) 단정하지 마라.

평등에 대해 배운 것이 하나 더 있다. 발전하는 능력과 다른 사람에게 기꺼이 도움을 요청하는 의지 사이에는 종종 강한 상관관계가 있다는 것이다.

양치기는 양을 낳지 않는다

2016년 7월 5일, 무기를 소지하지 않은 서른일곱 살의 흑인 남성 알톤 스털링이 루이지애나주 배턴루지에서 백인 경찰관 두 명이 근거리에서 쏜 총에 맞아 사망했다. 다음 날 미네소타주 팔콘 하이츠에서 또 다른 32세의 흑인 남성 필란도 카스틸이 길 한쪽에서 차량 검문 도중 여자 친구와 네 살짜리 딸 앞에서 백인 경찰관이 쏜 총에 맞아 숨졌다. 불행히도 이 비극적인 사건들 중 무고한 흑인이 백인 경찰관의 손에 살해되는 일이 처음도 아니었고, 마지막도 아닐 것이다. 두 사건에 연루된 경찰관 중 한 명은 무죄를 선고받고, 다른 한 명은 기소되지 않았다. 48시간도 채 안 되는 시간 만에 발생한 두 범죄, 분노 확산, 평화적 시위 그리고 그것들이 점화시킨 폭력적 항의 시위는 미국 내 인종차별의 부당성 문제에 대해 주의를 환기시켰다.

그 주 후반, 우리는 본사 로비에 있는 화면으로 마틴 루서 킹Martin Luther King Jr. 박사가 한 말을 인용해 평화의 메시지를 공유했다. 우리는 직원들에게 이메일을 보내 지원 서비스가 이용 가능하다는 점을 상기시켰다. 나는 우리가 그런 일들을 했다는 것이 기뻤지만, 그것으로는 충분하지 않다는 것도 알고 있었다.

7월 9일, "흑인의 목숨도 소중하다Black Lives Matter"라고 외친 흑인 인권 운동가 디레이 맥커슨이 배턴루지에서 시위 도중 무릎을 꿇고 체포되는 사진이 소셜 미디어에 퍼졌다. 그는 #각성하라#staywoke라고 쓰인 티셔츠를 입고 있었는데, 앞면에 검정색 버전의 트위터의 새 로고가 함께 새겨져 있었다. 나는 항상 트위터의 아프리카계 미국인 인적자원그룹인 블랙버즈Black Birds를 존경해왔다. 그 그룹은 우리 회사의 볼드포스BOLDforce와 같은 격이다. 그래서 다음 날 나는 트윗을 날렸다.

"그래 저게 @트위터 #블랙버즈 로고지."

그리고 이렇게도 썼다.

"기술을 사회 변화의 수단으로 보다니 놀랍다. 존경한다."

내가 엄청난 실수를 저질렀다는 걸 깨닫는 데는 약 15초가 걸렸다. 위선 그리고 그보다 더 나쁜 단어로 나를 맹비난하는 댓글이 쏟아졌다. 일반적인 의견은 흑인 직원 고용에 있어 끔찍한 기록에 시달리는 산업의 CEO인 나 같은 사람은 인종차별 퇴치 운동에 대해 이러쿵저러쿵할 권리가 없다는 것이었다.

그리고 많은 사람들이 정확하게 지적했듯이, 기술을 사회 변화의 수단으로 홍보하는 나의 코멘트는 그 당시 완전히 무감각한 것이었다.

특히 충격적인 코멘트 하나는 다음과 같은 세 가지 통계를 제시하고 있었다.

페이스북 2% 흑인

트위터 2% 흑인

세일즈포스 2% 흑인

그 비판은 공정했다. 미국 내 우리 직원 중 흑인 비율은 2%를 조금 넘는 비중을 차지했고, 히스패닉이나 라틴계 직원은 4% 미만이었다. 그 수치는 우리가 살고 일하는 지역사회를 거의 대표한다고 볼 수 없었다.

"한 흑인이 또 다른 흑인의 억울한 죽음에 항의한 혐의로 체포되는 사진을 누구나 볼 수 있고 '저기 트위터 로고 좀 봐'라고 반응할 수 있다는 것은 다른 곳 같으면 상상도 할 수 없는 놀라운 일일 겁니다. 하지만 기술 산업에서, 그런 일은 예사죠."

당시 슬랙Slack의 수석 엔지니어이자 프로젝트 인클루드의 창립 멤버인 에리카 조이 베이커Erica Joy Baker가 영국 〈가디언〉지에 인터뷰한 내용이다.

이 경험은 정말 끔찍했다. 나는 그 게시물에 댓글을 다는 모든 사람들에게 거의 일일이 사과했지만, 심히 충격을 받았다. 내가 어떻게, 단 1초일지라도, 이것이 인종 평등의 정의를 지지하는 합리적인 방법이라고 생각할 수 있었을까? 나는 한 운동을 지지하기 위해 확성기를 집어 드는 실수를 했다. 그때 나는 내 집 문제부터 해결하는 데 집중했어야 했다.

나를 겸손하게 만들어준 그 순간, 나는 그것이 신호라는 것을 알았다. 분명히 세일즈포스에 인종 평등과 포용에 관한 큰 변화를 만들어내야 했다. 그러나 나는 어디서부터 시작해야 할지 몰랐다. 그래서 홍보팀의 몰리 포드를 찾아갔다. 그녀는 솔직하고 믿음직한 직원이었다.

"흑인 여성으로서 세일즈포스에서 일하는 당신의 경험은 어떤가요?"

내가 그녀에게 물었다.

그녀는 나에게 외로운 경험이라고 말했다. 유색인종은 드물고 롤 모델을 삼을 만한 유색인종의 리더는 훨씬 더 드물었다. 그녀는 또한 세일즈포스가 다른 사람들이 인구비율 대비 대표수가 적은 소수 민족계의 투쟁을 이해할 수 있도록 돕는 노력을 충분히 하고 있지 않다고 생각한다고 말했다. 몰리는 옛말을 인용해 내게 말했다.

"양치기는 양을 낳지 않습니다. 양이 양을 낳는 거죠."

그 말은 세일즈포스가 진지하게 환영받는 곳이 되고자 한다면, 더 다양한 인종을 우리 구성원으로 데려와야 한다는 것을 의미했다. 또한 소수 민족계 출신 직원들이 그들에게 영향을 미치는 문제들을 꺼내놓을 수 있는 더 좋은 방법을 제공해야 한다는 것을 의미했다. 우리는 다시 거울을 들여다보며 처음부터 시작해야 했다. 그러기 위해서는 도움이 필요했다. 나는 몰리에게 본업을 잠시 내려놓고 내가 이 문제를 해결할 수 있게 도와달라고 요청했다. 그녀는 그러겠노라 했다.

하와이에서 열린 세일즈포스 경영진 연례 중반기 회의에서 우리는 문화에 관해 공개 토론회를 열었다. 한 매니저가 다양성 달성을 위해 회사가 얼마나 진지한 건지를 물었다. 이번에 나는 다른 사람이 대답하기를 기다리지 않았다.

"평등은 장차 우리의 우선순위가 될 겁니다."

나는 단호하게 말했다.

"평등은 이제 핵심 가치입니다."

나는 그것을 지지하기 위해 필요한 것은 무엇이든지 할 것을 약속했다. 그 의미는 양성 평등, 성 소수자 평등, 인종 평등 그리고 임금 평등을 촉진하기 위한 우리의 노력을 가속화하겠다는 것이었다. 앞으로 펼쳐질 긴 여정을 감안할 때, 이제는 회사의 모든 평등 이니셔티브를 이끌 사람을 뽑아야 할 때라고 판단했다. 나는 내 친구 토니 프로핏을 떠올렸다. 나는 그가 항만 지역에 있는 휴렛팩커드Hewlett Packard의 고위 임원이었을 때 알게 되었다. 그 후 그는 마케팅 임원으로 마이크로소프트로 옮겨 가 그 기업의 흑인 권한 강화 조직인 블랙라이트BlackLight를 출범시켰다.

우리는 그의 기술 배경뿐만 아니라 평등 문제에 대한 그의 업적에도 깊은 인상을 받았다. 그러곤 그에게 세일즈포스의 최고평등책임자라는 새로운 자리를 제안했다. 중요한 사항은 토니가 나에게 직접 보고하고, 그의 새 부서가 회사 내에서, 그리고 우리의 이해관계자 사이에서 평등을 옹호하고 대변하는 데 필요한 모든 자원과 지원을 받을 거라는 제안이었다.

지난 몇 년 동안 우리는 칼리지 트랙College Track과 같은 인력 개발 및 교육기관들과 파트너십을 맺었다. 그곳에서는 소외계층의 학생들이 대학을 졸업할 수 있도록 돕는다. 그리고 대학 캠퍼스 조직과 아프리카계 미국인, 라틴아메리카인 그리고 아메리카 원주민에게 직장에서 성공하기 위한 기술, 코칭 및 연결고리를 제공하는 MLTManagement Leadership for Tomorrow와 같은 비영리단체들과 협력한다.

또한 소외지역 학교에 보조금과 직원 시간을 기부하고 학교에서 컴퓨터 과학에 접근하고 참여할 기회를 확대하기 위해 코드닷오알지Code.org, 코더도조Coder-Dojo, 히든 지니어스 프로젝트The Hidden Genius Project, 미션비트Mission Bit 등의 단체와 협력했다. 그렇게 해서 성공의 장벽에 직면한 젊은 사람들에게 의미 있는 직업 진로를 제공하고 기회 격차를 해소하는 데 도움이 되고자 노력했다.

그리고 세일즈포스 트레일블레이저 그룹이 설립한 비영리단체인 펩업 테크PeppUp Tech와 함께 일한다. 이 조직은 소외계층 학생들에게 기술 분야에서 경력을 시작할 수 있는 접근 기회, 기술, 멘토 제도를 제공한다. 또한 청년들에게 높은 수요의 직업 기술, 경험 그리고 지원을 제공하는 이어업Year Up과 같은 조직들과 협력했다. 2014년 도입한 퓨처포스Futureforce 글로벌 채용 프로그램은 대학 졸업자와 도시 청년은 물론 참전용사와 그들의 배우자 등 다양한 가용 인력을 세일즈포스에 유치하는 데 초점이 맞춰져 있다. 지난 1년간 퓨처포스의 미국 신규 사원 중 43%가 여성 또는 소수 집단들이었다.

세일즈포스 평등의 궁극적인 사명은 간단해서 현혹될 정도다. 전 세계 우리 사무실 직원의 다양성이 그들 고객 인구의 다양성을 반영하는 것이다. 하지만 나는 이 사명을 단순히 우리 인사 부서에만 맡기고 있지 않다. 평등 부서는 회사의 모든 고위 임원에게 그들이 고용하고, 해고하거나 또는 퇴사로 잃은 직원의 수와 그들 중 몇 명이 여성인지 또는 소수 민족이나 소수 집단인지를 집계한 월별 기록을 제공한다.

내가 말했듯이, 산출된 데이터는 거짓말을 하지 않는다. 우리는 계속해서 데이터를 보고, 매년 다양성이 결여되어 있는 지역을 찾고, 임금 격차를 밝히고 그리고 그 격차를 줄인다. 그 외에도 고용, 승진 그리고 유지에 대한 문제들을 수면 위로 올리기 위해서 새로운 부분들을 살펴보고 있다. 그 결과가 앞으로의 우리 전략을 좌우할 것이다.

내가 보낸 블랙버드 트윗은 완전히 몰이해에서 비롯된 것이었다. 그래서 나는 그것을 삭제했다. 그러나 거꾸로 나는 그 트윗이 일으킨 반발에 감사했다. 지도자가 말과 행동을 일치시키는 것이 얼마나 중요한지를 일깨워주었기 때문이다. 당신은 당신이 원하는 모든 공감적인 말을 할 수 있다. 하지만 유색인종을 위한 문을 열고 그들을 환영하는 환경을 구축하는 법을 알아낼 때까지는 결코 지속적인 변화를 만들어내지 못할 것이다. 앞으로 갈 길이 멀지만, 나는 우리가 우리의 문화를 좀 더 온정적이고, 창의적이며, 다양하게 만들기 위해 결코 멈추지 않고 계속 노력할 것이라는 걸 안다.

● ● ●

2018 〈세계경제포럼〉에서 당시 세일즈포스의 공동 CEO였던 키스 블록은 프록터앤갬블Procter & Gamble의 북미 그룹 사장인 캐롤린 타스타드를 만났다. 만약 트레일블레이저가 지금껏 한 명 있었다면 바로 그녀였을 것이다. 캐롤린은 여성 사업가의 열렬한 옹호자였다. 키스는 그녀와의 미팅을 통해 직장에서 여성을 방해하는 문제들에 대해 더 잘 이해하게 되었다. 그 문제들은 P&G의 특별 다보스 전시관에서 전시 중이었다. 그 보답으로 키스는 그녀를 샌프란시스코에 있는 세일즈포스 본사로 초대했다.

그 당시 캐롤린은 거대 소비기업의 북미 비즈니스에서 300억 달러의 수익 증대를 재점화하는 일에 집중하고 있었다. 당연히 우리는 그녀의 일을 돕고 싶었다. 키스는 P&G가 월마트에서부터 동네 편의점에 이르기까지 모든 곳에서 그들의 채널을 통해 더 많이 판매할 수 있도록 도울 수 있는 혁신적인 솔루션을 고안하고자 했다. 그러기 위해서 세일즈포스의 소매 및 포장 소비재 분야의 고위 간부인 에릭 아이켄-슬뤼터스를 선임했다. 하지만 키스는 캐롤린과 중요한 회의를 앞둔 전날 밤에 에릭과 그의 팀을 만났을 때, 심각한 문제를 발견했다.

또다시 영업팀에 여성 직원이 없다는 문제였다.

"에릭, 심각한 일이라도?"

키스는 그렇게 물었던 것으로 회상한다. 그때 에릭은 합류 예정이었던 에릭 팀의 여성들이 탄 샌프란시스코행 비행기가 지연되었다는 안타까운 소식을 전했다.

다음 날 P&G와 세일즈포스 간부들이 모이기 전에 키스는 트레일블레이저 마케팅의 책임자인 크리스티나 존스에게 회의에 참석해달라고 부탁했다. 그의 목표는 단순히 겉모습의 성비율만 바꾸는 것이 아니라, P&G 사장과의 만남에 가치를 더할 수 있는 똑똑하고 노련한 여성의 목소리를 참여시키는 것이었다.

에릭은 우리가 어떻게 데이터를 활용해 매장 내 소매 효과를 개선할 수 있는지 설득력 있게 제안했다. 그러나 키스는 우리가 당장의 실무적인 문제에만 매달려서는 캐롤린의 사업을 따낼 수 없다는 것을 알고 있었다. 우리는 또한 우리가 가치를 중심으로 뭉친 조직이라는 것을 보여줄 필요가 있었다. 키스가 먼저 세일즈포스의 가치기반 문화에 대해 캐롤린에게 말한 다음, 크리스티나가 말을 이어받았다. 그녀는 세일즈포스 트레일블레이저 커뮤니티와 우리 회사 내부에서 평등을 최우선으로 삼기 위해 어떤 노력을 해왔는지 설명했다. 발표가 마무리될 무렵, 그 논의가 캐롤린에게 인상적이었다는 것이 회의실 안의 누가 봐도 분명했다.

"우리 브랜드가 그녀의 눈에 띄었습니다."

에릭이 나중에 내게 말해주었다.

그 직후 P&G는 우리와 주요 데이터 분석 프로젝트를 계약했다. 그 프로젝트는 다시 한 번 우리의 네 가지 핵심 가치에 크게 힘입어 수주한 값진 사업이었다.

● ● ●

1부에서 나는 한발 물러서서 회사와 더 폭넓은 비즈니스의 미래에 대해 더 깊이 생각하게 만들었던 사건들을 서술했다. 다사다난했던 몇 년 동안, 나는 전혀 예상하지 못했던 일련의 도전에 직면했다. 그 도전에 맞서면서 나는 세일즈포스가 왜 성공적인 기업이고, 세일즈포스를 어떻게 이끌어야 하는지, 내가 알고 있다고 생각했던 많은 것을 뒤집는, 몇 가지 변화를 일으키는 교훈을 배우게 되었다. 첫째, 우리가 구축한 문화, 그리고 그것을 뒷받침하는 핵심 가치들은 지난 20년 동안 우리의 성공에 보조적 역할을 한 것이 아니다. 사실 그것들은 모든 것에 동력을 공급하는 내부의 강력한 엔진이다. 그리고 그 내부를 열었을 때, 우리의 네 가지 핵심 가치들이 서로 각기 다른 방식으로 가치를 창출했을 뿐 아니라, 밀접하게 관련되어 있다는 것이 분명해졌다. 그것들은 함께 작용해 플라이휠에 가속도를 붙여 계속 돌게 했다.

예를 들어, 신뢰를 쌓기 위해서는 항상 고객을 최우선으로 하는 문화를 만들고, 단순히 이익이 아니라 더 나은 세상을 만들기 위한 선택을 해야 한다. 그러기 위해서는 동료, 고객 그리고 더 넓은 지역사회에 진심으로 관심을 갖는 사람들을 고용해야 한다. 그리고 이는 다양하고, 포용적이며, 평등한 노동인력에 의해 가장 잘 달성된다. 그것은 기업 내부와 전 세계 사람들의 권리를 옹호하는 데 필요한 일종의 토대다.

또한 이제 우리는 회사에서 여성과 소수자를 영입하고 유지하기 위해서는 평등이 명시적 가치뿐만 아니라 우리의 행동에 깊이 뿌리박혀야 한다는 것을 알고 있다. 즉, 고용, 고용 유지, 직원들을 리더로 승진시키는 직급 체계 방식이 평등해야 한다는 것이다. 간단히 말해서, 사람들은 그들의 고용주를 믿을 수 있는 회사에서 일하기를 원한다. 그러니까 그들이 일하기에 안전한 곳, 그들에게 공정하게 임금을 지불하는 곳, 성별, 인종, 피부색, 그 밖의 어떤 것과도 상관없이 다른 모든 사람들만큼 발전할 수 있도록 똑같은 기회를 주는 곳을 원한다. 이러한 것들이 기업의 우선순위가 아니라면, 여성 또는 어느 누구라도 그 기업에서 일하고 싶은 이유가 있겠는가?

핵심은 다양한 인력 구축이 비즈니스 성공에 기여한다는 것이다. 급변하는 디지털 시대에 성공하려면 지속적인 혁신을 지원하는 생태계가 필요하다. 그리고 그것은 어느 면으로 보나 다양성을 요구한다. 모든 사람들이 똑같이 보고 생각하는데 기업 내부에서 혁신과 변화를 추구하려는 노력이 생겨난다고 상상할 수 있겠는가? 모두가 똑같이 보고 똑같이 생각하면 고객 성공을 돕는 데 필요한 창의적인 솔루션을 만들어내지 못한다.

회사를 경영하든, 작은 팀을 이끌든, 혹은 아직 경영진이나 리더 역할을 담당하고 있지는 않지만 되고 싶든지 간에, 당신이 성공하려면 시야를 세계로 넓히는 동시에 당신 주변 조직으로 좁히기도 해야 할 것이다. 당신이 발을 들여놓을 국경의 지도는 없다. 당신은 그 낯선 곳으로 가는 길을 열게 도와줄 사람들을 찾아야 한다.

가치는 다음과 같다. 가치를 식별할 수 있는 말을 사용해야 하지만, 그 말이 일관된 행동으로 바뀌지 않는다면 당신은 진정한 의미의 가치를 실현하지 못할 것이다. 가치를 선택적으로 또는 간헐적으로 적용하거나, 위기 대응 차원에서 시행하느라 허둥지둥하는 것보다 가치를 문화의 기반으로 삼는 것이 훨씬 현명하고 지속 가능하다.

이 모든 것이 지뢰밭처럼 들릴지 모르지만, 나는 미래에는 평등이 기업의 완전하고 지속 가능한 가치를 드러내는 열쇠가 될 거라고 굳게 믿는다. 그렇다고 그것이 성취하기 쉽다는 의미는 아니다. 그러나 시도하지 않은 사람들은 역사의 그릇된 편에 서게 될 것이다.

2부

기업은 변화의 가장 위대한 플랫폼이다

공유 지식

나는 대중 앞에 위험을 무릅쓰고 나설 때마다, 종종 나 자신을 세일즈포스 CEO라고 생각하지 않는다. 솔직히 말해서, 나는 CAQ에 더 가깝다고 느낀다. 바로 최고질문답변책임자Chief Answerer of Questions다.

우리는 성공하고 선을 행하는 데 똑같이 헌신하는 기업이다. 당신이 다른 부류의 기업을 만들려고 한다는 것을 공개적으로 알릴 때, 사람들은 궁금해 할 것이다. 그들은 당신이 기업을 어떻게 운영하는지, 밤에 잠 못 들게 하는 건 무엇인지, 그리고 그것이 얼마나 잘 돌아가는지 알고 싶어 한다. 파티, 콘퍼런스, 자선행사에서 당신은 그 질문들에 대한 답변을 하느라 구석으로 몰릴 것이다. 내 경우에는 심지어 골든스테이트 워리어스 농구 경기 중간 휴식 시간에도 그렇다.

거의 20년 동안, 이러한 질문의 본질은 극적으로 진화해왔다. 우리의 비즈니스 모델에 감탄했던 사람들은 우리 모델을 모방하고 싶어 했다. 다른 사람들은 자신의 회의적인 면을 감추지 못하고 약점의 징후를 조사해 밝히는 부류의 사람들이다. 세일즈포스가 시장 매력도를 얻고 주목을 더 많이 받게 되자, 우리가 어떻게 혁신하고, 어떻게 인재를 채용하고, 어떤 자선단체를 지원할지 결정하는 등의 실용적인 질문을 받았다. 하지만 최근에는 다른 질문들을 제치고 유독 한 가지 질문을 받기 시작했다.

"당신네 문화에 대해 말해주세요."

'문화'라는 단어는 미국뿐만 아니라 전 세계 기업 어휘사전에서 가장 뜨거운 용어가 되었다. 하지만 그 단어가 사용되는 방식은 종종 문제가 있어 보였다. 일부 비즈니스 리더는 문화를 시설이 좋은 사무실에 모여 웃고 있는 한 무리의 사람들이 담긴 사진을 신중하게 큐레이션해 넣는 고급 잡지용으로 삼는 것 같다. 다른 리더들은 고급 식사를 제공하고 탁구 테이블을 설치하는 것으로 문화를 발전시켰다고 생각하는 것 같다.

사실 문화는 단지 특전이나 공짜 물품 그 이상에 관한 것이다. 문화는 본질적으로, 당신이 자신의 가치를 어떻게 정의하고 표현하는가에 관한 것이다.

갈수록 사람들은 가치를 공유하는 기업에서 일하고 싶어 한다. 현재 우리 직원의 절반 이상을 차지하고 있는 밀레니얼 직원들은 일의 미래에 대해 그들이 믿는 바를 우리에게 가르쳐주고 있다. 더 젊은 세대의 직원들은 그들이 하는 일이 더 숭고한 목적을 갖기를 원한다. 그들은 회사가 세상의 상태를 개선하는 데 헌신하고 있기를 원한다. 지금은 그렇게 하기 어렵다고 생각하는 비즈니스 리더들은 그다음 세대가 인력으로 들어올 때까지 그저 기다려라. 나는 그들이 두세 배는 더 사명을 추구할 것이라고 믿는다.

기업은 이런 직원의 요구를 충족시키면서 문화가 진실 되어야 한다는 것을 깨닫고 있다. 문화의 토대를 마련하는 데 누구나 채택할 수 있는 기성의 일반적인 원칙들은 더 이상 존재하지 않는다. 문화는 지문처럼 뚜렷하게 구별될 필요가 있다.

세일즈포스가 시작될 때부터, 우리의 문화 토템은 놀라울 정도로 기초적이었다. 가장 중요한 토템은 우리 기업을 넘어서 세상에 참여하겠다는 약속이다. 세일즈포스의 사람들은 지역사회를 돕고 싶어 하고, 균형 잡힌 삶을 원하며, 다른 사람들의 성장을 돕고 싶어 한다. 그리고 고객과 회사를 성공시키고 싶어 한다.

그러나 우리가 클라우드에서 운영되는 선구적인 소프트웨어 사업을 구축하기로 한 결정에서부터 2018년 샌프란시스코의 초미의 문제인 노숙자 문제를 해결하기 위한 국민투표에 힘을 쏟기로 한 결정까지, 종종 외딴섬에 서 있는 우리 자신을 발견하곤 했다.

어떤 사람들은 우리에게 눈을 치켜뜬다. 그들은 우리가 이목을 끌려고 단기 보여주기식 선행을 하는 것이라 생각한다. 다른 사람들은 우리가 기록적인 분기 수익을 올리지 않았다면 그렇게 내밀지 못했을 것이라고 말한다. 하지만 내부적으로는 그러한 회의적인 견해들이 우리의 사고방식에 영향을 미치지는 않는다.

규모가 커지고 오랫동안 그 성장의 길에 있으려면 남의 이목을 끄는 가치만을 추구할 필요는 없다. 단지 좋은 가치만 있으면 된다. 좋은 가치는 위조될 수 없다. 만약 어떤 문화가 거짓이거나, 다른 문화를 모방했거나, 성의가 없거나, 혹은 잘못되었다면, 그것은 결국 당신을 침몰시킬 것이다. 신뢰와 같은 기본 원칙에 기반을 두고 선행을 비즈니스 목표로 삼는 진짜 문화는 충분하고도 남는다. 하지만 그것이 진짜 수익, 성장, 이윤을 추구하는 전통적인 비즈니스 동기보다 더 중대할 경우에만 그렇다.

우리가 세일즈포스를 시작했을 때, 문화에 몰두하는 회사는 거의 없었다. 우리는 문화에 일찍 관심을 가졌던 것뿐 아니라, 시행착오의 과정에 뛰어드는 데도 20년 앞서 있었다.

1부에서는 그 여정이 얼마나 어렵고 엉망이었는지, 그러나 얼마나 기쁜 것인지 알려주었다. 거기에 그치지 않고 나는 또한 당신이 처음에 상상해봤을지도 모를 그런 문화가 어떻게 살아 숨 쉬고 진화하는 유기체가 되는지 보여주려고 노력했다. 그리고 그 문화와 함께 어떻게 진화할 것인가는 리더에게 달렸다. 따를 가치를 고르는 것은 쉬운 일이다. 다만 가치를 실천에 옮기는 데는 특별한 주의력과 끈기가 필요하다.

경영학의 권위자 피터 드러커는 항상 내 뇌리에 박혀 있는 간단한 규칙을 제시한 바 있다.

"문화는 전략을 아침거리로 여긴다."

즉, 문화는 전략을 압도한다는 의미다. 세일즈포스에서의 내 경험상, 문화는 모든 것을 먹어치운다.

우리가 전개해 온 모든 비즈니스 전술, 우리가 한 모든 코딩, 그리고 우리가 수년간 꿈꿔온 모든 마케팅 캠페인은 결국 수명이 짧다. 그런 것들은 우리 주변 세상이 바뀌면 어느 순간에 하나씩 버려지고 교체될 수 있다. 우리 문화는 변화의 속도에 맞춰 진화하고, 스스로 살아 숨 쉬며, 친숙하면서도 역동적이고, 정말로 우리를 앞으로 나아가게 하는 능력을 가지고 있다. 미래에 번창하고 싶은 기업에 문화, 그리고 그것을 정의하는 가치는 경제적 성공으로 이끌어주는 견인차 역할을 해줄 것이다.

오늘날 세계는 도전적인 경제, 사회, 정치적 이슈투성이라 기업이 종전처럼 이것들을 외면하고 사업을 하는 것은 더 이상 불가능하다. 당신이 성장하고 더 많은 사람들에게 영향을 미칠수록, 단순히 당신 제품으로 당신을 정의하는 일은 점점 더 어려워진다. 시간이 지날수록, 투자자와 파트너, 주 지역사회 및 기타 이해관계자는 물론, 직원과 고객이 당신의 비즈니스 철학을 알고 싶어 할 것이다. 그들은 당신에게 영혼이 있는지 알고 싶어 하는 것이다.

우리는 두 가지 이상의 가치가 고통스럽게 공개적으로 충돌하는 순간들을 보아왔지만, 점차 익숙해지고 있다. 불가피하게 이런 불편한 시기가 있을 것이다. 문화가 강하면, 그 시기를 견디고 살아남을 것이다. 사실, 그런 시기가 심지어 당신을 더 강하게 만들 수도 있다. 이런 상황들은 항상 이상하게도 우리의 불안감을 없애주었다. 오히려 우리가 진짜 누구인지를 우리에게 상기시켜준다.

오래된 비즈니스 세계에서 독점적 지식은 무기였다. 반면 자신의 깊은 통찰력을 공유하는 것은 경쟁자를 더 강하게 만들 수 있기 때문에 역효과를 초래했다. 능숙한 CEO들은 조사 질문에 애매모호하게 응답했다. 이런 교훈을 나 혼자 간직할 수 있었을 텐데 생각하지만, 나는 전혀 그런 생각이 들지 않았다. 나는 세상과 담을 쌓으면서 동시에 신뢰가 있는 회사, 투명한 환경을 운영한다는 것은 상상할 수 없다.

세일즈포스가 내게 가르쳐준 것이 있다면 누구에게나 두 팔을 벌리고 우리의 가치를 공유해 스스로 성장할 수 있는 공동체를 만드는 힘이다. 우리 회사의 모든 사람들은 더 큰 책임감과 목소리 그리고 트레일블레이저가 되기 위해 자유롭게 사용할 수 있는 도구를 가지고 있다고 믿는다.

다시 말해서, 지식은 공유되어서야 비로소 진짜 강력해진다.

나는 세일즈포스 CAQ로서 항상 당신의 질문에 대답할 것이다. 내가 생각하는 미래의 비즈니스 모습을 말해줄 것이며, 비즈니스 구축에 필요한 몇 가지 규범적인 조언을 해줄 것이다. 그것이 2부를 쓰는 목적이다. 나는 우리의 트레일블레이저 문화가 내부에서 외부까지 어떻게 작용하는지 알려줄 것이다.

7장

오하나OHANA

기업문화 재정의

나는 항상 파괴적이고 기업가적인 생각을 가지고 있었다. 그게 내 방식이라고 꽤 확신한다. 사실은 회사를 창업하고, 훌륭한 제품을 만들고, 이익을 내고, 성장하고, 혁신하려는 본능이 수백만 명의 우리 안에 존재한다. 그것은 지극히 자연스러운 인간의 성향이다. 문제는 다음과 같다. 문화를 정의할 때 이러한 기업가적 충동은 좋지 않은 길잡이가 될 수 있다. 그리고 기업가적 충동은 경제, 경쟁, 인재 풀과 같은 외부 요인에 대부분 달려 있다. 즉, 당신이 완전히 통제할 수 없는 것이다. 당신이 그런 우선순위를 길잡이로 삼으면, 초기에 내가 했던 것처럼 실수를 저지르게 될 것이다.

당신에게 실제로 필요한 길잡이는 당신이 염두에 둔 회사를 설립하려는 이유와 방법을 정의하는 일련의 원칙이다. 결국, 기업은 근본적으로 사물이 아닌 사람으로 이루어지며, 공동의 사명을 띠고 합쳐 모이는 실체다. 그리고 당신이 그 사명에 접근하는 방식은 당신이 창조하는 문화의 직접적인 부산물이다.

내가 비즈니스와 윤리 분야에서 아는 가장 현명한 사람 중 한 명이고《하우 : 새로운 세계, 새로운 비전How : Why How we do Anything means Everything》의 저자인 더브 사이드민Dov Seidman은 문화는 "조직 구성원이 서로 관계를 맺고, 그들의 활동을 스스로 체계화해 관리하는 방식으로 발전하는 것"이라고 말하길 좋아한다.

물론 그의 말이 옳다. 회사의 문화는 급여대상자 명단에 있는 사람들, 또는 함께 일하는 고객에 대한 것만이 아니다. 그 영향권에는 접촉하는 모든 사람, 심지어 살짝만 스치는 사람도 포함되어야 한다. 또한 접촉하는 것이 원래 계획에는 전혀 포함되지 않을 만큼 매우 동떨어져 있는 사람들도 포함되어야 한다. 결국, 문화를 정의하는 것은 직원과 고객을 둘러싼 신뢰의 원을 그리는 문제가 아니라, 최대한 그 원을 넓히는 것이다.

몇 가지 예를 들자면, 인디애나주 의회가 차별적인 법을 통과시키기 전에, 나는 우리가 사회적 이슈에 대해 입장을 취해야 할 상황에 놓일 것이라고는 전혀 예상하지 못했다. 급여 감사를 실시하기 전까지는 우리가 불평등한 임금 문제를 해결해야 할 줄은 전혀 몰랐다. 그리고 2018년이 되어서야 우리는 선행을 위한 헌신이 우리의 제품이 어떻게 사용되는지 조사하는 데까지 확장되어야 한다는 것을 깨달았다. 그때는 우리 직원 중 몇 명이 정부 기관들이 미국-멕시코 국경에서 이주 아동들을 가족과 분리하고 있는 시기에 우리의 소프트웨어가 미국 CBPCustoms and Border Protection(세관국경보호국)에서 사용되고 있다고 불만을 드러낼 때였다. 하지만 이러한 상황들을 통해 얻어진 우리의 가치는 우리에게 앞으로 나아갈 길을 제시해주었다.

방금 내 말 때문에 문화를 단지 복잡한 문제를 처리하는 데 사용할 수 있는 도구라고 생각할지도 모르겠다. 하지만 그렇게 간단한 것이 아니다. 가치는 문제 C를 해결하기 위해 전략 A를 사용할지 B를 사용할지 알려주는, 프로그래밍이 가능한 알고리즘과는 다르다. 가치는 훨씬 더 세심한 주의와 더 적극적인 유지관리를 요구한다.

그런 만큼 우리 문화에 '비밀'이 있다고 한다면, 그것은 가치를 살리는 것이 진정한 소속감을 만들어내는 방식이다. 훌륭한 회사를 만들기 위해 함께 열심히 노력하고, 사회 환원에 함께 집중함으로써 우리는 시간이 지날수록 더 강해지는 유대감을 구축했다. 그리고 가장 중요한 두 가지 구축 요소는 자원봉사와 환원에 대한 공동의 헌신과 고객을 위해 일한다는 공동의 사명이었다.

공유된 목적의식과 의미는 세일즈포스의 문화가 하와이의 오하나Ohana 개념을 구체화하게 된 이유다. '가족'이라는 뜻이지만 혈연관계가 아닌 이들을 포함한 넓은 의미의 가족에도 적용된다. 언제나 행복하고 평화롭게 느껴지는 하와이로 떠난 가족여행에서 나는 오하나에 대해 처음 알게 되었다. 성인에게, 오하나는 서로에 대한 책임과 공유 가치로 긴밀하게 맺어진 어떤 집단을 의미하게 되었다. 그것은 내가 처음부터 세일즈포스를 위해 원했던 문화였다. 그것은 모든 사람을 포용하고 우리가 하는 모든 일의 밑바탕이 되는 문화였다.

성장하는 아이처럼 회사가 커지고 나이가 들수록 문화도 지속적으로 육성될 필요가 있다. 나는 이것이 세일즈포스에서의 나의 가장 중요한 일 중 하나라고 생각한다.

세일즈포스가 20년간 지속되면서, 우리의 문화는 내가 예상치 못했던 방식으로 발전해왔다. 우리는 창업 후 〈포춘〉지가 선정한 500대 기업으로 성장해왔다. 그러면서 섬세하면서도 명확한 방식으로 우리의 문화에 생기를 불어넣고 살리는 데 도움이 될 수많은 새로운 전략을 채택했다. 특히 우리는 너무 빨리 성장했기 때문에 문화를 육성하는 데 매일 주의를 기울여야 했다. 그렇게 방심하지 않고 우리 문화를 보호하고 육성하다 보니 11년 연속 〈포춘〉이 뽑은 '일하기 좋은 100대 기업' 순위에 오르게 되었다. 뿐만 아니라 전 세계 도시에서 가장 일하기 좋은 곳으로 꾸준히 선정되었다.

그렇다고 해서 성장통이 없었던 것은 아니다. 우리가 가끔 세일즈포스에서 경험했던 것처럼, 모든 가족에는 고통스럽고 열띤 논쟁을 일으킬 수 있는 마찰의 순간이 있다. 하지만 나는 항상 신뢰가 최우선이 되어야 한다고 말해왔나. 우리 중 많은 사람에게 있어, 가장 신뢰하는 사람은 우리의 가족 구성원들이다. 물론, 우리 모두는 가족들에게 실망한 적이 있다. 나는 모든 가족이 우리가 만들려고 애쓰는 부류의 문화의 완벽한 모델이 아니라는 것을 안다. 그러나 가족은 내가 상상하는 문화와 가장 유사하다.

일부 최고 경영자들은 직원을 가족처럼 대하는 개념을 성공에 역효과를 내는 것으로 보고 있다. 넷플릭스 CEO인 리드 헤이스팅스Reed Hastings를 예로 들어보자. 그는 회사의 문화와 경영철학을 '가족이 아닌 팀'이라고 표현해온 것으로 알려져 있다. 실제로 수십만 번 조회되고 다른 임원들이 자주 인용하는 넷플릭스의 악명 높은 발표 자료에서는 기업을 모든 포지션에 '스타'가 포진한 프로 스포츠 팀에 비유한다. 그러므로 '스타'급 퍼포먼스를 내지 못하는 직원은 회사에서 미래가 없다는 점을 분명히 한다.

나는 스타 선수들이 모든 포지션에서 높은 수준의 활약을 펼치길 바라며, 우승이라는 팀 사명에 크게 기여하지 못하는 선수들을 트레이드하거나 그냥 방출하는 논리를 이해할 수 있다. 하지만 나는 오히려 내가 사랑하는 골든스테이트 워리어스를 위해 스티브 커 코치가 개발한 문화와 비슷한 다른 접근법을 취한다. 비록 팀을 지휘한다고 하더라도, 스티브는 좋은 사람들을 보유하는 것이 좋은 농구 선수들을 보유하는 것보다 더 중요하다고 믿는다. 그는 선수들이 오고 가는 것을 이해하지만, 코트 위의 정신은 한 경기와 한 시즌에서 다른 시즌으로 전해진다. 최고의 팀은 서로를 믿고 뒷바라지하는 가족처럼 함께 경기를 한다.

인정하건대, 오하나에는 영적인 요소가 있다. 하와이 코나에서 진행하는 회사 수련회에서 우리 경영진은 3일 동안 회사를 면밀하게 조사하기 전에 전통적인 축복 의식을 위해 손을 잡는다. 가끔 따뜻한 파도 속에 함께 선다. 뜨거운 모래에 발가락을 파묻곤 한다. 우리에게 오하나는 단순한 의식과 의례 그 이상이다. 오하나는 4만 명의 직원과 거의 15만 명에 이르는 고객, 그리고 우리가 접촉하는 수백만 명의 다른 사람들을 우리의 가장 가까운 친척을 대하듯 한다는 의미다.

그러나 이런 문화는 우리 사무실에만 존재하는 것이 아니다. 내가 어디에 있든 나는 그 문화를 느끼고 싶어 한다. 사무실 주위를 어슬렁거릴 때, 고객을 만날 때, 수천 마일 떨어진 다른 CEO들과 이야기할 때조차도 그 문화를 느끼고 싶다.

예를 들어, 나는 최근 미니애폴리스에 본사를 둔 미국 최대 비공개 기업인 카길Cargill의 CEO인 데이비드 맥레넌David MacLennan을 만났다. 그의 사무실에서 걸어 나올 때, 우리는 '트레일블레이저'라고 쓰인 티셔츠와 후드티를 입은 10여 명의 사람들이 복도에 모여 우리와 사진을 찍으려고 기다리고 있는 것을 보고 놀랐다.

"당신네 직원들입니까?"

데이비드가 내게 물었다.

"아닙니다. 그들은 당신 직원들입니다."

내가 그에게 말했다.

"하지만 그들은 이곳에서 세일즈포스 기술을 사용함으로써 우리 가족의 일부가 되었습니다."

그들은 세일즈포스 트레일블레이저다. 우리에게 영감을 주고 우리의 오하나를 대표하는 개척자이자 혁신가이며 평생 학습자다.

오하나는 또한 우리의 정신을 표현하는 것이 되었다. 특히 우리는 이미 대가족이지만 점점 더 많은 새로운 일원들을 초대하면서 더 그렇게 되고 있다. 지난 2년 동안 1만 8천 명의 새로운 직원들을 채용했다. 끝을 알 수 없을 정도였다. 그런 만큼 우리는 하고자 하는 모든 일에 우리 문화를 확실히 불어넣기 위해 열심히 노력해야 했다. 문화는 우리가 사회적 이슈에 대해 입장을 취하고자 할 때 생각의 길잡이가 되어야 한다. 그것은 신제품 아이디어를 자유롭게 회의하는 방법의 일부분이 되어야 한다. 그리고 새로운 직원이 빠르게 우리 문화를 익히고 적응하도록 돕는 온보드onboard 방식, 새로운 작업 공간의 디자인, 또 사회 환원, 건강, 마음챙김, 그리고 웰빙well-being에 관한 모든 중요성을 포함해, 매일 우리가 어떻게 일하는지 알려줄 필요가 있다.

가족이 된 것을 환영합니다

첫째 날, 우리는 가족, 즉 오하나가 된 신입사원을 환영한다.

첫날 사원들은 세일즈포스 배지, 배낭, 컴퓨터를 받고, 오전에 오리엔테이션에 참석한다. 우리가 누구인지, 무엇을 하는지, 그리고 기업 시스템에 접속하는 과정을 쭉 살펴본다. 우리의 가치와 자원봉사, 어떻게 회사가 매년 모든 직원에게 그들이 선택한 비영리단체와 함께 자원봉사를 할 수 있도록 7일 동안 휴가를 주는지에 대해 이야기한다. 오후에는 그들을 사회봉사하는 곳에 보냄으로써 우리가 얼마나 진지한지 보여준다. 우리는 그들이 새로운 동료들과 함께 기억에 남는 경험을 만들고 우리의 가치가 단지 추상적이고 희망적인 관념, 혹은 회사 소개 자료나 사훈에나 새기는 말뿐이 아니란 걸 보여주기 위해 그렇게 한다. 또한 그들에게 우리의 가치가 어떻게 살아 있는 가치인지, 어떻게 환원이 우리 문화의 심장인지를 설명하려고 한다.

한 달 후 신입사원은 일일 부트캠프인 '비커밍 세일즈포스Becoming Salesforce'에 참석해 우리 문화에 대해 더 많이 배운다. 여기서 임원들은 그들의 회사 경험, 급속히 변하는 환경에서 번창하는 법에 관한 정보, 제품 개요를 공유한다. 사람들이 다양한 직원 지원 그룹과 윤리 교육, 그리고 물론 티셔츠와 스티커 같은 세일즈포스 기념품에 친숙해질 수 있는 캠프장도 있다.

하지만 이것들과 마찬가지로 중요한 것은 기존 직원들이 새로운 동료를 오하나로 환영하도록 하는 것이다. 한 가족이 새 가족을 위해 준비하는 것처럼, 세일즈포스는 신입사원이 문에 들어서기 전부터 집에 온 듯한 느낌을 가질 수 있도록 하는 전체 시스템을 갖추고 있다. 각각의 신입사원에게는 세일즈포스에서의 처음 90일 동안의 지도, 지원 및 코칭에 대한 '트레일 가이드'가 배정된다. 또한 처음 몇 주 동안 신입사원을 위해 각 동료들과의 점심과 팀 미팅을 준비한다. 사실, 매니저는 오리엔테이션 날에 신입사원을 밖으로 데리고 나가서 특별한 점심을 먹는다. 첫날부터 그러한 유대감을 다지기 시작하면, 그 유대감이 빠르게 더 강해진다는 것을 우리는 안다.

"캠프 B-Well"

나는 오라클에서 안식 기간을 갖기 전에 심각한 번아웃burnout을 겪어봤다. 때문에 우리 오하나의 건강과 안녕이 최우선 과제여야 한다는 것을 그 경험을 통해 알고 있다. 나는 또한 직원과 그들의 가족이 더 건강한 삶을 살도록 지원받고 있다고 느끼는 것이 모두에게 유익하다는 것을 알고 있었다. 건강할 때, 사람들은 더 많이 참여하고, 더 생산적이고, 더 행복하며, 회사에 오래 다닐 가능성이 더 많다. 그리고 그들은 고객과 서로를 더 존중하고, 측은해하며 감사해한다.

물론, 대부분의 기업과 마찬가지로 정기적으로 운동 시설에 다니는 직원들에게 보조금을 지급하고 명상과 요가 수업을 제공한다. 그러나 회사에서 그러한 혜택을 이용해본 적이 없는 사람이라면 알겠지만, 단순히 이런 프로그램의 제공이 효과로 이어지는 것은 아니다. 따라서 급여 실태를 분석하기 위해 데이터를 사용하는 것처럼, 우리는 어떤 건강 프로그램을 제공할지 결정하고 그

효과를 평가하기 위해서 데이터를 사용한다. 인사팀에서는 직원들의 건강 관련 요구사항을 정기적으로 검토하고, 언제 터질지 모를 문제를 찾는다.

우리 직원 수가 2만 5천 명을 넘어서면서 우울증, 약물 남용, 불안과 같은 스트레스 관련 정신건강 문제가 뚜렷하게 증가했다. 익명으로 집계된 의료보험 청구에서 취한 자료에 따르면, 이러한 진단들이 암이나 심장질환과 같은 다른 건강 문제보다 더 빠르게 증가하고 있는 것으로 나타났다. 우리는 경쟁이 치열한 시장과 산업에서 어쨌든 빠르게 성장하고 있었다. 그러니까 스트레스 증가와 그 관련 행동은 일부 오하나 사이에서 하나의 부산물이었던 것이다.

그 자료를 통해 행동을 취해야 한다는 것을 알았다. 인사팀 고위 간부인 조디 코너와 스탠 던랩은 샌프란시스코 UCSF 메디컬센터의 정신의학과 교수인 킴 피터 노먼 박사와 이 현안을 상담했으며, 증가하는 스트레스와 불안의 정도를 해결하기 위한 네 가지 중요한 접근법을 확인했다.

첫째는 영양을 공급한다[Nourish]. 직원들이 건강한 식생활 목표를 세우는 데 도움이 되는 정보를 제공한다.

두 번째, 회복한다[Revive]. 이는 몸과 마음을 잘 자고, 잘 쉬고, 긴장을 푸는 방식으로 재충전하는 것이다.

세 번째, 움직인다[Move]. 이것은 건강한 몸을 유지하기 위한 신체 운동과 활동에 초점을 맞추는 것이다.

그리고 마지막 접근법인 번창한다[Thrive]. 이것은 정신건강을 개선하고, 스트레스를 관리하고 삶의 충격에 유연하게 대처하는 회복탄력성을 기를 수 있는 도구를 제공하는 것이다.

이 4개의 접근법은 우리가 캠프 B-웰[Camp B-Well]이라고 부르는 프로그램의 토대가 되었다. 우리 경영진 요리사인 빌 코벳은 건강하고 영양가 있는 음식 요리법을 배울 수 있는 짧은 교육 비디오를 녹화해 모든 직원이 실시간 재생하거나 다운로드할 수 있도록 했다. 그리고 음식 활동가이자 캘리포니아 버클리에서 레스토랑을 경영하는 유명 요리사 앨리스 워터스를 데려와 직원들에게 지역산 유기농 음식 섭취의 이점에 대해 이야기했다. 또한 유명한 수면 전문가 매슈 워커를 초청해 수면이 어떻게 건강, 학습, 그리고 성과를 향상시킬 수 있는지도 토론했다.

나아가 모든 직원에게 세일즈포스의 목표 설정 과정인 V2MOM 계획에 웰빙 목표를 추가하게 했다. V2MOM은 우리가 세일즈포스에서 사용하는 목표 설정 과정이다(이 부분은 9장에서 자세히 다룰 것이다). 우리는 직원들이 그들의 목표와 그 진행 상황에 대해 그들의 채터Chatter 프로필에 게시해 오하나의 지원 프로그램을 이용하도록 조장한다. 나는 오하나에서 얼마나 많은 사람들이 자신의 웰빙에 열중하는지 보는 것이 너무 신난다.

모든 층에서 마음챙김

나는 항상 더 나은 리더가 되고, 더 나은 우리 문화 전달자가 되려고 많은 전문가에게 도움을 요청하고 조언을 구한다. 그래서 파월 장군에게는 자선활동을 사업에 통합시키는 것을, MC 해머MC Hammer에게는 그의 성공적인 '스트리트 팀street teams(팬클럽 - 옮긴이)' 모델을 세일즈포스 전도사 기반 구축에 적용하는 것을 도와달라고 요청했다. 그래서 자연스럽게 마음챙김 훈련을 세일즈포스 문화에 좀 더 깊숙이 스며들게 하고자 했을 때는 베트남 선종 불교의 고승인 틱낫한Thich Nhat Hanh에게 가서 도움을 요청했다. 나는 오랫동안 그의 지도 아래 명상을 실천하고 있었다. 그런데 그 당시 별난 상황이 벌어졌다. 세계적으로 존경받는 종교지도자인 그가 프랑스 플럼 빌리지 수도회 소속 승려 30명을 수행원으로 대동하고 6개월 동안 우리 집에 머무르게 된 것이었다. 그 쉼을 통해 그는 심신을 쇠약케 하는 뇌졸중에서 회복했다.

하루는, 내가 승려들을 세일즈포스 사무실로 초대했다. 나는 순진하게도 어쩌면 그들이 우리가 하고 있는 일을 좋아할 거라고 생각했다. 그런데 그들이 자신들이 본 것이 전혀 마음에 들지 않는다고 말했을 때 충격을 받았다.

내가 그 이유를 묻자, 그들은 못마땅하다는 듯이 모든 사람들이 내내 이야기를 하고 있고, 내내 일을 하고 있다고 알려주었다.

"여기서 우리가 하는 일이 바로 그겁니다."

내가 말했다.

"우리는 일을 하는 겁니다."

내 설명이 그들의 못마땅함을 잠재우진 못했지만, 그들은 직원들에게 명상을 소개하는데 도움을 주겠다고 제안했다. 승려 중 한 명인 브라더 스피릿은 7시간짜리 명상 세션을 이끄는 데 동의했다. 그 세션이 7시간이라는 기록적인 시간 내에 '마감'되었을 때, 나와 승려들은 직원들이 그와 함께 할 기회를 더 많이 원한다는 것을 충분히 알게 되었다. 분명 7시간짜리 세션을 한 번 운영한다고 해서 충분히 효과가 있지는 않을 것이다. 우리는 명상을 일상문화에 좀 더 완벽하게 통합시킬 필요가 있었다.

그 당시, 회사의 규모가 커지면서 우리는 우리를 수용할 부동산에 많은 투자를 하고 있었다. 샌프란시스코의 본사에 새 사무실이 들어서고 뉴욕과 인디애나폴리스에 완전히 새로운 건물이 들어섰다. 나는 승려들에게 직원들을 위해 더 좋고, 더 마음 편한 사무실을 만들려면 무엇을 해야 하는지 물었다.

"한 층 전체를 침묵 공간으로 만들어야 합니다."

그들이 말했다.

그들은 분명히 이 도시의 상업용 부지의 평당 가격을 이해하지 못했다. 나는 승려들과 협상을 해야 할 판이었다.

"각층에 작은 마음챙김을 위한 장소를 만드는 건 어떨까요?"

나는 그들의 말을 맞받아 이야기했다.

그들은 나의 의견을 받아들였다. 지금부터, 세계 어디에서나, 모든 사무실에 우리는 이제 또는 곧 모든 층에 작은 마음챙김을 위한 공간을 갖게 될 것이다. 그곳은 직원들이 일시 정지 버튼을 누를 필요가 있을 때 언제든지 묵상할 수 있는 조용한 장소다.

지금, 나는 이것이 매우 '캘리포니아'다운 소리로 들릴 수 있다는 것을 안다. 하지만 이것은 단지 뉴에이지New Age적인 아이디어만은 아니다. 마음챙김은 어디에서나 가장 중요하며, 명상가들은 그들의 건강뿐만 아니라 주의, 집중 그리고 그들의 업무에서 성과를 거두고 있다. 〈뉴욕타임스〉가 보도한 것처럼, '마음챙김 명상을 과학적으로 철저하게 분석한' 새로운 한 연구는 '플라시보 효과와 달리' 명상이 일반인들의 뇌를 변화시키고 잠재적으로 건강을 향상시킬 수 있다고 결론적으로 보여주었다. 그리고 그 연구는 팀 페리스Tim Ferriss가 자신의 저서《타이탄의 도구들 : 1만 시간의 법칙을 깬 거인들의 61가지 전략Tools of Titans : The Tactics, Routines, and Habits of Billionaires, Icons, and World-Class Performers》을 쓰기 위해 인터뷰한 200명 이상의 뛰어난 고성과자, 임원, 리더 중에서 80% 이상이 마음챙김이나 명상을 실천하고 있음을 발견했다고 전하고 있다. 이것은 우연이 아니다. 그 이유는 9장 '초심자의 마음'에서 더 다루게 될 것이다.

심리적 안전을 시작으로

작년에 리더십 개발 프로그램에서 휴스턴 대학의 연구 교수이자 몇몇 베스트셀러의 저자인 브레네 브라운Brené Brown을 초대해 우리의 최고 경영진 50명과 함께 일했다. 그녀는 최근 용기, 취약성, 공감과 연결에 관한 리더십 문화 구축을 다룬《리더의 용기Dare to Lead》라는 책을 출간했다.

그녀와 협업하면서 어떤 행동이 우리의 가치를 지지하고 어떤 행동이 우리의 가치를 파괴하려고 위협하는지에 대해 매우 솔직하고 때때로 불편한 토론을 반나절이나 했다. 그로 인해 발생한 한 가지 문제는 목소리를 높이거나 나쁜 소식을 전하는 사람이 되는 것에 대한 두려움이었다. 이런 두려움이 회사 문화에 퍼지면 그 결과는 재앙일 수 있다. 그것은 문화를 지탱하는 신뢰를 좀먹을 수 있다. 회사나 팀이 번창하기 위해서는 다양한 목소리와 본심을 드러내고 있는 그대로의 진실을 기꺼이 말하는 데 두려움이 없는 사람들이 필요하다.

사실, 연구들은 사람들이 서로를 신뢰하고 솔직하게 말하는 것을 두려워하지 않는, 심리적으로 안전한 문화를 만드는 것이 더 현명하게 위험을 감수하고 더 나은 문제를 해결하는 결과를 낳는다는 것을 보여준다.

세일즈포스에서 혁신 생태계를 매우 중시한다는 것을 고려할 때, 이것은 엄청난 우선과제다. 그런 이유로 인사 팀은 우리가 전하는 것을 직접 실천할 수 있는 방법에 대해 조언해줄 수 있는 세계적인 지도자 및 전문가들과 함께 일하고 있다. 관용, 성실, 정직과 같은 속성은 유행어가 될 수 없다. 기업의 모든 사람들은 그러한 삶을 사는 데 충분히 안전하다고 느낄 필요가 있다.

이것이 경영 회의에서 우리가 탁자에 둘러앉은 모든 사람들, 심지어 가장 직급이 낮은 사람조차도 자신을 표현하는 데 있어 편안함을 느끼는 것을 중요하게 보는 이유다. 그래서 우리는 심리적으로 안전한 분위기가 팀 의사결정, 혁신, 영업실적에 미칠 수 있는 영향을 파악하기 위해 연구를 의뢰했다. 그리고 직원과 팀이 목소리를 내는 데 편안함을 느끼도록 하는, 일종의 신뢰를 쌓을 수 있도록 하는 워크숍과 개발 프로그램을 시작하려는 계획을 짰다.

또한 우리가 투명하고 직원들이 회사의 미래를 형성하는 데 각자 한 역할을 할 수 있다고 느낄 때 심리적인 안전이 강화된다는 것을 알았다. 그래서 경영 회의를 인터넷으로 실시간 방송하고, 노련한 세일즈포스 베테랑들부터 신입사원까지 모든 사람들이 질문을 올리고 코멘트를 해 경영진이 대형 스크린에서 볼 수 있도록 한다.

더구나 우리를 포함해 모든 가족이 완벽과는 거리가 멀다는 것을 알고 있기 때문에, 우리는 1년에 두 번씩 상세한 직원 조사를 실시한다. 직원들에게 문화에 대해 질문하고, 그들이 가치 있다고 느끼는지 질문한다. 그들에게 분명한 방향 감각을 전달하고, 포용적인 업무 환경을 조성하고, 관리자들이 책임을 감수하는지 책임을 전가하는지 등의 자질에 대해 그들의 상사를 평가하도록 요청한다. 또한 우리의 윤리적 행동에 대해 신랄한 질문을 했다. 답은 기밀 사항이지만, 모든 종합 점수를 공개해 팀들이 이를 검토하고 개선해야 할 영역을 확인할 수 있도록 한다. 또한 직원들이 다른 부서로 이동할지를 결정할 때 유용한 자료를 제공한다.

우리는 최근 조사에서 사람들이 일을 성사시키는 방법으로 사내 정치공작과 뒷담화를 하고 뒤통수를 치는 문화가 있다고 느끼는지, 아니면 그들이 기진맥진하거나 괴롭힘을 당하고 있다고 느끼는지와 같은 더 쓰라린 질문들을 포함시켰다. 단도직입적으로 어려운 질문부터 시작하지 않으면 결코 직접적인 솔직한 답을 얻을 수 없게 된다. 그리고 불화를 일으키거나 심신을 쇠약하게 만드는 행위들을 바로 해결하지 않는 한 결코 신뢰하는 문화를 구축하지 못할 것이다.

포용만큼 심리적 안전에 중요한 것은 없다. 그래서 우리는 직원들이 평등그룹Equality Groups에 참여하도록 권장한다. 이 그룹은 인종과 성 정체성, 성적 지향성에서부터 종교에 이르기까지 사람들이 자신의 다양한 정체성 측면을 중심으로 연결될 수 있는 안전한 공간을 제공하는 동호회다. 평등그룹은 우리 문화의 매우 중심적인 부분이 되었다. 오늘날 우리 직원의 약 절반이 이 그룹에 참여하고 있는데, 이는 2년 전 4분의 1에서 증가한 수치다.

평등그룹은 사람들이 가장 필요로 할 때 자신들의 커뮤니티를 대변할 수 있도록 권한을 부여하는 방식을 쓰거나, 동시에 서로 다른 정체성을 가진 연합단체를 초대하는 포럼을 제공한다. 직원 커뮤니티에 영향을 미치는 일이 세상에 일어나면 회원들은 평등서클Equality Circles을 준비한다. 이 서클은 건강하고 생산적이며 건설적인 대화를 나눌 수 있는 안전한 공간이다. 이런 식으로 직원들은 책상에 앉아 침묵하며 고통 받기보다는 누군가 그들의 말을 경청하고 있다고 느낄 수 있다. 이는 회사 전체의 인식과 공감을 형성하는 데 도움이 된다.

예를 들어, 2017년 1월, 트럼프 행정부가 멕시코 인접 미국 국경에서 가족을 분리(불법 이민자 및 밀입국자 가족의 부모와 미성년자 자녀를 격리해 수용하는 가족 분리 정책-옮긴이)했을 때, 몇몇 직원들이 '평등서클'을 주최했다. 마찬가지로 샬러츠빌Charlottesville에서 백인우월주의자들의 시위와 폭력이 있은 후, 직원들이 모여서 그들의 감정과 두려움에 대해 토론했다.

최근 만들어진 사내 평등그룹 중 하나인 페이스포스Faithforce는 현재 가장 빠르게 성장하고 있다. 1년도 채 되지 않았는데 1천 명의 회원을 보유하고 있다. 2명의 직원이 우리의 최고평등 최고책임자 토니 프로핏의 지원으로 페이스포스를 시작했다. 처음에 직원들은 페이스포스가 허가되었는지 확신을 하지 못했다. 토니는 그들이 어떻게 비밀 기도회를 열고 있는지 내게 들려주었다. 그리고 어떻게 콘텐츠 경험 이사인 수 원키가 자신이 기독교인으로 거듭났다고 털어놓았음에도 불구하고 사무실에서는 블라우스 안으로 십자가 목걸이를 집어넣어야 한다고 걱정하게 되었는지 내게 들려주었다.

미국에 사는 절반 이상의 사람들이 이슬람교, 불교, 시크교, 유대교, 기독교, 가톨릭교, 그 밖의 어떤 종교든 간에 신앙이 그들의 정체성의 핵심 요소라고 말하고 있다. 그런 가운데, 우리는 모든 직원들이 온전히 그들의 진짜 모습으로 일하는 데 있어 안전하다고 느낄 수 있기를 바란다. 그렇기 때문에, 작년에 인수한 회사인 레블Rebel의 조 테플로가 "세일즈포스에 힘입은 놀라운 종교적 화합의 순간"에 대해 말했을 때 나는 정말 자랑스러웠다. 그가 우리 뉴욕 타워의 한 마음챙김 방에서 유대인 기도문을 암송하려 할 때 솔루션 엔지니어인 유세프 압바시가 그의 정오 무슬림 기도를 하기 위해 걸어 들어왔다. 조는 옆으로 자리를 옮겼고, 그들은 각자의 종교 언어로 서로 옆에서 기도했다.

재미

나는 여전히 세일즈포스를 당당하고 기세 좋은 트레일블레이저 스타트업이라고 생각한다. 그것은 우리의 문화 사고방식의 일부분이다. 사실, 이 20년 이상이 된 우리 이야기를 쓰려는 시점에, 우리는 CRM 시장의 정상에 올랐고 전 세계에 우리의 이름이 새겨진 아름다운 사무실 건물을 거느리고 있다. 하지만 이 성장을 견인한 청년다운 열정과 트레일블레이저 정신을 잃지 않고 있다. 많은 면에서, 이런 태도를 간단히 표현하면 우리가 스스로를 너무 심각하거나 진지하게 생각하지 않는다는 것이다. 재미는 그런 회사 기풍 측면에 활기를 불어넣는 데 필수다.

사실 재미와 놀이는 우리 문화에 없어서는 안 될 존재다. 단지 그것들이 세일즈포스를 더 즐겁게 일할 수 있는 장소로 만들기 때문이라기보다 우리가 일하는 방식을 개선시키기 때문이다. 직원들은 목표 달성을 위해 노력하고 뼈 빠지게 일하며 몹시 힘든 시간을 보낼 수 있다. 그런 만큼 어느 정도 가볍게 즐기는 것은 긴장을 줄이고 집중력을 회복하는 데 크게 도움이 된다. 초심자의 마음을 함양하는 데도 도움이 된다. 달라이 라마Dalai Lama의 말대로, "사람들은 웃을 때 새로운 아이디어를 마음에 더 쉽게 받아들이기 때문에, 웃음이 생각하는 데 좋다."

그런 의미에서 세일즈포스 사무실에 들어서면 셀카를 찍기에 완벽한, 실제보다 더 큰 3D 아스트로Astro, 곰 코디Codey the Bear, 카리스마 넘치는 아인슈타인까지 보는 재미를 느낄 수 있을 것이다. 이는 첨단 비즈니스 소프트웨어 기업 본사에 들어갈 때 일반적으로 예상하는 모습은 아닐 것이다. 이 캐릭터들은 우리 웹사이트, 명함, 그리고 영업 자료도 장식하고 있다. IBM CEO인 지니 로메티Ginni Rometty와 내가 기업 협력을 검토하고 있을 때, 국립공원 배경의 우리 캐릭터들이 문서에 표시되어 있었던 것으로 기억한다. 처음에는 이 우스운 상황이 재미없는 빅블루Big Blue(IBM 별명 – 옮긴이) 사람을 당황시킨 것이 분명하다. "이 만화들은 뭐죠?"라고 그녀는 어리둥절해하며 물었다. 나는 우리 캐릭터들이 우리 제품을 상징하고, 많은 사람들이 멋진 휴가를 보내는 국립공원 배경은 가족에 대한 우리의 헌신을 전하는 것이라고 설명했다. 그러자 지니의 표정이 환해졌고, 나는 그녀가 이해했다는 것을 알 수 있었다. 그녀는 이렇게 말했다.

"내가 자라면서 가장 행복했던 기억은 우리 가족이 국립공원으로 여행을 갔던 거였죠."

사람들을 행복하게 만드는 것에 대한 연구는 그것이 사물이 아니라는 것을 보여준다. 우리를 행복하게 만드는 것은 경험이다. 이것이 우리가 1년에 거의 5천 개의 '공식'적인 행사와 빈번한 비공식 모임과 주요 도시에서 만찬을 주최하는 이유다. 그 때문에 나는 마술사 데이비드 블레인을 최근 뉴욕 만찬에 초대했다(그는 와인 잔을 먹었다). 또한 우리는 요요마, 존 레전드, 자넬 모네, 에디 베더, 쥬얼과 같은 굉장한 예술가들에게 고객을 위해 공연해줄 것을 요청했다. 가장 최근에는 앨리샤 키스, 레드 핫 칠리 페퍼, 레니 크라비츠, 메탈리카가 드림포스에서 콘서트를 열었다. 우리는 우리의 트레일블레이저들이 잊을 수 없는 경험을 하고 오하나의 재미를 공유하기를 원한다.

세계 최고의 거실

문화는 지적이라기보다는 더 본능적이다. 그래서 나는 종종 "이게 세일즈포스처럼 느껴지나?"라고 묻는 나 자신을 발견한다.

2015년 여름, 내가 처음으로 파리의 애비뉴 옥타브 그라드에 문을 연 우리의 새 사무실을 방문했을 때 그 질문이 마음에 걸렸다. 그곳은 1925년도에 지어진 빼어난 건축물로 에펠탑에서 단지 한 블록 떨어져 있는 곳이다. 그러나 입구에 들어서자마자 나는 뭔가 잘못되었다고 느꼈다.

이 아름답고 우아한 신고전주의 건물 로비에 하와이산 코아아카시아 나무 탁자가 놓여 있었던 것이다. 나는 "이게 왜 여기 있습니까?"라고 물었다. 그리고 말했다.

"이거 여기 놓기엔 너무 특이한 것 같군요."

그러자 안내한 팀이 대답했다.

"우리는 당신이 원하는 게 이거라고 들었습니다."

그때 나는 생각했다.

'와우, 큰일 났군.'

그것은 뜻밖의 대답이었다. 내 반응은 디자인 선택에 대한 것이 아니었다. 누군가 단순히 하와이산 나무로 로비를 꾸미는 것이 우리 문화를 알릴 수 있다고 생각했다는 사실이었다! 우리는 빠르게 성장하고 있었고 다른 문제들에 몰두하고 있었다. 그러느라 나는 사람들이 매일 일하는 사무실, 즉 우리의 물리적 공간이 어떻게 우리의 문화를 반영했는지 또는 안 했는지를 생각해보지 못 했었다.

샌프란시스코로 돌아와 나는 우리의 도시 캠퍼스를 구성하는 세일즈포스 빌딩들의 각 층을 오르락내리락했다. 몇 년 동안 놀라운 성장을 거듭하면서, 업무공간은 단편적으로 조금씩 늘어났다. 그렇게 각각 조금씩 새로 늘어날 때마다 저마다 당시 시점을 반영했다는 것을 나는 갑자기 깨달았다. 당신이 어떤 문을 열었느냐에 따라 우리는 매우 다른 회사처럼 보였을 것이다. 우리가 직원과 방문객을 위해 만든 공간에 일관성이 없었기 때문이다. 더 안 좋은 것은, 그 공간이 또 너무 여기는 "회사"요, 하는 느낌이 난다는 것이었다. 우리 회사는 별 특징 없는 회사로 느껴질 수 있었다.

분명히, 우리는 좀 더 일관된 브랜드 경험과 물리적 환경을 조성할 수 있는 커다란 기회를 놓치고 있었다. 즉, 전 세계 어디서나 세일즈포스 사무실에 들어갈 때마다 전달되는 문화적 정체성 말이다. 좋은 소식은 공간을 완전히 새로운 모습으로 재설계하는 것이 우리 문화를 기리는 것이자 우리 팀의 창의력을 발휘할 기회가 되리라는 것이었다.

이 거대한 프로젝트에 무턱대고 뛰어들었을 때, 나는 운 좋게도 엘리자베스 핑캠을 내 안내자로 삼을 수 있었다. 엘리자베스는 드림포스를 처음 시작할 때부터 관리를 해왔기 때문에 어떻게 하면 행사에 우리의 문화를 스며들게 할 수 있는지 확실히 이해하고 있었다. 이제 나는 회사의 51번째 직원이었던 엘리자베스가 우리의 업무공간에 똑같은 일을 하게 할 참이었다. 당시 우리는 350미션350 Mission에 '세일즈포스 이스트Salesforce East'라고 별명을 붙인 30층짜리 건물을 새로 짓고 있었다. 그곳은 새로운 업무 공간 디자인을 시범적으로 선보이기에 완벽한 장소였다.

이 과정에서 나는 두 번이나 영감이 떠올랐다. 하나는 "정원은 비워져야 비로소 완성된다"라는 선종Zen 구절에서 나왔다. 다른 하나는 아인슈타인이 "자연을 주의 깊게 들여다봐라. 그러면 모든 것을 더 잘 이해할 것이다"라고 한 말에서 나왔다.

그래서 어떤 것이든 나는 내가 가지고 있던 선입관을 지우고 초심자의 마음을 소환해 자연에서 힌트를 얻었다. 나는 고요함을 내뿜는 업무공간을 상상했다. 정확히는 선종 수도원이 아니라, 자연광, 실제 식물, 바위, 따뜻한 색, 자연림 그리고 물론 환경적으로 지속 가능한 물질로 외부세계를 건물 안으로 들여놓는 것이었다. 또한 마치 도시 공원처럼 푸른 잔디와 자갈길이 깔린 바닥과 모든 책상에 빛이 아주 잘 들어오고 최고의 경치가 내려다보이는 곳을 상상했다.

이렇게 마음속에 비전을 그리는 것은 쉬웠다. 하지만 나는 이내 그것을 현실화하는 것이 복잡하다는 것을 알게 되었다. 카펫, 직물, 가구 디자인, 나뭇결, 벽지, 페인트 색, 유리 등 복잡다단했다. 그래서 세일즈포스 고객인 버버리Burberry의 크리에이티브 팀에 연결해 그들의 디자인 철학과 그들의 상점이 어떻게 활기를 띠게 되었는지 알아보았다. 그들은 모든 것이 실제 크기에서 어떻게 보일지 알기 위해 우선 실물 모형이나 '모델 하우스'를 만들 것을 우리에게 제안했다. 그래서 우리는 콘퍼런스 룸을 짓고 카펫, 가구, 조명 등의 선택을 시도해보았다. 이는 디자인이 변할 때 생기는 모든 미묘한 차이를 평가하려는 것이었다. 재활용 어망으로 만들어진 카펫을 보니 자갈길 사이로 이리저리 누빈 듯 자란 풀이 떠올랐다. 결국 자연의 느낌이 디자인의 중심이 되었다. 전 과정 동안, 나는 자주 '모델 하우스'를 방문했다. 그리고 어떻게 하면 공간을 덜 회사스럽고, 더 주거지 같으며, 차별화되고, 자연과 연결되었다고 느끼게 만들지에 대한 피드백을 제공했다. 다시 말해, 더 세일즈포스처럼 느껴지게 말이다.

변신은 놀라웠지만 뭔가 아직도 빠져 있다는 느낌을 떨칠 수가 없었다. 고요한 자연적인 효과는 났지만 색감이 충분하지 않았다. 언젠가 그 사무실을 둘러보면서 엘리자베스에게 이렇게 말했던 기억이 난다.

"우리에게는 일종의 예술이 필요합니다."

그때 내 머릿속에 번뜩 생각난 것이 있었다. 우리 사람들!

그녀는 "우린 직원, 고객, 지역사회 구성원들이 나오는 비디오 화면이나 사진 디스플레이를 설치할 수 있다"고 제안했다.

"좀 더 크게 생각해봐요."

내가 그녀에게 말했다.

그렇게 해서 우리의 '문화 갤러리'가 탄생했다. 각종 행사와 봉사활동에서 찍은 오하나의 사진들이 각 층의 벽과 엘리베이터 로비에 거의 실물 크기로 걸렸다. 샌프란시스코 현대 미술관을 방문해 영감을 받은 엘리자베스는 흰색 금속 틀 액자 사진을 선보였다. 결국 우리를 예술로 격상시키는 것보다 더 좋은 방법은 없었다. 타깃Target의 CEO인 브라이언 코넬Brian Cornell, 스라이브 글로벌Thrive Global의 CEO인 아리아나 허핑턴Arianna Huffington부터 캐나다 총리 쥐스탱 트뤼도Justin Trudeau와 〈뉴욕타임스〉 기자까지, 우리 사무실을 방문한 거의 모든 사람들이 하나같이 이렇게 말했다.

"와. 이거 느낌이 너무 다르군요!"

그들이 깨닫든 깨닫지 못하든, 그들이 느끼고 있는 것은 전적으로 우리 문화의 물리적 표현이다. 우리 문화를 살리는 것, 그것이 내 목표였다.

당신이 지금 어느 세일즈포스 사무실을 방문하든 들어가는 그 순간 그것을 느끼게 될 것이다. 그때 파리를 방문해 화들짝 놀랐던 덕분에, 나는 이제 직원, 고객 그리고 지역사회를 환영하는 우리 빌딩의 커다란 1층 로비의 마법을 이해한다. 당신은 작품을 바꿔가며 보여주는 로비 벽면 전체 크기의 거대한 스크린 외에도, 커피, 스낵, 보안 데스크, 밖에서 돌아다니며 손님을 맞이하는 직원들, 특별한 행사, 네트워킹 기회, 심지어 DJ까지 발견할 수 있을 것이다. 나는 우리 회사 정문을 지나가는 모든 직원과 방문객들이 우리의 문화를 경험하길 원한다.

하지만 샌프란시스코 본사부터 뉴욕, 인디애나폴리스, 런던, 도쿄 등 모든 새 세일즈포스 타워에서 내가 가장 좋아하는 특별한 곳은 오하나 층이다. 보통 큰 사무실 빌딩 꼭대기 층은 최고 경영진들이 사용한다. 어떤 회사들은 심지어 특별 개인전용 엘리베이터로만 그곳을 이용할 수 있도록 만든다. 글쎄다. 나는 그 관행을 완전히 거부했다. 모든 타워의 최고층(그리고 그 멋진 전망)을 모든 직원이 근무 시간 동안 회의, 행사, 협업을 위해 사용할 수 있는 공간으로 만들기로 결심했다. 뿐만 아니라 비영리단체와 지역사회 단체들이 주

말에 무료로 그곳을 즐길 수 있도록 초대했다.

2017년 샌프란시스코 시내에서 공사 중인 새 세일즈포스 타워의 61층까지 외부 공사용 엘리베이터를 타봤다. 완공되면, 새 타워는 미시시피 서쪽의 가장 높은 사무실 빌딩이 될 뿐 아니라 우리의 새로운 본부가 될 것이다. 꼭대기 층은 금문교, 태평양 그리고 도시의 모든 주요 랜드마크의 멋진 경치를 볼 수 있는 마법 같은 곳이었다. 엘리자베스와 내가 말 그대로 콘크리트 위에 서서 탁 트인 하늘을 향해 얼굴을 기울일 때 마치 구름 속에 머리를 파묻는 것 같았다.

꼭대기 층을 어떻게 디자인해야 이 멋진 빌딩의 진가를 제대로 보여줄 수 있을지가 남은 유일한 문제였다.

나는 엘리자베스에게 "세계 최고의 거실을 만듭시다"라고 말했다.

구름 속의 거실은 360도로 펼쳐지는 전망과 커피 바, 편안한 가구, 노닥거릴 수 있는 창가 자리 등으로 따뜻하고 안락한 공간이 되었다. 우리는 수천 개의 살아 있는 식물과 꽃으로 기둥을 감쌌고 스타인웨이 피아노까지 들여놨다. 그리고 팻말을 하나 세웠다.

"오하나 층에 오신 걸 모두 환영합니다."

8장

환원이 미래다

미래의 트레일블레이저에 투자하기

2017년 유난히 따뜻한 9월의 어느 아침이었다. 나는 샌프란시스코에 위치한 비지타시온 밸리 중학교로 이동하는 차량에 세일즈포스 직원 여러 명과 합승했다.

세일즈포스가 그 학교를 '선정'한 이후 몇 년간은 우리 회사의 소규모 대표단이 정기적으로 그곳에 갔었다. 그들은 자신의 유급 '자원봉사 기간'에 컴퓨터공학에 관한 학생 멘토링에서부터 수업 중 학생들을 개별적으로 돕는 교사 보조, 도서관 책 정리 같은 간단한 일에 이르기까지 모든 일에 헌신적으로 매달렸다.

그러나 그날은 달랐다. 학생들이 입장을 바꾸길 원했다. 그래서 그들이 우리를 가르칠 예정이었다. 구체적으로 말하면, 그들은 직원들이 자신들이 꿈꾸는 데 도움을 준 몇 가지 새로운 프로젝트를 보여주고 싶어 했다.

아이들은 직접 디자인한 '스마트' 거울을 보여주었다. 그 거울은 달력과 오늘의 뉴스와 날씨를 디지털로 판독해 보여주었다. 그들은 우리에게 기초적인 재료부터 시작해 직접 만든 셀카 부스, 그리고 음향을 위해 컴퓨터에 연결했던, 진흙으로 만든 악기를 보여주었다. 또 다른 학생 그룹은 나와 공동 창업자인 파커 해리스가 주로 조력했다. 변신을 막 마친 농구장으로 우리를 안내했다. 파커는 어느 날 밤에는 자원봉사를 하다가 결국 새벽까지 아스팔트에 선을 그으며 보냈었다.

비지타시온 밸리 학생들이 우리를 한 정거장에서 다음 정거장까지 견학시켜주었을 때, 우리는 그들의 자부심과 학문에 대한 열정에 전염되었다. 나는 그 나이 때가 어떤지, 특히 프로그래밍의 경이로움, 그리고 보통은 세상의 가능성에 그토록 철저하게 매료되는 것이 어떤 것인지 기억났다. 나는 이 호기심 많은 아이들이 얼마나 철저하게 트레일블레이저 정신을 구현했는지 생각하지 않을 수 없었다. 그들은 진정한 초심자의 마음으로 삶을 경험하고 있었고, 자신들의 발견의 여정에 다른 사람들이 함께하기를 열망했다.

이 방문에서 가장 기억에 남는 부분 중 하나는 세일즈포스 자원봉사자인 킴 슈아르가 끼친 깊은 영향이었다. 그는 제품 혁신 매니저로서 이미 세일즈포스에 큰 인상을 남긴 바 있다. 그는 일찍이 기술과 교육에 열정을 가진 천재적인 인물이었다. 열 살 때 회사 웹사이트를 구축해 자신의 사업을 시작했다. 스물다섯 살에는, 우리의 가장 숙련된 기술자 몇 명과 경쟁해 자신이 만든 제품 콘셉트로 7번 내부 해커톤에서 우승했다. 그는 직장에서 자신의 능력을 110% 발휘하면서도, 비지타시온 밸리 도서관에서 취약계층 학생들을 위해 방과 후 코딩 클럽을 시작하고 직접 운영까지 하고 있었다.

킴은 매주 목요일마다 아이들에게 컴퓨터 과학, 프로그래밍, 3D 프린팅의 기본은 물론, 교실에서의 팀워크와 문제해결 등의 중요한 소프트 스킬soft skills을 가르치기 위해 그 학교에 왔다. 이런 기술들은 이 어린 혁신가들이 결국 직장에 들어가게 되면 훨씬 더 중요해질 것이다.

이 견학에서 릴리안 에멜리프라는 한 학생이 자신이 직접 만든 로봇 4대를 자랑스럽게 보여주었다. 또 다른 학생인 카롤리나 멘디올라는 3D 프린터를 사용해 완전한 기능을 갖춘 원격 제어 로봇의 부품을 만들었다. 그런 다음 바로 우리 앞에서 그것을 조립했다. 비록 기술 비즈니스의 베테랑일지도 모르는 나지만 그날 호기심 가득 찬 아이들의 눈에서 기술의 가능성을 보았다.

같은 날 오후 운동장을 찾은 한 학부모가 비지타시온 밸리 교장에게 다가가 급히 질문했다. 그녀는 자신의 아들이 그해에 학교를 졸업할 예정이라고 설명했다. 그러고는 물었다.

"최고의 코딩 프로그램이 있는 고등학교가 어디인가요?"

조 트러스 교장은 그 자리에 멈춰 섰다. 그 학교에 재임하는 몇 년 동안, 그는 그런 질문을 받아본 적이 없었다. 그 이유는 과거에, 코딩이 이 아이들이 더 하고 싶어 하는 것인지 확인하기는커녕, 그들 중 거의 누구도 코딩이 무엇인지 몰랐기 때문이었다. 하지만 이 아이들이 보여준 생동감은 놀라웠다. 내가 세일즈포스를 설립한 이후 몇 년 동안 참석했던 많은 제품 데모, 콘퍼런스, 무역 박람회에서 지금껏 본 그 어떤 것과도 달랐다. 나는 정말 너무 깜짝 놀랐다.

더 나은 세상을 만들겠다는 건전한 약속을 한, 잘나가는 대기업이 중차대하고 시급한 글로벌 이슈에 관심을 집중하는 것은 당연하다. 그러나 그날 아침에 아이들이 보여준 생동감은 우리 모두에게 모든 환원 활동이 다 중요하지만, 학문과 지식의 형태로 환원하는 것만큼 강력한 것도 없다는 것을 시사해줬다. 우리가 그 학교에 쏟은 시간과 돈 그리고 자원은 우리의 전체 자선활동에 비하면 미미해 보일지 모르지만, 그 성과는 엄청나다. 아이들과 청소년들에게 지식과 지식 습득을 위한 도구를 전달하는 데 드는 모든 비용과 모든 시간은 미래의 트레일블레이저 혁신과 내일의 인재 모두에 대한 투자다.

교실 안이든 밖이든 교육과 학습에 대한 이러한 투자는 우리가 세일즈포스에서 구축해온 문화의 혼이었다.

몇 년 전, 우리는 자선활동을 항만 지역 학교들과 본격적으로 협력하는 데 집중하기 시작했다. 왜냐하면 우리는 우리 지역 사회의 아이들에게 양질의 교육을 받을 수 있는 동등한 기회를 주는 데 기여하고 싶었기 때문이었다. 하지만 분명히 말하자면, 우리 지역의 공립학교에는 후원자의 기부 이상으로 더 많은 사람들이 와서 돌봄을 베풀어야 할 필요가 있다. 학교에는 학생들을 멘토링하거나, 교사를 보조하거나, 심지어 새로 페인트를 칠할 수 있는 전문 지식을 기부할 수 있는 사람들이 필요하다. 이러한 모든 활동은 마찬가지로 변화를 위한 강력한 도구이며, 세일즈포스 직원들은 이런 활동을 전 세계에서 펼치고 있다.

이 이니셔티브는 부분적으로 내가 우리 동네 공립학교 중 한 곳을 방문했을 때 탄생한 것이었다. 계획도, 약속조차 없이, 나는 진상 조사 임무를 띠고 프레시디오 중학교의 정문으로 걸어 들어갔다. 나는 다양한 사회경제적 배경을 가진 학생들이 다니는 항만 지역의 많은 다문화 학교들처럼 프레시디오에 자금과 인력이 형편없이 부족하다는 것을 알았다. 복도에서 뜀박질을 하는 학생들 사이로 몸을 이리저리 재빠르게 피한 후 교장실로 가는 길을 찾았다. 일단 안으로 들어서서, 내 소개를 하고 난 후 나는 교장에게 질문을 하나 던졌다.

"이 학교를 발전시키는 데 내가 어떤 도움을 줄 수 있습니까?"

교장은 어떻게 대답해야 할지 몰라 했다. 우리는 만난 적이 없었고 그는 골치 아픈 학부모와 토론을 벌일 상황이라고 생각했을지도 모른다. 그러나 그는 내가 진정으로 묻고 있는 것이 무엇인지, 그리고 내가 진지하다는 것을 알아차렸다. 그는 그 답을 가지고 나에게 다시 연락하겠다고 약속했다.

몇 주 후, 수백 명의 중학생들이 그 당시 학교 운동장으로 통하는 부서진 아스팔트 마당에 다리를 꼬고 앉아 있었다. 나는 그 아이들에게 프레시디오가 "우주 최고의 학교"가 되도록 돕고 싶다고 말했다.

프레시디오 중학교 교장실에서 이루어진 그 즉흥적인 미팅은 수백 번 이상 있을 전 세계 공립학교와의 미팅 중 첫 미팅이었다.

방관자 자리에서 내려오라

지역 학교와의 협력은 내가 프레시디오 중학교 문으로 걸어 들어간 후부터 꽃피기 시작했을지 모른다. 하지만 그 씨앗은 실은 오래전에 뿌려졌었다.

1997년 4월, 나는 인도에서 안식 기간을 보내고 막 오라클로 돌아온 참이었다. 그리고 실리콘밸리에서 내 경력을 발전시키기보다 내 삶을 살기로 결심했다. 당시 내 상사였던 래리 엘리슨이 필라델피아로 가서 파월 장군이 주재하는 '미국의 미래를 위한 정상회의Presidents' Summit for America's Future'에 참석하라고 했다.

당시 나는 독립기념관에서 열린 그 행사에 참석했는데, 미국 독립선언서와 헌법이 채택되었던 그곳은 전직 대통령, 주지사, 시장, 내각 그리고 각국의 많은 최고 CEO들로 가득했다. 자신의 영향력을 넓혀 보려는 야심찬 서른두 살에게, 그 광경은 경외심을 불러일으켰다.

그 회의의 목표는 우리 사회가 직면한 문제들, 특히 불충분한 의료 서비스, 약물 남용, 세계 경제에서 경쟁에 필요한 교육 부족 등 젊은 사람들을 위협하는 문제들을 해결하려는 공동의 노력에 미국 시민의 힘을 집결시키는 것이었다. 파월 장군은 나중에 '미국의 약속America's Promise'이라는 비영리단체에 내가 참여하기를 원했다. 그곳은 미국 내 위험에 처한 수백만 명의 젊은이들의 삶을 향상시키는 일을 한다. 결정적인 순간이었다.

가장 존경받는 공무원 중 한 명인 파월 장군으로부터 내가 인도 방문 중에 '포옹하는 성인' 암마에게서 들은 것과 똑같은 메시지를 듣고 있다는 것을 믿을 수가 없었다. 그가 서약을 제안했고, 나는 받아들였다. 그 일은 결국 나에게 큰 영향을 미쳤다.

"우리는 미국 가족 구성원 중에 가장 연약한 우리 아이들에게 손을 내밀 것을 맹세합니다. 그들은 특별한 훈련을 받지 못하고, 배우지 못하거나, 혹은 더 나쁘게는, 사랑받지 못하며 자라날 위험에 처해 있습니다. 우리 모두는 일주일에 30분 또는 일주일에 1시간씩 할애할 수 있습니다. 우리 모두는 1달러를 더 낼 수 있습니다. 우리 모두는 우리와 닮지 않은 사람, 우리처럼 말하지 않는 사람, 우리처럼 옷을 입지 않을지 모르지만 (하느님께) 맹세코 그들의 삶에서 우리를 필요로 하는 누군가를 보듬어줄 수 있습니다."

나는 결코 이 개념이 비즈니스가 사회 문제를 해결하는 일일 수 있다고 말하는 것을 들어본 적이 없었다. 그리고 나는 확실히 기업들이 나라의 젊은이들에게 투자함으로써 사회 환원에 집중해야 한다는, 이보다 더 설득력 있고 시급한 요청을 들어본 적이 없다.

파월 장군은 "이것은 미국인들이 방관자 자리에서 내려와 경기장에 오르는 것에 관한 것입니다"라고 말했다.

나는 바로 그 일을 하리라 고무된 채 그 행사에서 돌아왔다. 곧 래리를 만나 오라클이 '미국의 약속'의 일원이 되어야 한다고 설득했다. 그는 내 말에 동의했고, 우리는 우리가 가장 잘 아는 분야에 도움을 주기로 결정했다. 우리는 경제적으로 열악한 학교에 네트워크가 연결된 컴퓨터를 공급했다. 첫해에, 로스앤젤레스에서 이스라엘에 이르는 모든 곳의 학교에 6천 대의 컴퓨터를 배치했다.

한 곳은 2천 명의 학생이 다니고 있는 워싱턴 D.C. 북서부에 위치한 도심 속 학교 맥파랜드 중학교였다. 그 학교에 100대의 컴퓨터를 설치할 계획이었다. 하지만 당시 재무 분기 마감 시점이어서 오라클의 모든 사람들이 영업 실적을 맞추느라 동분서주하고 있었다. 따라서 그 일은 그들의 우선순위에서 밀려났다. 그 결과, 우리에게는 자원봉사자가 부족했다. 100대의 컴퓨터를 3층 계단으로 운반해야 했던 그날 기온은 38도가 넘었고, 그 일을 할 사람이 없었다. 결국 컴퓨터는 배달되었지만, 이 활동이 오라클 팀의 우선순위가 아니라는 메시지 또한 전달되었다.

그때 나는 조직문화 중 사람들이 모습을 보이는 것을 중요하게 생각한다는 것을 이해하기 시작했다. 오라클이 학교의 컴퓨터 장비를 업그레이드하겠다고 약속한 것은 훌륭하고 관용적인 모습이었다. 하지만 사회 환원이 회사의 문화와 깊게 연결되지 않았던 터라 실제로 그것을 실현시키기 위해 굳이 어떤 추가적인 노력을 기울여야 할지, 느끼는 사람들이 있었다. 그때 바로 나는 굳게 결심했다. 결국 내가 내 회사를 차려야 상황이 달라질 것이었다. 오라클을 떠나기 2년 전의 일이었다.

1-1-1 모델

나와 공동 창업자들이 세일즈포스를 시작한 지 약 1년이 되던 2000년, 우리는 50명의 직원을 두고 있었다. 자원봉사자를 동원하고 세상에 어떤 좋은 일을 하는 데 충분한 인원이었다. 하지만 우리는 젊고 빠르게 성장하는 스타트업인 데다 우리 스스로 자선활동 분야를 구축할 시간이나 전문지식이 없었다. 우리는 와서 도와달라고 누군가를 설득할 필요가 있었다.

기업 재단은 물론 기술 구현 배경까지 갖춘 경영 컨설턴트인 수전 디비안카는 이 일에 적임자였다. 하지만 처음 이 자리를 제안하기 위해 만났을 때 그녀가 우리의 의도에 회의적이라는 것을 알 수 있었다. 닷컴 붐은 실제로도 서류상으로도 모두 엄청난 부를 창출했다(그중 많은 돈이 뒤이은 닷컴 붕괴로 사라졌다). 그런 기업가 중 몇몇은 개인 재산의 일부를 어떻게 자선단체에 기부할 것인지 얘기했지만, 대부분 그냥 말뿐이었던 것으로 드러났다.

나는 세일즈포스 창립자들이 특별히 관심 있는 단체에 자의적으로 돈 몇 푼 기부하는 것 이상으로 헌신하고 있다고 그녀를 설득할 필요가 있다는 것을 알았다. 그래서 오라클 경험을 통해 자선활동을 기업 환경에 통합시키는 어려움에 대해 무엇을 배웠는지 설명했고, 그녀에게 우리가 다른 차원의 회사를 만들 거라고 장담했다. 나는 세일즈포스에는 우리가 핵심 가치에 전념하는 만큼 똑같이 사회 환원에도 전념할 것이라는 사명이 있다고 그녀에게 말했다.

있는 그대로의 진상은 환원이 처음부터 우리의 핵심 가치 하나하나에 반영되어왔다는 것이었다. 결국, 다른 사람을 돕는 행위는 신뢰를 발전시키고 보여준다. 그것은 우리가 돈보다도 더 동기부여를 받고 있다는 것을 직원들과 고객에게 보여준다. 그리고 미래의 인재에게 투자하는 것이 내가 사회에 돌려주고 싶었던 방식이다. 이는 우리가 오늘날 고객이 성공하도록 할 뿐 아니라 미래에도 성공할 수 있도록 도와줄 일종의 트레일블레이저 혁신을 계속해서 추구하는 방식이다. 끝으로, 우리가 모두를 위한 교육 접근성 개선에 집중하는 것은 단연코 가장 좋은 불평등 해결책이다.

수전은 이 말들이 교묘한 속임수가 아니라는 것을 알게 되자, 우리의 햇병아리 단계의 활동을 이끌어달라는 제안을 받아들였다. 세일즈포스는 이미 혁신적인 신기술과 혁신적인 새로운 비즈니스 모델을 가지고 있었다. 이제 수전과 나는 그것들을 보완할 새로운 자선활동 모델을 만들기로 결정했다.

우리는 수익과 직원 시간 둘 다 기부해 자선재단을 성공적으로 만든 '벤앤제리스Ben&Jerry's'와 같은 기업들로부터 조언을 구했다. 이베이eBay와 같은 실리콘밸리의 다른 스타트업들과도 이야기를 나누었다. 이베이는 그 전해에 상장하기 전 100만 달러 상당의 기업 주식을 자사 재단에 기부했다. 우리는 시스코가 비영리단체의 인터넷 접속을 돕기 위해 어떻게 제품과 함께 직원 시간을 기부하는지 알게 되었다. (나중에 세일즈포스 이사회 임원이 된) 장난감

제조업체인 해즈브로Hasbro의 앨런 하센필드Alan Hassenfeld 회장은 해즈브로 직원에게 어떻게 한 달에 4시간씩 사회봉사를 위한 유급휴가를 제공하는지 그 방법을 공유했다. 그리고 아웃도어 의류회사인 팀버랜드Timberland가 전 세계 사회봉사기관을 통해 어떻게 직원 시간을 연간 최대 40시간까지 자원봉사에 기부하도록 하는지 배웠다.

이러한 사례들을 몇 주 동안 검토한 후에, 우리의 새로운 모델은 우리의 모든 자원, 즉 돈, 제품, 자본 그리고 사람들을 통합할 필요가 있다는 데 생각이 미쳤다. 답은 자본의 1%, 제품의 1%, 직원 업무시간의 1%를 할애해 우리가 직접 만든 비영리단체에 기부하는 것이다. 무작위적인 자선활동을 추구하기보다는 이런 식으로 우리의 문화에 기부를 완전히 포함시켰다. 이 모델을 통해 일관된 기준으로 자금과 지원을 분배할 수 있을 것이며, 우리의 노력이 미치는 영향을 엄격하게 추적하게 될 것이었다.

새로운 기업 자선사업 모델을 기억하기 쉽게 설명할 방법을 생각해내는 것은 쉬웠다. 우리는 그냥 가장 간단한 공식을 차용해 1-1-1 모델로 이름 붙였다. 아직 어떤 범주에서도 자원이 많지 않았기 때문에, 그것을 준비하고 실행하는 것 역시 매우 간단했다. 회사에는 직원이 몇 명밖에 없었다. 아직 제품도 출시하지 않았다. 그리고 우리는 주식 자본이 전혀 없었다. 그러나 우리에게는 기부의 힘에 대한 깊은 믿음과, 그것을 뒷받침할 수 있는 에너지가 있었다. 이것으로 충분하고도 남았다.

첫날부터 우리가 고용한 모든 직원들은 그들이 원하는 곳이면 어디든지 자원봉사를 하러 가는 유급 휴가를 받았다. 그리고 직원들에게 가장 중요한 활동이면 무엇이든지 5천 달러까지 그들의 기부를 연결시킨다. 내 목표는 자선활동을 완벽하게 우리 문화에 융합시켜 우리의 핵심 사업에서 분리할 수 없도록 하는 것이었다. 그리고 모든 사람들이 자신에게 효과적인 방식으로 시간과 재능을 쉽게 기부할 수 있도록 하는 것이었다.

2000년 6월 무렵, 세일즈포스 재단을 공개적으로 설립할 준비가 되었다. 처음부터, 우리는 이 사명에 오하나의 모든 구성원을 진정으로 참여시키려면, 우리가 재단의 기금을 어떻게 할당하는지에 대해 직원들이 강한 발언권을 가져야 한다는 것을 알고 있었다. 또한 그들이 자신의 연간 7일의 유급 자원봉사 휴가(짧게 VTO로 표시한다)를 어떤 조직을 지원하는 데 쓸지 결정하는 사람들이 되어야 한다는 것을 알고 있었다. 우리는 오늘날 직원들이 돈이나 자신의 자원봉사 시간을 어디에 쓸지 발언권이 있다면 기부에 참여할 가능성이 더 많다는 것 알아냈다. 수전은 이것을 사회 환원의 '민주화'라고 불렀다. 그녀의 지도 아래 재단이 성장하자, 직원들은 기업 자선사업을 다방면으로 이끌었다.

직원들은 병원, 학교, 푸드뱅크 그리고 다른 지역사회 기관에서 자원봉사를 하거나 캄보디아, 몇몇 아프리카 국가 그리고 인도와 네팔의 티베트 난민 캠프처럼 멀리 떨어져 있는 곳에서 자원봉사를 한다. 허리케인 카트리나와 같은 대규모 재난이 닥쳤을 때, 직원들은 역을 재건하고 학교가 정상화되도록 현장에서 원조를 제공하는 자원봉사도 했다.

엄청난 규모의 재난이 발생했을 때, 긴급하게 감당해야 할 우선순위가 많이 있다. 사람들에게는 의료, 음식, 물 그리고 피난처가 필요하다. 그러나 우리는 정보, 지식 네트워크 그리고 데이터에 대한 접근과 그것을 활용하기 위한 컴퓨터 사용능력이 어떻게 지역 구호단체 직원과 정부의 구호 활동 관리를 돕고, 더 작은 노력으로 더 많은 것을 하도록 돕는지를 보고 감탄했다.

그래서 2010년 진도 7.0 지진이 아이티를 쑥대밭으로 만들며 300만 명의 사람들에게 영향을 미쳤을 때, 세일즈포스는 직원 기부금 연결을 포함해 구호기금에 기부했다. 뿐만 아니라, 아이티 정부와 영화배우 숀펜이 설립한 J/P 아이티 구호단체와 같은 지역 단체들에 세일즈포스 기술을 무료로 제공해 피난캠프에 수용된 사람들의 자료를 수집할 수 있게 했다. 그러고 나서 우리는 50명의 직원 자원봉사자들을 데리고 아이티 수도 포르토프랭스로 날아갔다. 그리고 인근 인구 밀집도가 높은 빈민지역 초등학교에 컴퓨터를 설치했다. 마찬가지로 2017년 허리케인 마리아가 푸에르토리코를 초토화시켰을 때 직원들은 25만 달러를 모금해 구호단체에 기부하고 섬에서 재건을 돕는 자원봉사를 했다.

하지만 영향력에 있어 가장 큰 단독 기회는 우리가 대부분의 오하나를 한자리에 모을 때다. 드림포스는 가장 큰 고객 이벤트일 뿐 아니라 매년 가장 크게 벌이는 사회 환원 이벤트다. 우리는 네팔에 새로 세워진 학교 등 세계 각지의 학교에 기부하기 위해 100만 권의 책을 모았다. 기아구호 조직인 라이즈어게인스트헝거Rise Against Hunger(그 당시에는 Stop Hunger Now로 알려졌었다)와 함께 한정된 식량 자원과 가난으로 고통 받고 있는 지역사회를 위해 100만 개의 식사를 포장했다. 매년 열리는 드림포스 콘서트에서는 UCSF 베니오프 아동병원UCSF Benioff Children's Hospitals을 위한 기금을 모은다(기금은 7천만 달러에 달하고 지금도 계속 증가 중이다).

지난 20년 동안 세일즈포스는 약 3억 달러의 보조금을 지급했고 직원들은 전 세계 지역사회에서 400만 시간 이상의 자원봉사를 했다. 하지만 내가 가장 좋아하는 통계는 직원 중 88%라는 엄청 많은 인원이 기부에 참여한다는 것이다. 우리가 계속 성장함에 따라, 그 숫자도 증가할 것이다.

우리의 자원봉사와 기부 활동으로 혜택을 받은 사람은 수혜자뿐만이 아니다. 미국 인디애나 대학의 릴리 기부문화 대학Indiana University Lilly Family School of Philanthropy 연구에 따르면, 사회 환원은 생산성 향상, 직원 만족도, 인재 채용과 관련이 있다. 우리의 자체 자료에 따르면, 사회 환원이 신입사원들이 세일즈포스에 입사하는 두 번째로 높은 이유다. 또한 직원들이 회사에 계속 다니는 이유 중 상위 3위 안에 든다. 물론, 명상실과 바리스타 바가 갖추어진 멋진 사무실 건물이 있다는 것과 우리가 직원들에게 공평하고 평등하게 보상한다는 것은 확실히 해롭지 않은 일이다. 그러나 4만 명이나 되는 세일즈포스 사람들은 그 이상의 것에서 더 많은 동기부여를 받고 있다. 그들은 다른 사람들을 위해 뭔가 하는 것에 관심이 있다. 그들은 지역사회를 돕고 싶어 한다. 그들은 우리 아이들이 가능한 한 최고의 교육을 받을 수 있도록 돕고 싶어 한다. 그들은 기술 격차를 해소하고 노동자가 미래의 충격적인 물결에 대비하도록 돕고 싶어 한다.

교육의 가능성Teaching Possibility

초기 세일즈포스 재단은 주로 IPO를 앞두고 우리가 확보한 자본에 기초해 비영리단체에 보조금을 지급하는 수단이었다. 우리는 수천 개의 비영리단체,

NGO 및 교육기관에 세일즈포스 기술을 10개까지 무료 구독으로 제공했으며, 그들의 학생, 기부자, 직원 및 기타 이해관계자를 연결하는 데 우리의 소프트웨어를 사용하도록 도움을 주었다. 수요가 계속 증가하고 조직들이 더 많은 구독을 요청하며 다시 찾아와, 기부를 기하급수적으로 증폭시키기로 결정했다.

우리는 우리가 고객관계관리를 개발하고 판매하는 회사이자 자선단체라는 독특한 위치에 있다는 것을 깨달았다. 모든 비영리단체(그중 미국에만 150만 개 이상이 있다), NGO 및 교육기관에는 기부자든, 학생이든, 동문, 직원, 파트너 또는 고객이든 '고객'이 있다. 그리고 이러한 조직들은 그러한 고객 관계(영업, 고객 서비스, 마케팅 및 상거래)를 다른 비즈니스와 마찬가지로 관리할 수 있는 도구를 필요로 한다. 추가 구독을 대폭 할인된 가격으로 제공해 도구가 제공할 수 있는 효율성에 상당한 장벽이었던 가격을 제거했다. 동시에, 심지어 할인된 가격임에도 이 구독들은 우리가 사회에 다시 투입할 수 있는 수익을 가져오기 시작했다.

비영리 분야에서 이러한 물질적인 대약진은 우리에게 중요한 교훈을 주기도 했다. 결국 세일즈포스는 다른 기술 회사와 마찬가지로 고객이 정보에 접근하고, 체계화하고, 정보를 이해할 수 있도록 돕는 사업을 한다. 이것은 물론 영리든 비영리든 모든 단체에 필수적인 기능이다. 그러나 정보의 힘을 이용하는 능력 계발이 미래에 그러한 기업과 조직을 운영하고 이끌 사람들에게도 역시 중요하다는 것을 깨달았다.

초창기 우리 회사가 제품도 없고 직원도 몇 명 안 되었던 시절에도, 나는 세일즈포스가 트레일블레이저 기업이 되기를 원한다면, 세계적인 인재들이 필요할 것이라는 것을 알고 있었다. 그것은 미래의 트레일블레이저들이 디지털 정보 경제 인력으로 성공하는 데 필요한 교육과 기술을 습득할 수 있는 학교나 청소년 기관 같은 곳에 투자해야 한다는 것을 의미했다.

그래서 우리가 진행했던 초창기 프로젝트 중 하나가 파월 장군의 파워업 PowerUP 프로그램에 협력하는 것이었다. 즉, 우리 사무실 건너편 엠바카데로 YMCA에 자리한 센터를 포함해 방과 후 센터에 컴퓨터를 설치하는 것이었다. 창문이 없는 YMCA 지하실에 공간을 확보했는데, 직원들은 (세일즈포스의 사무실 일부처럼) 파란 하늘과 흰 구름 그림을 지하실 벽에 그렸다. 그리고 낡고 쓸모없는 컴퓨터 대신에 최신 기술을 탑재한 컴퓨터들을 나란히 설치했다. 방과 후에 아이들이 이곳으로 들어왔을 때, 기능적인 기술뿐만 아니라, 사용 방법을 가르쳐주는 '살아 있는' 지원, 즉 우리의 직원 자원봉사자들과 마주할 수 있었다.

2012년에는 청년단체, 공립학교, 자선단체, 노숙인 쉼터 등 각종 단체에 보조금을 지급하고 봉사활동을 하고 있었다. 한편으로, 나는 우리가 관심을 갖는 많은 조직들을 지원하고 있다는 것이 기분 좋았다. 그러나 다른 한편으로, 이런 분산된 접근방식으로 의미 있는 영향력을 전달하지 못하고 있다는 것이 걱정스러웠다. 그때 당시 샌프란시스코 시장 에드 리와 친분이 있던, 전설적인 실리콘밸리 벤처 투자자이자 자선가, 그리고 세일즈포스닷오알지(세일즈포스.org-옮긴이) 이사인 나의 친한 친구 론 콘웨이가 우리 셋이 만나서 이 도시가 가장 필요로 하는 것을 논의하자고 제안했다. 내가 가장 좋아하는 아침 식사 장소인 엘라즈에서 나는 (2017년 세상을 떠난) 에드 리 시장에게 그의 유산이 무엇이길 바라는지 물었다. 그는 '교육'이라고 한마디 했다. 그러곤 한

참을 멈췄다가 말을 이어갔다.

"특히 중학교는, 아이들의 운명이 크게 결정되는 곳입니다. 그리고 나는 우리 아이들이 졸업할 때, 당신네 같은 기술 회사에서 일하는 자신을 볼 수 있는 기회를 그들에게 주고 싶습니다."

몇 년 후, 리 시장은 바로 그 아이들 중 한 명인 에보니 프레릭스 벡위드와 함께 일하기 시작했다. 지금은 우리의 자선사업 최고 책임자인 에보니는 샌프란시스코의 빈민가(실제로 비지타시온 밸리에서 몇 블록 떨어진 곳)에서 자랐다. 그녀는 홀어머니가 다니던 직장에 따라 갔을 때 언젠가는 시내의 빈짝이는 빌딩에서 일하는 자신을 상상하곤 했었다. 컴퓨터공학 학위를 받고 졸업한 후, 그녀는 금융회사 사업 운영 팀에서 일했다. 그리고 그 후 세일즈포스에 기술 사업 운영최고책임자로 입사했다. 나는 그녀가 세일즈포스닷오알지에서 사회 환원 사업에 보다 데이터 중심적인 접근법을 도입할 적임자라는 것을 의심하지 않았다.

(우리가 공립학교 교육을 중심으로 자선활동의 우선순위를 두려고 했을 때) 에보니와 수전은 당시 세일즈포스닷오알지의 최고운영책임자였고 현재는 CEO인 롭 애커Rob Acker와 함께 직원들이 자원봉사를 어디서 하고 있고, 장기적으로 지속 가능한 것이 무엇인지 알아보기 위해 데이터를 자세히 조사했다. 아마 우리가 착수한 일이 놀랄 만한 건 아니었을 것이다. 우리는 그 지역의 모든 학교에 STEM 교육을 주입하면서 컴퓨터 과학 교육을 늘리는 것이었다.

그로부터 1년 후인 2013년 (뉴욕시 교육부장관이 된) 리처드 카란자 샌프란시스코 학교 교육감이 나를 찾아왔다. 그는 우리가 중학교에 와이파이를 설치하고 교실 노트북을 사는 데 몇 백만 달러를 기부할 의사가 있는지 알고 싶어 했다. 내가 그에게 물었다.

"당신네는 좀 더 크게 생각할 필요가 있습니다! 학교에게 천국이란 어떤 모습일까요?"

"당신이 원하는 것을 우리에게 말해주기만 하면 됩니다."

결국 세일즈포스는 샌프란시스코 유니파이드와 오클랜드 학군에 10년에 걸쳐 1억 달러를 지원하기로 약속했다. 그러나 기존의 기업들이 제공하는 선물과는 달리, 우리 회사는 직원들이 직접 도움을 준다. 직원들은 이 두 학군의 교실 학생만 멘토링하는 데 4만 시간(현재까지)을 자원봉사하고 있다.

그 결과, 샌프란시스코는 모든 학년마다 컴퓨터 과학 교육과정을 개설한 미국 최초의 학군이 되었다. 이곳에는 더 많은 교실에 더 많은 와이파이가 있고, 더 많은 수학과 기술 전임 교사와 코치가 있고, 학급 크기는 더 작다. 그리고 그 결과를 측정할 수 있다. 샌프란시스코의 공립학교 학생 중의 90%가 이제 컴퓨터 과학에 능하다. 컴퓨터 과학 수업을 받는 여학생층이 2천%, 소수민족 계층이 6천600% 증가했다. 나는 우리가 기부한 돈과 시간의 양 이상으로 그 발전이 성공의 진정한 척도라고 생각한다.

이러한 결과에 고무되어 우리는 전 세계 우리 사무실이 있는 학군에서 비슷한 일을 하고 있다. 예를 들어, 미국에서 두 번째로 큰, 우리의 허브가 위치한 인디애나폴리스의 공립학교 지역에 50만 달러를 기부했다. 직원의 약 90%가 지역 학교와 비영리단체에 시간을 기부하고 있는데, 그들은 작년에만 6만 5천 시간을 인디애나에서 자원봉사 했다.

하지만 때때로, 세일즈포스 자원봉사자들이 학생들과 젊은이들의 삶에 미치는 영향은 단지 시간, 성적, 시험 점수에만 국한된 것이 아니다. 더 정확히 말하면, 그들에게 무엇이 가능한지를 보여주는 데 있다. 그런 일부 사례로 영업 매니저에서 부사장으로 승진한 뉴욕 허브의 초기 멤버인 스테파니 글렌은 자원봉사를 주요한 팀 구성 활동으로 삼았다. 스테파니와 그녀의 영업팀은 퀸즈의 한 학교에서 금융교육을 했고, 대학 학위가 없는 청년들을 위한 인력 개발 프로그램 이어업에 인턴들을 채용했다. 영업 인턴 사원인 브리트니 알바레즈처럼 많은 사람들이 결국에는 세일즈포스 정규직으로 채용된다.

"당신이 보는 만큼 될 수 있다"라는 말이 있듯이, 이 아이들이 우리 같은 기업에서 그들 스스로 밝은 미래를 보길 바란다. 그래서 2018년에 뉴욕 사무실 임원인 패트릭 스톡스가 86%의 학생들이 무료급식을 받는 듀얼 랭귀지 중학교를 자원봉사 대상으로 선정했을 때, 그는 코딩 프로그램을 개설하는 것 이상의 일을 해낸 셈이다. 그와 세일즈포스닷오알지 부사장인 제니퍼 스레들러는 그 학교의 크리스티나 옐리네크 교장과 협의해 그 학교 학생 32명을 맨해튼에 있는 세일즈포스 타워로 초청했다. 그들은 학교에서 가장 성적이 우수한 학생들은 아니지만 그들이 보여줄 수 있는 것보다 더 많은 잠재력을 가지고 '정점에 서 있는' 학생들이라고 교장은 설명했다.

패트릭과 제니퍼를 비롯한 몇몇 세일즈포스 직원들은 이른바 '돌아가면서 만나는 진로 전문가단'을 준비했다. 그들은 기본적으로 중학생들과 여러 팀 직원들로 구성한 소규모 직원 그룹을 연결시켜, 학생들이 우리가 무슨 일을 하고, 어떻게 하고, 그리고 어떤 경우에는 얼마나 버는지 물어볼 수 있게 해주었다. 이런 고무적인 대화의 영향이었든, 세일즈포스의 기념품 영향이었든, 그날 몇 명의 학생들이 "대학에 진학한 후에 이런 곳에서 일하고 싶다"는 목표를 가지고 돌아갔다.

그리고 그들 중 많은 학생들이 대학 진학 후에 이런 기업에서 일했다. 이것이 퓨처포스 창설의 목표였다. 퓨처포스는 K-12 스템K-12 STEM(K-12 : 유치원에서부터 고등학교까지 12학년에 걸친 과학, 기술, 공학, 수학-옮긴이) 교육에 본격적으로 착수하기 위해서 지역 공립학교를 선정하고, 비영리단체 및 NGO와 직업훈련 제휴를 하고, 대학교와 지역 전문대학에서 직원을 채용하고, 수백 명의 도시 청소년을 위해 수습 자리를 창출하고, 그중 절반 이상을 우리가 고용하는 것을 포함하는 다양한 프로그램이다.

직업훈련 교육으로 환원하기

자원이 부족한 지역사회 교육을 생각할 때, 공립학교 시스템으로 마음이 기울어지는 경향이 있다. 그러나 더 이상 인구통계학상 아동과 10대 청소년만이 더 나은 교육 자원에의 접근이 필요한 것이 아니다. AI와 로봇공학의 증가로 전 세계 산업현장이 전반적인 변화에 직면하고 있다. 많은 산업분야에 걸쳐 우리 고객의 일상적인 업무가 점점 더 기계에 위탁되고 있다. 자동화가 너무나 많은 직업과 심지어 전체 직장을 더 이상 쓸모없는 것으로 만드는 세상에서 살아남기 위해서는 다른 종류의 교육이 필요할 것이다. 그렇기 때문에 세일즈포스는 인력개발을 우선순위 중 하나로 삼았다.

〈세계경제포럼〉의 2018년 '일자리 미래 보고서'에 따르면 2022년까지 전체 직원의 50% 이상이 상당한 재숙련을 요구받게 될 것이다. 예를 들어, 판매와 제조 분야에서 일하는 사람들은 더 많은 기술 능력을 습득해야 할 것이다. 오늘날, 경제협력개발기구OECD 국가 전체에서 적어도 4명 중 한 명의 근로자가 현재 직업에서 요구하는 기술과 불일치한 것으로 나타났다고 이미 보고된 바 있다. 성인 재숙련과 직업훈련에 대한 필요성이 증가하고 있음에도, 그러한 기회는 현재 대부분의 사람들이 이용할 수도 접근할 수도 없다. 기계와 알고리즘 때문에 실직한 수백만 명의 사람들은 세계와 지역 경제에 큰 타격을 줄 것이다. 그리고 만약 그들이 방치된다면, 그 거대한 틈에서 생긴 균열은 계속 벌어지고 확대될 뿐이다.

나는 교육이 기술 혁신이 초래할 불가피한 경제 혼란을 해결할 수 있는 한 세대에 한 번 있는 기회로 본다. 이는 자신의 직업이 파괴되거나 대체되는 것을 발견한 사람들에게 적절한 형태의 고용 안정성을 보장한다는 것을 의미한다. 향후 10년간 사라진 일자리보다 더 많은 일자리가 창출될 가능성이 높기 때문에 훈련과 재숙련에 투자하는 것은 실직 노동자들을 노동인력으로 재진입시킬 수 있는 중요한 발걸음이다.

우리는 21세기용 사회적 계약을 거의 재구상하다시피 해야 할 필요가 있다. 그리고 이 크고 복잡한 도전을 정치인들에게만 맡겨둘 순 없다. 자동화가 가속화됨에 따라 모든 기업들은 이를 방관하기보다 미래의 일자리를 위해 직원을 훈련시키고 재숙련하는 방법을 찾는 데 더 큰 관심을 가지고 있다.

미국에만 거의 50만 개의 개방형 기술 일자리가 있지만, 대학들은 작년에 겨우 6만 3천 명의 컴퓨터 과학 졸업생을 배출했다. 한편, 우리 회사는 미래의 인재를 교육하는 놀라운 대학이 될 수 있다. 이런 이유로 우리는 직원 훈련뿐만 아니라 인턴과 견습생에게 투자한다. 그리고 많은 경우, 그들에게 일류 대학에서조차 얻을 수 없는 전문적인 지도와 현장 체험을 통해 새로운 기술을 습득할 수 있게 한다.

우리만 인력개발 프로그램에 투자하는 것은 아니다. JP모건 체이스는 수억 달러를 들여 지역 전문대학과 여성, 참전용사 그리고 전 세계 소수민족을 위한 비전통적인 경력 개발 프로그램을 지원하고 있다. JP모건 체이스의 CEO 제이미 다이먼은 이렇게 말한다.

"우리는 지역 전문대학과 진로교육이라는 꼬리표를 떼고, 노동자의 기술을 향상시키거나 재숙련시킬 기회를 찾고, 소외된 사람들에게 현재와 미래에 보수가 좋은 직업을 얻고 경쟁할 기회를 주어야 한다."

다우Dow, IBM, 지멘스Siemens AG는 그들이 속한 산업에서 기술 격차를 해소하기 위해 견습 프로그램을 개설했다. 그리고 커리어와이즈 콜로라도는 향후 10년 동안 콜로라도주 내의 여러 사업 분야에 걸쳐 수요가 높은 직업을 대상으로 2만 개의 수습직을 창출하기 위해 노력하고 있다.

세일즈포스에서는 또한 직원과 고객 모두가 오늘날의 급변하는 디지털 경제에 필요한 새로운 기술을 지속적으로 개발할 수 있도록 온라인 학습 플랫폼인 트레일헤드Trailhead를 사용한다. 베트포스Vetforce와 함께 우리는 미국 군 복무자, 참전용사와 그 배우자에게 기술직 취업에 필요한 교육을 무료로 제공한다. 나는 개인적으로 TJ 맥엘로이에 의해 고무되었다. 그는 해병대에서 시력을 잃은 후, 베트포스 프로그램을 통해 공인 정보기술 행정관이 되었다. 오늘날 그는 다른 장애인들이 기술 분야에서 경력을 쌓을 수 있도록 준비하라고 교육한다.

내가 노숙자와 바다를 책임지고 그것들을 위해 활동하는 만큼, 공동 CEO였던 키스 블록은 인력 개발에 대한 책임을 맡아 활동했다. 그가 미국 보험사인 스테이트팜State Farm의 대규모 디지털 전환 프로젝트에 착수했을 때, 그와 스테이트팜 CEO인 마이클 팁소드Michael Tipsord는 세일즈포스 소프트웨어의 성공적인 구현을 넘어 다각도로 협력했다. 그들은 담당 영업사원에서부터 보험금 청구 처리 담당자에 이르기까지 AI 기반의 기술 발전에 영향을 받은 모든 직원들이 자신의 경력 분야에서 계속 승승장구하는 데 필요한 교육을 받을 수 있기를 바랐다. 일부 그들의 재숙련 교육이 트레일헤드를 통해 이루어지고 있다.

키스는 또한 인력 개발에 대한 메시지를 널리 퍼뜨리는 데 헌신하고 있다. 그는 최근 연례 파트너 회의 때 모인 IT 컨설팅 대기업 액센츄어Accenture, PwC 그리고 IBM을 포함한 1천 명의 파트너에게 말했다.

"이 경기에 참여하십시오. 이 경기는 프로젝트나 수익뿐만 아니라 진정으로 고객을 성공시키고 그들의 직원을 성공시키는 것입니다."

우리 회사는 자동화의 영향을 받은 인력을 재숙련시키는 데 엄청난 영향을 미칠 수 있는, 수백만 명으로 이루어진 거대한 집단이다. 즉, 그들을 멘토링하고, 그들과 나란히 일하고, 그들이 계속해서 배우고 성장하는 데 필요한 도구를 그들에게 제공한다. 다른 기업뿐만 아니라 지역 전문대학, 대학교, 보훈단체, NGO, K-12 학교, 정부 등과도 협력해 그들의 기술 격차를 좁히고, 예비 직원을 양성하며, 강력한 경제성장을 지탱할 수 있는 미래인력을 개발할 수 있다. 더 이상 오늘의 노동력과 함께 가는 것만으로는 충분하지 않다. 내일의 노동력을 구축하기 위해 또한 열심히 노력해야 한다.

나는 종종 '실리콘밸리의 동료들에게 일류 벤처 캐피털 회사들이 자신들이 투자한 회사의 지분의 1%를 그들의 사업 근거지인 지역사회의 공공 자선단체에 투자하도록 요구했다면 어떻게 되었을까?'라고 질문한다. 답은 자명하다. 애플, 시스코, 마이크로소프트, 오라클 그리고 수많은 다른 성공적인 실리콘밸리 회사들이 수십억 달러를 모아 우리가 직면한 가장 어려운 문제들을 해결할 수 있는 프로그램들을 후원하고, 세계에서 가장 큰 공공 자선단체를 만들었을 것이다.

우리는 대규모로 사회에 환원할 수 있는 방법을 찾아야 한다. 답은 비즈니스다. 구글과 같은 몇몇 회사들은 우리의 1-1-1 모델을 변형해 채택했고, 우리 모델을 전 세계로 확산시키기 위해 다른 조직들과 협력했다. 또한 플레지원퍼센트닷오알지Pledge1percent.org에 종잣돈을 제공했다. 그 단체는 모든 규모와 단계의 회사들이 직원의 업무시간, 제품과 수익 또는 자본의 1%를 자선단체에 기부하도록 장려하고 프레임워크를 제공한다.

옐프, 트립어드바이저, 글래스도어Glassdoor, 트윌리오Twilio 등 지금까지 100여 개 국가에서 8천500개 이상의 기업이 '플레지원퍼센트Pledge 1%'에 가입했고, 1-1-1 모델을 통해 10억 달러 이상의 자선사업을 창출하고 있다. 그 회사들은 '사회 환원 대vs 미래 대비'가 양자택일 사항이 아님을 알고 있다. 사회 환원은 우리가 혁신에 투자하는 것과 상호 보완적이고, 우리가 지지하는 모든 것의 기초다. 왜냐하면 그것은 우리가 더 나은 미래에 대한 약속을 믿는다는 의미이기 때문이다.

● ● ●

"이것은 미국인들이 방관자 자리에서 내려와 경기장에 오르는 것에 관한 것입니다."

(지금은 세일즈포스 이사진이 된) 파월 장군의 이 말은 언제나 내 뇌리를 떠나지 않는다. 그러나 나는 또한 그가 말한 이 경기장이 결코 공평하지 않다는 것을 아주 잘 알고 있다. 교육, 정보 및 기회 접근이 사회경제적 분열 쪽으로 점점 더 계층화되고 있다. 그리고 이러한 분열은 사람들이 노동인구로 진입하기 훨씬 전에 확대되기 시작한다. 그 분열을 해소하기 위해서 나라에서 가장 소외되고 자금이 부족한 학교에서 시작해야 한다. 내가 광고 게시판에 뭐라도 붙일 수 있다면, 그것은 '공립학교를 채택하기'인 것이다. 아니면 적어도 약간의 시간과 자원을 한 곳에 기부하라는 것일 것이다.

나는 CEO부터 인턴에 이르기까지 전 사원이 환원을 미래와 동의어로 생각하기 시작해야 한다고 믿는다. 그것은 전 세계의 젊은이들을 보다 더 공평한 경기장, 즉 더 공평한 경쟁의 장으로 다시 데려올 수 있는 기회다. 이 아이들은 우리의 미래다. 그들에게 투자하자.

9장

초심자의 마음

빈 페이지에서 같은 페이지로

인간사에 있어 기이한 일 중 하나는 삶의 어느 순간에 우리 모두가 어떤 문제를 뒤로 미루려는 보통의 유혹에 굴복할 것이라는 점이다. 문제를 처리하기 위해 매일 점진적으로 노력하는 대신에, 우리는 그것이 저절로 해결될지도 모른다고 믿도록 - 몇 번째일지 모를 정도로 - 우리 자신을 속일 것이다.

2018년 6월, 나는 그 수순의 필연적인 끝에 다다랐다. 그 문제는 홱 돌아서더니 내게 발길질하기 시작했다.

내 경우, 이슈는 꽤 간단했다. 나는 몹시 과부하에 걸렸다. 지난 몇 년 동안 내가 소화한 스케줄은 내 건전지를 다 소모시켰다. 번잡한 일상은 친구들과 가족, 휴식을 취하고 운동하는 것, 무엇보다도 생각하는 데 쏟아야 할 시간과 에너지를 대부분 삼켜버렸다. 내가 습관적으로 다섯 가지를 한 번에 저글링하는 직장에서도, 나는 만성적으로 조급히, 산만하고 과도하게 예약된 스케줄에 너무 길들여져 있었다.

당신이 무슨 생각을 할지 안다. '휴가, 마크. 휴가를 떠나요'라고 생각할 것이다. 그래서 나는 정확히 그 휴가를 떠나기로 결심했다. 그러나 여기서 중요한 것은 모든 것에서 벗어나는 것은 더 이상 나의 육신을 멀리 떨어진 어떤 매력적인 장소로 이동시키는 단순한 문제가 아니라는 점이었다. 수천 마일이나 여러 시간대를 벗어난 곳에서도 진정한 휴식을 취할 수 있는 유일한 방법은 가상세계와 연결된 플러그를 뽑는 것이었다. 완전히.

그래서 나는 진정한 휴가를 떠나기로 결심했다. 이른바 디지털 디톡스digital detox였다. 이번에는 하루나 이틀, 또는 긴 주말 정도가 아니었다. 나는 보름을 목표로 삼았다.

'전화 안 함. 문자 안 함. 이메일 안 함. 뉴스 알림 없음. 트위터 금지.'

이 귀중한 일정을 최대한 활용하기 위해(그리고 순간적인 의지력 상실을 막기 위해), 나는 두터운 이중 안전장치를 마련했다. 첫 번째는 린과 나는 남태평양의 외딴섬들로 가기로 했다. 이 섬들은 세계에서 가장 오염되지 않은 아름다운 해변에 다양한 생물이 사는 놀라운 본거지다. 왜 우리가 바다를 그토록 사랑하게 되었는지를 떠올리게 해주는 곳들이다(우리는 그 섬들을 보호하기 위해 많은 시간과 돈을 할애해 전 세계적으로 활동했다). 더 중요한 것은, 그 섬들은 어떤 일을 하기에는 지독히도 멋진 곳들이라는 점이다.

두 번째 안전장치는 더 간단했지만, 억누르기 훨씬 더 힘든 정리였다. 우리가 떠나던 날, 나는 아이폰과 아이패드를 끄고 봉투에 넣어 여행 후에 돌아올 하와이 집으로 보냈다.

물론 나는 사무실에 소리 소문 없이 유령처럼 나타나지 않았다. 진짜 매우 심각한 비상사태가 발생할 경우를 대비해 조 포치 비서실장에게 우리가 머물 곳의 전화번호를 알려주었을 뿐이다. 혹시라도 일이 정말 잘못된 경우에만 린의 휴대전화로 전화를 걸라고 그에게 말했다.

이런 식으로 갑자기 하던 일을 끊는 것이 처음은 아니어서 얼마나 조절하기 힘들지 짐작이 갔다. 처음 몇 시간과 며칠 동안, 비행기나 어느 해변가 레스토랑에 자리가 나기를 기다리는 동안, 내 몸의 근육이 근질거렸다. 나는 본능적으로 휴대전화를 잡으려고 손을 뻗었고, 그것을 찾지 못한 채 몇 초 동안 정신없이 주머니를 툭툭 치며 매만져 보곤 했다. 그러다 마침내 '아, 참. 아무것도 없지'라는 생각이 번뜩 들곤 했었다.

그러나 이번에는 비행기 좌석에 앉아 작은 창문 너머로 평온한 푸른빛의 태평양을 바라보고 있노라니 불안감보다는 안도감이 느껴졌다. 지난 몇 년은 내가 종횡무진 휘젓고 다니는 동안 정신없이 지나갔다. 내가 책임을 맡은 일들이 너무 장황해서 나의 기계 장치들이 나의 본질적인 존재의 일부가 되었다. 당시, 나는 갑자기 그것들로부터 해방감을 느꼈고, 머리를 맑게 하고 정신을 딴 데 팔고 싶었다.

1621년, 네덜란드의 한 의사가 전설적인 바로크 양식의 화가 피터 폴 루벤스의 앤트워프 화실을 방문했다.

루벤스는 여전히 세계 최고의 박물관에 걸려 있는 그의 그림들 외에도 르네상스 시대의 인물로 널리 알려져 있다. 그는 7개 국어에 능통해 외교관이란 부업을 했고, 뛰어난 미술품 수집가이기도 했다. 그는 운동할 시간까지 계획했다. 이 모든 것을 하루에 다 짜 넣을 만큼 루벤스는 멀티태스킹에 능숙했던 것으로 유명하다.

하지만 그날 그 의사가 자신의 환자가 이렇게 존경받는 인물이라는 사실을 알고 그의 화실에 도착했을 때, 그는 자신이 본 것을 거의 믿을 수 없었다. 그 거장은 캔버스 앞에 서서 맹렬히 물감을 칠하고 있었다. 한쪽에서는 조수가 앉아 고대 로마 역사가 타키투스의 책을 루벤스에게 소리 내어 읽어주고 있었다. 동시에 루벤스는 또 다른 조수에게 편지를 받아쓰게 하고 있었다. 아무튼, 그 와중에 그는 의사를 맞이하고 그와 다양한 대화를 나누었다.

분명히 루벤스는 예외적인 사람이었다. 그는 여러 가지 다른 생각을 동시에 따라갈 수 있는 독특한 정신적 능력을 가지고 있었다. 지금 태어났더라면, 나는 그가 뛰어난 CEO가 되었을 것이라고 확신한다.

슬픈 사실은, 아무리 애써도 나는 루벤스가 되지 못한다는 것이다. 나는 종종 내가 그랬으면 좋겠다고 생각한다. 하지만 주의가 산만해졌을 때 나는 생산적이지 못한 것 같았다. 내가 그렇게 느끼는 것이 맞는다는 연구 결과가 있다. 멀티태스킹은 많은 일을 제대로 처리하지 못하는 전형적인 방법이라는 것이 증명되었다.

기업을 운영하는 사람들에게 이것은 매우 문제가 된다. CEO의 일은 깨어 있는 마지막 한 시간까지 시간을 쥐어짜 일을 더 할 수 있는 새로운 방법을 찾는 끊임없는 활동이다. 그리고 CEO들만 점점 더 이런 식으로 느끼는 것은 아니다. 삶의 속도가 빨라지면서, 한 기업의 모든 직원은 숨통을 조여 오는 근무 일수에 압박감을 느끼고 있다.

그러나 4만 5천 명의 직원들과 수십만 명의 고객이 있는 기업을 이끌고, 끊임없이 신제품을 출시하고, 회사를 인수하며, 스타트업에 투자하면서 거대한 자선단체를 운영하는 일에는 특히 거침없는 속도가 요구된다. 여전히 대부분의 아침에 명상을 하지만, 내가 명상 이전 상태로 돌아가는 것은 순식간이다. 나의 하루 일정은 회의, 더 많은 회의, 제품 검토, 만찬, 회의, 연설, 기금 모금, 묵상, 브레인스토밍 언론 인터뷰, 분석과 통화 등으로 꽉 차 있다. 자칫하다간 일이 당신을 집어삼킬 수도 있다.

최근 몇 년 동안, 선택이었든 필요였든(또는 둘 다였든), 내 우선순위가 늘어날수록 내게 요구되는 시간도 기하급수적으로 늘어났다. 밝혀졌듯이, 모든 일이 긴급하고 중요해 보일 때, 그 일들을 줄이는 것은 매우 어렵다. 그렇지만 나의 개인적인 환원 약속은 협상할 수 없다. 아내와 나는 거의 5억 달러에 이르는 개인 자선 기부를 위해 기부처를 두루 살펴본다. 그리고 우리가 지구를 위해 긍정적인 일을 하고 있다고 믿는 영리기업에 상당한 투자를 한다. 그리고 솔직히, 항상 더 많은 일을 하고 싶어 한다. 예를 들어, 린과 나는 2018년에 〈타임〉지를 살 필요가 없었을 수 있다. 하지만 우리는 〈타임〉이 전 세계적으로 긍정적인 영향을 미치고 있는 중요한 기관이라고 믿고 있다. 게다가 자유롭고 개방적인 언론을 안전하게 생존시키는 것이 우리의 가치와 매우 일치하는 대의명분이라고 생각한다. 이 책을 쓰기로 한 나의 결심도 아마 같은 맥락에서 설명될 것이다.

그리고 그 일이, 그 일의 모든 측면에서 볼 때 나를 지치게 할지는 모르지만 고되지는 않다. 심지어 의무감에서 탄생한 그런 일들이 나를 흥분시킨다. 나는 확실히 다른 CEO들처럼 골프를 치기 위해 5시에 퇴근하는 날을 갈망하지 않는다. 나는 나의 일을 사랑한다.

여기서 시사점은 4차 산업혁명이 시간과 공간을 즉각적인 의사소통에 장애가 되지 않게 만들면서, 즉 우리 모두가 세계와 소통하는 방식을 변화시키면서, 비즈니스에 관련된 모든 사람들은 '직무 수행'에 대한 정의 역시 업데이트되어야 한다는 것을 이해해야 한다는 것이다.

게다가, 기술이 100년이 된 비즈니스 모델을 하루아침에 뒤집는 시대다. 나는 이런 시대에는 누구도 과거에 얽매이거나 열린 마음을 갖지 않은 채 이러한 미지의 바다를 성공적으로 항해할 수 없다고 믿는다. 미래에 기업을 이끌거나 또는 기업에서 일할 수 있는 유일한 방법은 컴퓨터 작업에서 눈을 들어 시야를 훨씬 더 넓히는 것이 될 것이다. 그러나 일상적인 소음과 혼돈으로부터 마음을 보호하는 법을 배우지 않으면 세상을 재구상할 수 없다. 지금은 단순히 플러그를 뽑고 생각하는 데 시간을 쓰는 것만으로는 충분하지 않다. 우리는 깊이 생각할 시간을 만들어야 한다.

이럴 때일수록 초심자의 마음을 함양하고 새로운 사고방식에 마음을 여는 것이 중요하다. 그것은 정신에만 좋은 것이 아니라 생존 전술이다.

초심자의 마음으로 삶에 접근한다는 것은 넓은 의미에서 호기심, 감사, 배움에 자기 자신을 개방하는 방법이다. 그것은 한 장의 백지를 꺼내 드는 것이다. 그것은 전문가라는 생각을 버리라는 것을 의미한다. 대표적인 선불교 승려인 스즈키 순류의 말처럼 "초심자의 마음에는 가능성이 많지만, 전문가의 마음에는 가능성이 거의 없기" 때문이다.

전문가는 만사를 확실하게 알고 싶어 하고, 결국에는 옳다고 증명되기를 원한다. 초심자의 마음으로 일과 생활에 접근할 때, 나는 마음과 가슴을 열고 현재 순간에 집중하기 위해서 집착, 두려움, 선입견, 심지어 포부 같은 과거를 자유롭게 놓아준다.

2018년 가족여행에 앞서 승려 친구들이 찾아왔었다면, 그들은 습관적인 멀티태스킹, 복잡한 마음, 그리고 어떤 순간에 온전히 임하지 못하는 나를 꾸짖었을 것이다. 내가 터벅터벅 걸어갈수록, 우리 모두가 살고 있는 세상으로 가는 나의 창, 내가 개선하려고 전력투구하는 세상은 점차 안개가 걷히고 있었다. 이 상태가 의사결정하기에 최적은 아니다. 효과적인 의사결정을 위해서 리더는 과거로부터 배우고 미래를 예측하는 것 둘 다 해야 한다. 그러나 현재 순간에 집중할 시간을 별도로 내기 전에는 그런 일을 둘 다 할 수 없다.

● ● ●

나의 명상 여정은 긴 안식 기간 동안 하와이의 한적한 해변에서 한층 더 진지해졌다. 인도와 네팔에서 겪은 경험과 더불어, 하와이 해변에서 매일 명상을 하고 바다 수영을 하고, 가끔은 돌고래 가족 근처에서 수영하기도 하면서, 나는 내 삶의 속도를 늦추고 내 우선순위를 재평가할 수 있었다. 나는 아직 초심자의 마음이라는 개념에 정통하지는 않았지만, 온전히 현재에 임하고 변화에 마음의 문을 여는 것을 방해하는 정신적 혼란을 없애야 한다는 것은 알고 있었다.

나는 언제나 동양철학과 영성이 궁금했었다. 그리고 그 가르침에 몰두하고 많은 영적 안내자를 만나면서, 이제 그것은 거의 압도적으로 나를 사로잡고 있다. 머리가 맑아지고 해방된 기분이었다. 나는 명상의 힘과 초심자의 마음 수행의 중요성을 굳게 믿게 되었다.

나는 탐색이나 영적 탐구를 떠나 명상의 전도사 여정을 마치고 돌아온 최초의 기업 경영자는 결코 아니다. 겉으로 보기에는 하찮은 자기 사치나 혹은 반짝하고 마는 실리콘밸리의 유행처럼 보일지도 모른다. 그러나 이 수행이 나를 더 행복하고 생산적인 인간으로 만들어준 것만은 아니라는 걸 아주 확실하게 말할 수 있다. 그것은 필수적인 비즈니스 전략이기도 했다.

내가 추구하기로 결정한 몇 가지 주요 과정을 수정하면서 얻은 결과인 세일즈포스의 모든 성장 기간을 도표로 작성해보면, 그러한 성장의 시기는 거의 항상 내가 세상과 네트워크 연결을 끊었다가 다시 나의 초심자의 마음과 연결한 일정 기간 뒤에 있었다는 것을 알 수 있을 것이다.

결국, 스트레스가 높거나 위기가 닥쳤을 때, 세심한 성찰의 시간이 거의 없을 때, 문제해결은 본능이 대신할 수밖에 없다. 어떤 면에서는 그런 시간을 갖겠다는 결정, 그러니까 스트레스가 높거나 위기 순간이 닥쳐 세심한 성찰의 시간이 없는 순간에 어떤 조치를 취하느냐가 모든 리더의 진정한 척도다. 만약 당신이 누구인지 그리고 당신이 정말로 믿는 것에 다시 연결시킬 시간을 갖지 않는다면, 그게 가장 문제가 될 때, 그러한 본능이 결국 당신을 실망시킬 것이다.

2018년, 나 자신, 가족, 자연과 다시 연결되면서 고무된 나는 너무 오랫동안 미해결 상태로 있었던 한 문제를 해결하려 했다. 내가 사랑하는 바다에서 고요한 해변과 긴 산책 그리고 삶을 긍정하는 경험들-통가에서 혹등고래와 가족이 함께 수영한 것은 최고였다-을 하며 보낸 2주 후에, 눈덩이처럼 불어나는 과부하에 걸렸을 때, 마침내 해결 방법을 찾을 수 있을 정도로 편안하고 의식이 또렷해졌다. 한동안, 모든 것을 다 아는 전문가인 양 구느라 나는 문어처럼 계속 움직일 수밖에 없었다. 나는 100만 개의 다른 방향으로 촉수를 뻗치고 내 궤도 안의 모든 일에 직접 다 관여하려고 했다.

오로지 마음을 맑게 할 수 있었을 때 나는 이 숫자가 나에게 좋지 않다는 것을 분명히 알게 되었다. 2018년까지 〈포춘〉지 선정 500대 기업 중 86%가 세일즈포스 고객이었고, 게다가 모든 유형과 규모의 기업들이 추가로 15만 개 더 있었다. 그러나 나는 여전히 한 명일 뿐이었고, 나의 의무는 우리 비즈니스와 발맞추어 점점 더 커져가고 있었다. 우리가 성장할수록, 나는 더 많은 제품 출시, 마케팅 캠페인 시작, 경영진 개발 시간, 연설, 고객 미팅에 꼭 참여해야 했다. 그런데도 나는 계속해서 내가 더 많은 것을 할 수 있기를 바랐다. 그리고 지금처럼 일정이 넘치고, 일도 넘치면서 과로에 시달리다, 문득 깨달았다. 만약 내가 지금까지 그래왔던 대로 이 문제의 해결을 계속 미룬다면, 상황은 더 악화되기만 할 것이 뻔하다는 것을.

몇 달 동안 그 해결책은 내 마음 한쪽에 숨겨져 있었다. 그러다가 방해물이 없는 그 외딴섬들에서 기분 좋게 튀어나와 최우선의 자리를 차지하게 되었다. 당시 세일즈포스의 최고운영책임자였던 키스 블록을 공동 CEO로 만들어 달라고 이사회에 요청할 적기였다. 키스는 이미 회사 경영의 일부 책임을 떠맡은 상태였지만, 그것만으로는 충분하지 않았다. 내가 온전한 분별력을 유지하고 세일즈포스에 합당한 리더가 되려면, 키스가 앞으로 나와서 나와 함께 회사를 이끌어갈 필요가 있었다. 나는 이 조치가 우리의 협업을 다른 수준으로 끌어올릴 뿐 아니라, 우리의 미래 성장을 가속화할 것이라는 것을 알고 있었다. 나는 기술, 마케팅, 이해관계자 관계, 문화 분야의 비전과 혁신에 계속 초점을 맞출 것이고, 키스는 성장 전략, 실행, 운영을 책임질 것이었다.

키스를 공동 CEO로 만들어, 이사회에만 보고하고 더 이상 나에게 보고하지 않게 하면 나는 어느 정도 통제권을 포기하게 될 것이다. 플러그를 뽑고 지낸 몇 주 동안 나의 의식은 바뀌었고, 내 주변 사람들에게 더 많은 신뢰를 줄 필요가 있다는 것을 알았다. 회사의 전체 무게를 계속 내 어깨에 메고 다니는 것은 아무에게도 도움이 되지 않았다. 새 개편은 내가 좀 더 의식하고 현재에 더 집중하며, 아마도 만성적으로 회의 시간에 지각하던 일을 줄여줄 것이다. 그것은 극적인 조치였지만, 나는 세일즈포스가 수년 동안 번창하는 데 도움이 될 것이라고 믿는다. 또한 내 꽉 찬 스케줄 때문에 잃어버렸던 내 관심과 집중도 되찾아줄 것이라고 믿는다.

● ● ●

명상을 배운 것은 내 인생 최고의 투자 중 하나다. 나는 명상에 대해 내가 알고 있는 대부분을 각계에서 마음챙김의 아버지로 알려진 틱낫한에게서 배웠다. 그는 베트남 전쟁의 종식을 모색한 공로로 마틴 루서 킹 주니어에 의해 노벨평화상 후보로 지명되었다. 그의 추종자들은 그를 베트남어로 '스승'을 뜻하는 타이Thay라 부르는데, 마음챙김을 단순히 현재 당신 내면과 주변에서 일어나고 있는 일을 알아차리는 것이라 정의한다. 그는 명상으로 혜택을 보기 위해 산꼭대기에서 몇 년을 보낼 필요가 없다고 가르친다. 사실, 현재의 순간으로 돌아오는 것은 호흡을 의식하게 되는 것만큼이나 간단할 수 있다. 그는 의식을 하고, '현재'에 집중하는 것은 일상적인 활동을 즐겁고 반짝반짝 빛나게 할 수 있다고 말한다. 불안은 사라지고 영원함이라는 의식이 대단히 강해져 친절, 공감, 연민과 같은 자질이 나타나게 된다. 그것은 한마디로 초심자 마음의 근원이다.

몇 년 전, 틱낫한이 나의 샌프란시스코 집에서 머물 때, 우리는 매일 아침 6시에 명상을 했다. 물론, 나는 세계 최고의 스승과 함께 마음챙김 수행을 한 그 순간들을 소중히 여겼다. 하지만 그 시간 동안 그가 나에게 준 진정한 교훈은 어느 날 저녁, 내가 몇몇 기술 기업 CEO들을 위해 주최한 만찬에서 주어졌다.

"우리 각자는 '내가 정말 원하는 게 뭐지?'라고 물어야 합니다."

틱낫한이 말했다.

"정말 1등이 되고 싶은가? 아니면 행복해지고 싶은가? 성공을 원한다면 그 성공을 위해 행복을 희생시켜야 할지도 모릅니다."

그는 이어 세일즈포스, 구글, 페이스북 등을 방문하면서 하루를 보냈다고 설명하며, 거기에서 얼마나 많은 '고통'을 봤는지 묘사했다. 그는 "사람들이 자신의 성공의 희생자는 될 수 있어도, 행복의 희생자가 된 사람은 아무도 없었다"라고 말했다.

나는 오늘날 비즈니스의 경쟁적 본질, 심지어 우리가 그 속에서 성공을 측정하는 방법조차도 지속 가능한 훌륭한 기업을 만드는 데 반드시 도움이 된다고 완전히 확신한 적이 없다. 하지만 그것들이 행복을 이루는 데 도움이 되지 않는다는 건 점점 더 확신하게 되었다.

"더 고통을 겪어야 더 많은 돈을 버는 게 무슨 소용이 있겠어요?"

틱낫한이 말했다.

"당신에게 선한 포부가 있어야 더 행복해진다는 것을 이해해야 합니다. 사회가 변화하도록 돕는 것은 삶에 의미를 부여하는 일이기 때문이지요."

나는 확실히 세일즈포스에서 일하게 된 모든 사람들이 이러한 가르침을 받아들이거나, 명상과 마음챙김 연구에 전념하리라 기대하지는 않는다. 다만

7장에서 밝혔듯이, 우리는 명상을 우리의 건강 프로그램에 통합하고 사무실 건물의 모든 층에 마음챙김 공간을 마련함으로써 마음챙김을 우리의 문화에 편입시키려고 많은 노력을 했다. 그러나 세일즈포스만이 회사에 마음챙김 명상을 도입한 것은 아니다. 타깃, 포드, 나이키, 애플, 골드만삭스를 포함한 다른 회사들도 마음챙김 훈련이 직원들에게도 좋고, 더 나아가 비즈니스에도 좋다는 것을 알았다. 그들은 초심자의 마음을 갖게 되면 기업 문화를 해칠 수 있는 불안의 징후를 감지하고 새로운 기회를 발견하는 데 도움이 된다는 것을 알고 있다.

물론 마음챙김을 수행하는 방법에는 여러 가지가 있다. 가끔은 확실히 전화기를 꺼야 할 필요가 있지만, 불교 사찰에 살거나 매일 아침 한 시간씩 명상을 할 필요는 없다. 개인적으로 나는 명상을 내 호흡과 연결하기 위해 반드시 하루 중에 잠깐 시간을 내고, 내가 해야 할 일에서 한 걸음 물러난다. 가끔 내가 회의에 참석하고 있을 때, 동료들은 내가 눈을 감고 마음을 열어 몇 분 동안 잠시 멈춰 선 채 그냥 그 자리에 앉아 있는 거란 것을 알아차릴 것이다. 이때 우리 팀은 내가 멍 때리거나 잠을 자는 것이 아니라는 것쯤은 알 정도로 나에 대해 잘 알고 있다. 반대로, 이러한 순간들은 내가 완전히 현재에 집중할 수 있도록 도와주고, 나의 가장 좋은 아이디어가 표면화되는 순간들이다.

그럼에도 불구하고, 마음챙김의 가장 중요한 측면은 단순히 마음을 열거나 현재에 집중하는 것이 아니다. 깊이 귀를 기울이냐의 문제다. 자기 자신뿐만 아니라 다른 사람들에게도 말이다. 간단한 실천처럼 들리지만, 우리의 마음이 어떻게 성급하게 결론을 내리고, 듣기 싫은 말은 듣지 않고, 기분과 편견에 영향을 받는지를 생각해보면 처음에는 쉬운 일이 아니다.

최근 외부에서 진행한 경영진 워크숍에서 우리는 실적을 개선하기 위해 숫자를 검토하고 의제를 정하는 등 힘든 하루를 보냈다. 나중에 몇몇 중역들이 내게 모두 힘든 질문들이어서 괴로웠다고 시인했다. 나는 그들을 탓할 수 없었다. 그날 밤, 그 모든 생각들이 내 머릿속에서 맴돌아 나조차도 잠들 수가 없었다.

그러나 다음 날 아침, 휴식을 취하고 나니 정신이 맑아지면서, 나는 내가 우리 팀에게 충분히 깊이 귀를 기울이지 않았다는 것을 깨달았다. 나는 숫자에 너무 집중한 나머지 긴장을 풀고, 소음을 줄이고, 초심자의 마음으로 돌아가지 못했다. 마음으로 듣고 있지 않았던 것이다.

다음 날 아침, 나는 성큼성큼 워크숍 장소로 들어가 알렸다.

"10분 동안 여러분과 함께 마음챙김 명상을 하겠습니다."

40명의 우리 팀은 재빨리 커피, 달걀, 칠면조 베이컨을 옆으로 밀어놓고 편안한 상태가 되었다.

"어제 이 방에서 많은 일이 있었습니다."

내가 말했다.

"우리는 그 모든 것을 우리의 가슴으로 가져온 다음, 그리고 그것을 놓아주고 호흡합니다."

그리고 "이번 여정에서 저지른 모든 실수에 대해 우리 자신을 용서하고 다른 사람을 용서합시다"라고 덧붙였다.

"어제 발표한 식으로, 우리 모두가 진실을 말하고 우리가 진정 느끼고 믿는 바를 말할 수 있는 능력을 가지면 좋겠습니다. 그리고 누군가 당신에게 자신의 진실을 말하려 한다면, 당신은 깊이 귀를 기울일 수 있을 겁니다. 당신은 마음으로 그 소리를 들을 수 있을 겁니다."

그러고 나서 나는 동료들에게 그들의 마음을 현재의 순간과 우리가 마주한 현실, 즉 뒤엉킨 숫자와 골치 아픈 운영 세부사항으로 천천히 옮겨달라고 부탁했다.

지금은 경영 회의를 마음챙김 세미나로 바꾸는 경우가 많지 않다. 나는 모든 사람이 명상을 편안해하지 않는다는 것을 알고 있다. 나는 그 견해를 존중한다. 그러나 나는 이렇게 말할 수 있다. 그 특별한 회의에서, 그 방 안의 에너지가 의미 있게 바뀌었다고. 우리 모두 깊이 귀를 기울이기 시작했다고.

열린 마음과 백지 한 장의 힘

내가 초심자의 마음을 함양하고 마음챙김을 수행하는 것이 엄청나게 획기적인 아이디어를 소환하는 방법이라는 인상을 주었을지도 모른다. 그렇긴 하지만 현재에 집중하는 것, 지금 당신이 어디에 있고 무슨 일이 일어나고 있는지에 관심을 기울이는 것은 사소하지만 우리 일상에서 많은 시간을 할애하는 일들을 다루는 데 도움이 될 수 있다. 한 산업을 혁신할 수 있는 훌륭한 제품 비전이든, 조직을 재정비하거나 혹은 고객 기반을 키우겠다는 계획을 수정할 생각이든, 이른바 악마는 디테일에 있다.

이것은 초심자 마음의 이면, 즉 당신의 생각을 현실로 바꾸는 것이다. 생각을 현실화하기 위해서는 자신의 비전과 일치하도록 다른 사람들을 설득하고 앞으로의 길을 정해야 한다. 우선순위를 정할 필요가 있는 것이다.

그리고 대기업이 수만, 수십만 명의 직원을 일치시키려면 우선순위를 정하는 과정을 조정해야 한다.

1990년대부터 나는 이 일을 어떻게 정확히 할지 고심해왔다. 생애 첫 안식 기간을 마치고 오라클로 돌아왔을 때, 나는 개인적으로나 직업적으로나 성장에 전념했다. 하지만 회사에는 임원 훈련이나 전문 개발 프로그램이 없었다. 그래서 나는 수백만의 미국인들이 하는 것처럼 하기로 결심했다. 세미나에 참석하기 시작했고 비디오, 심지어 오디오테이프로 배우기 시작했다. 나의 멘토들은 디팩 초프라Deepak Chopra와 같이 내가 결코 만나 보지 못한 사람들이었다. 그런데 그들은 엄청나게 고무적인 사람들이었다. 그런 만큼 나에게 진짜 중요한 것과 나의 가치관에 대해 생각하게 해주었다. 그 시절 나는 자동차 안에서 카세트로 자기계발 강의를 수백 시간은 들었을 것이다.

이 기간 동안 나는 우연히 이상한 생각의 용광로에 빠졌다. 시간이 흐르면서 초심자의 마음에의 몰두를 함양한다는 개념과 다양한 다른 개인적 성장 철학이 함께 융합되기 시작했다. 지나고 보니 행운의 조합이었다.

나는 오라클에서 막 승진해 다이렉트 마케팅을 이끌던 참이었다. 그때 나에 대한 기대는 말할 것도 없고, 정확히 내가 이 새로운 자리에서 무엇을 하고 싶은지 결정하기 위해 고군분투하고 있었다. 나한테는 예산이 있었고, 내가 받은 것보다 훨씬 적은 돈을 써야 한다는 의무도 있었다. 하지만 내가 어떻게 그것을 달성하느냐와는 거의 관계가 없었다. 장기 계획도, 단기 계획도 없었다. 내가 원하는 지도와 평가 방법에 더 적합한 체계가 필요했다. 그래서 나는 내가 놓치고 있는 것을 제공해줄 체계를 고치기 시작했다. 우리의 목표를 확인하고, 그 목표를 향해 어떻게 나아가야 할지 계획을 세우고 그 못지않게 중요한, 분명하고 간단한 목표 달성 평가 방법 말이다.

그래서 나는 마음을 가다듬고 백지 한 장을 꺼내어 몇 가지 간단한 질문을 공식화했다. 내가 달성하고 싶은 것의 비전은 무엇인가? 그것이 꼭 물어야 할 첫 번째 질문이다. 왜냐하면 목적지를 확실히 알지 못하면, 그곳에 도착하려 할 때 행운의 힘을 빌려야 하기 때문이다.

다음 질문은 논리적으로 이어졌다. 이 목표에 있어 나에게 중요한 것은 무엇인가? 비전을 지원하는 가치는 무엇인가?

나는 가치 목록을 만든 후 중요도 순서대로 순위를 매겼다. 그것은 일종의 쌍의 형태를 이뤘다. 나는 쌍으로 이루어진 경쟁 우선순위 사이에서 선택을 해야 했다. 내가 일찌감치 배웠듯이, 모든 것이 우선순위라면, 어떤 것도 우선순위일 수 없다. 나는 스스로에게 이렇게 물었다. 뭐가 더 중요하지? 짧은 시장 출시 기간, 아니면 더 많은 사람을 고용하는 것? 혁신인가, 아니면 실적 달성인가?

쉽지는 않았지만, 결국 나에게는 시간과 돈의 투자에 우선순위를 매길 수 있는 명확한 방법이 생겼다.

일단 비전과 가치를 확인한 후에, 나는 그것들을 구현하는 방법을 확립할 필요가 있었다. 그래서 그 체계의 세 번째 부분에는 모든 사람들이 비전과 가치를 구현하기 위해 취해야 할 모든 조치와 단계를 요약해 넣었다. 이것들도 우선순위에 따라 순위를 매겼는데, 각 방법에는 비용이 얼마가 들 것인가에 대한 견적이 포함되어 있었다.

네 번째 부분은 비전을 달성하기 위해 우리가 극복해야 할 장애물을 확인하는 것이었다. 어떤 도전과 문제 그리고 이슈들이 우리의 성공 달성을 가로막고 있는가? 해결해야 할 가장 중요한 장애물은 무엇이고, 그 장애물을 어떻게 해결해나가야 할까?

마지막으로, 나는 적합한 측정 기준을 고안해야 하는 문제를 다뤘다. 우리가 성공했을 때 우리는 어떻게 그것을 알 수 있을까? 내 생각에는 주관적인 '예'나 '아니오'로 판단하는 것은 좋지 못했다. 우리에게는 성공이 어떤 모습일지 결정하기 위한 데이터와 지표가 필요했다.

이 체계에 나는 V2MOM 과정이라는 이름을 붙였다. 즉, 비전Vision, 가치Values, 방법Methods, 장애물Obstacles, 척도Measure를 의미한다. V2MOM은 이 다섯 가지 질문으로 요약되며, 이 질문들은 일치와 리더십의 체계를 만든다.

비전(V) – 당신이 원하는 것은 무엇인가?

가치(V) – 자신에게 중요한 것은 무엇인가?

방법(M) – 당신은 어떻게 달성할 것인가?

장애물(O) – 당신의 성공을 방해하는 것은 무엇인가?

척도(M) – 당신이 성공했는지 어떻게 아는가?

V2MOM의 5개의 구성 부분은 우리가 가는 곳의 상세한 지도와 그곳으로 우리를 안내해줄 나침반을 제공해주었다. 그것은 세일즈포스 이야기의 중요한 부분이 되었고, 우리의 큰 성공 요소가 되었다.

매번 V2MOM 과정은 백지 상태에서 시작할 것이다. 우리는 과거가 우리의 미래를 좌우하는 것을 원하지 않는다.

초심자의 마음으로 시작하면 우리는 마음의 혼란을 정리하고, 시대에 뒤떨어진 가정을 버리고, 산만함을 없애며, 우리가 무슨 일을 시작하든지 간에 무엇을 하고, 왜, 그리고 어떻게 해야 하는지에 집중할 수 있다. 더욱이, 그것을 종이에 써서 기억하면 훨씬 더 쉽게 모든 사람들을 일치시킬 것이다. 우리는 모두 같은 배를 타고 같은 방향으로 노를 저으며 우리의 화물을 싣고 항구에 안전하게 도착할 수 있는 어떤 기회를 갖기 위해서 똑같이 우리 배를 침몰시킬 수 있는 암초와 여울을 내다볼 필요가 있었다.

나는 또한 매번 백지 상태로 이 체계를 시작하는 것 외에 이 문서를 작성하기 위한 네 가지 핵심 원칙을 생각해냈다. 첫째, 모든 것은 우선순위에 따라 순위를 매겨야 한다. 둘째, 모든 말은 중요하다. 셋째, 계획은 쉽게 기억되어야 하고, 넷째, 쉽게 이해되어야 한다.

3년 후, 내가 오라클을 떠나 세일즈포스를 시작하려고 준비하고 있을 때, 당신은 아마도 내가 가장 먼저 한 일 중 하나가 무엇이었는지 추측할 수 있을 것이다. 나는 공동 창업자들과 함께 아메리칸 익스프레스American Express 봉투를 꺼내어 그 뒷면에 새 회사의 비전과 가치를 휘갈겨 썼다. 이것이 우리의 첫 V2MOM, 본질적으로 우리의 첫 번째 사업계획이 되었던 것들의 출발점이었다.

그 첫 V2MOM은 긴 여정의 시작이었다. 되돌아보면 나는 우리의 자만심과 때론 막막함에 웃을 수 있었다. 우리는 그 아메리칸 익스프레스 봉투에 적은 계획들을 그럭저럭 성취해냈다.

V2MOM은 비즈니스 계획에 우리의 초심자 마음을 도입하는 완벽한 체계가 되었다. 우리의 비전을 분명히 표현하는 것은 우리가 계속 현실에 근거할 수 있게 해주었다. 우리의 가치를 적는 것은 우리가 지도 원칙들을 계속 따르를

수 있게 해주었다. 우리의 장애물을 명명하는 것은 우리를 가로막고 있는 것에 정직하게 맞서게 했고, 성공이 어떤 모습일지를 정량화하는 것은 우리가 계속 우리 자신과 서로에게 정직할 수 있게 해주었다.

V2MOM은 세일즈포스의 직원이 400명에서 오늘날 4만 명으로 늘어날 때 세일즈포스의 모든 결정을 인도하고 회사 전체를 위한 하나의 동일한 표준 과정을 설정하면서, 가장 중요한 경영 도구임이 증명되었다. 본질적으로 V2MOM은 팀과 기업으로 하여금 가장 우선시되는 것을 공통적으로 이해할 수 있게 한다. 그리고 동시에 직원들이 자신의 업무가 회사의 전반적인 성공에 어떻게 기여하는지 명확하게 볼 수 있게 하는 강력한 일치 훈련이다. 내가 보기에 V2MOM은 강력 그 이상이다.

V2MOM의 미는 단순함에 있다. 그리고 조직의 라이프 사이클의 모든 단계에 적용된다는 사실에 있다. 우리는 우리가 기세등등한 스타트업이었을 때 사업계획 윤곽을 잡는 데 도움을 주었던 똑같은 구조가 상장기업으로서의 연간 목표의 윤곽을 잡는 데도 마찬가지로 효과적이라는 것을 알았다. 나는 또한 우리가 아주 다루기 힘든 문제에 부닥칠 때마다, 그 이유가 V2MOM 과정 내에서 우리가 그 문제를 적고 이해하고 받아들이지 않았기 때문이라는 것을 발견했다.

오늘날 세일즈포스에서는 V2MOM의 적용 범위를 회사 전반에 걸쳐 개인과 팀으로 확장했다. 매년, 회사의 모든 부서와 모든 직원들이 자신만의 V2MOM의 초안을 작성한다. 그 결과, 의식을 높이는 우리 회사의 이러한 실제적 훈련이 상부에서 하부까지 조직 전체에 빠르게 적용되었다. 직원 한 명마다 쓴 V2MOM이 4만 개가 있으며, 조직 전체 위아래로 단계적으로 전달되고 있다!

투명성을 높이기 위해 우리는 모든 V2MOM을 비밀에 붙이는 대신 회사 소셜 네트워크 채터Chatter에 게시한다. 그리고 이러한 개방형 접근 방식은 부서별 분열을 타파하고 회사 전체의 총 에너지를 이용하는 데 도움이 된다. 누구나 직원의 V2MOM을 조회해 각자가 회사의 미래에 어떻게 기여할 계획인지 알 수 있다. 우리는 앱까지 만들어 모든 직원이 자신의 V2MOM의 각 항목 진행 상황을 추적할 수 있게 했다.

일단 우리가 V2MOM을 꽤 진지하게 여기고 있다는 정도로만 말해두겠다. 8월부터 나는 세일즈포스에서 여섯 번째로 고용한 짐 카발리에와 함께 다음 회계연도의 최상위 수준의 문서 초안을 작성하기 시작한다. 그 후 몇 달 동안 우리는 2월에 있을 연례 회계연도 킥오프kickoff 행사에서 더 많은 고위 경영진을 대상으로 그 문서를 발표한다. 그리고 그전에 나의 경영팀과 한마디 한마디를 자세히 검토한다. 그때 피드백을 받기 위해 각각 공란을 둔다. 어떻게 하면 문서를 더 나아지게 만들 수 있는지 알고 싶어 한다. 이는 우리가 우선순위, 활동 항목 그리고 다른 요소들에 대해 토론할 때 일부 가족 간의 긴장을 유발할 수 있는 일이다. 하지만 항상 결과적으로 모든 그룹이 더 많이 V2MOM을 인지하고 일치를 이루게 된다.

나는 또한 이 과정이 관계를 탐색하는 데 도움이 된다는 것을 발견했다. 이사회가 키스를 공동 CEO로 삼는 것에 동의한 후, 우리는 새로운 역할을 구체화하기 위해 V2MOM을 만들었다. 한 팀으로서 비전과 가치를 확인하는 협력 작업은 우리가 우리의 능력이 서로 어떻게 보완될 수 있는지를 아는 데 도움이 되었다. 세일즈포스 경영이라는 비즈니스와는 별개로, 우리가 서로 우리의 최고 가치인 신뢰를 공유하고 있다는 것을 알았다는 것은 놀랄 일도 아닐 것이다.

나는 얼마나 많은 직원들이 V2MOM 과정과 마음챙김의 개념을 연결시켰는지 확신할 수는 없다. 그러나 세월이 흐르면서 이 훈련의 진정한 힘은 과정 내내 초심자의 마음을 유지하는 데 있다는 것이 분명해졌다.

그러나 V2MOM은 린lean 방법론, 애자일 방법 또는 실리콘밸리에서 열광적으로 환영받은 다른 여러 경영 트렌드와 달리, 처음에 기술 기업들을 위해 설계된 것이 아니었다. 사실, 기술에 특화된 것이 전혀 없다. 그것은 모든 회사나 프로젝트의 비전과 가치를 운용할 수 있게 하는 방법이다.

예를 들어, 우리의 최고전략책임자 알렉스 데이온은 다양한 산업의 고객들과 함께 V2MOM을 만든다. 때때로 그들이 세일즈포스와 세일즈포스의 기술에 대한 구매 계약을 하기 전일 때조차도 그렇게 한다. 예를 들어, 알렉스는 한때 메탈리카 밴드의 창시자 겸 드러머인 라스 울리히와 함께 메탈리카가 소셜미디어의 참여를 한층 더 높이고, 그들의 음악을 기반으로 브랜드를 더욱 발전시키며, '세상에서 가장 사회적으로 연결된 밴드'가 되도록 돕는 데 초점을 맞춘 V2MOM을 만들었다.

그다음 그는 스텔라 맥카트니Stella McCartney가 자신의 이름을 딴 브랜드 지분을 인수하면서 프랑스의 명품 그룹 케어링Kering을 떠날 때 그녀의 계획 수립을 도왔던 때가 있었다. 그녀가 자신의 브랜드 전권을 다시 확보한 후의 주요 기간 동안, V2MOM은 미래지향적인 그 디자이너가 자신의 비전에 초점을 맞추는 데 기여했다. 그녀의 비전은 사람들이 '좋아 보이고, 좋은 기분을 느끼고, 좋은 일을 하는 것'이었다. 또한 V2MOM은 그녀가 사업 손익뿐만 아니라 환경과 관련한 손익에도 자신의 가치에 따라 결정을 내리는 데 도움을 주었다. 언젠가 나올 스텔라 맥카트니의 지속 가능한 패션의류를 기다려라!

우리의 문화를 지금과 같이 만든 모든 것 중에서 V2MOM보다 더 빨리 문제의 핵심을 파고드는 것은 거의 없다. 사실 젊은 기업가가 나에게 조언을 구할 때마다 내가 맨 먼저 하는 일이 백지 한 장을 꺼내는 것이다.

예를 들어, 지난해 나는 온디맨드형On-Demand(주문형) 배달 서비스를 제공하는 포스트메이트Postmates의 대표 바스티안 리먼Bastian Lehmann과 함께 비행기를 탔다. 포스트메이트는 무엇이든 1시간 내 배달을 약속한다. 나는 바스티안과 몇 년 동안 서로 조언을 나누고 있었다. 그가 세운 스타트업은 돌풍을 일으켰고, 나는 그가 매우 똑똑하고 추진력이 있다는 것을 알았다.

하지만 이번 비행기 여행에서 그가 약간 의기소침해 있다는 것을 느낄 수 있었다.

"당신은 생기를 조금 잃은 것 같군요"

내가 그에게 말했다.

바스티안은 다가오는 구조조정과 그의 비즈니스상의 다른 변화들 때문에 기분이 '좀 우울하다'고 인정했다.

나는 그에게 기본적인 질문을 했다. "당신이 정말 원하는 것이 뭡니까?", "어디에 있고 싶습니까?" 그 질문들에 그가 질질 끌며 장황하게 대답하자, 나는 그의 말을 끊었다. 그가 우울한 기분을 해소할 방법은 명백했다. 그는 빠르게 성장하고 있는 자신의 비즈니스의 비전과 가치를 명확히 할 필요가 있었다. 그래서 짐작했지만, 나는 백지 한 장을 꺼냈다.

우리가 샌프란시스코에 도착했을 때, 바스티안은 포스트메이트의 상위 네 가지 가치를 확인했다. 그가 말하기를, 그날 밤, 그는 집으로 가서 방법, 장애물, 측정 부분을 작성했다고 했다. 그렇게 기본 사항으로 돌아가자 포스트메이트는 바스티안이 걱정했던 변화들을 무사히 헤쳐 나갈 수 있었다. 그 후 회사는 온디맨드 배송업계의 선두주자로서 입지를 강화하고 기업공개[IPO] 준비에 돌입했다.

세일즈포스 초창기 때 나와 공동 창업자들이 만들었던 그 첫 V2MOM에 대체 무슨 일이 일어났던 걸까? 나의 공동 창업자 파커 해리스가 그 아메리칸 익스프레스 봉투를 보관하고 있을 줄 알고 있었다. 그는 2004년 6월 23일 우리가 상장하던 날 그 봉투를 액자에 넣어 내게 주었다.

회사를 시작하든, 팀이나 조직 내에서 일치를 이루기 위해 작업하든, 개인적인 도전이나 목표를 다루든, 거기에는 한 가지 원칙이 딱 들어맞는다. 초심자의 마음과 백지 한 장으로 시작하라.

10장

이해관계자

지구상의 우리는 모두 연결되어 있다

2018년 여름, 몇 년 만에 가장 긴 시간 동안 완전히 플러그를 뽑은 채, 가족과 함께 태평양 외딴섬에서 휴가를 보내고 있었다. 그러던 중 내가 없는 동안 잘못될 거라고 상상도 할 수 없었던 일 중 하나가 일어났다.

갑자기, 예고도 없이, 세일즈포스는 가열되고, 복잡하며, 잠재적 피해 가능성이 있는 위기에 휘말리게 되었다. 그리고 내가 멀리 떨어져 연락두절이라는 사실이 그 불을 더 뜨겁게 타오르게 했을 것이다.

내가 막 이스터 섬의 모래 위에 발을 디디자마자, 샌프란시스코에서 아내의 전화기로 SOS를 쳐왔다. 내가 지구 반대편 집에서 무슨 일이 일어나고 있는지 (그리고 그 점에서라면, 세계 어딘가에서 일어나고 있을 일을) 구애받지 않고 - 요행히도 모르고 - 있는 동안, 트럼프 행정부의 이민정책이 내가 고려해본 적이 없는 식으로 세일즈포스에 영향을 미치고 있다는 사실을 알게 되었다. 그 이민정책은 이미 격렬하고 깊게 감정의 굴곡을 이루며 국민적 논쟁으로 폭발했던 터였다.

이러한 긴장감은 한동안 고조되어왔는데, 정부가 국경 주위를 봉쇄하고 이민자들을 이 나라 밖으로 쫓아내기 위해 고안한 것 같은 정책을 연이어 발표했기 때문이었다. 나는 미국과 멕시코 국경에서 벌어지고 있는 끔찍한 인간의 비극에 대해 정부에 대고 개인으로서도 기업으로서도 매우 강경하게 우려를 표명했다. 연방 요원들이 미국 구금 시설에서 이주 아동들을 가족과 분리해왔다는 보도가 나왔을 때, 수백만 명의 미국인들이 이민정책에 반기를 들고 일어섰다. 2018년 4월 〈뉴욕타임스〉가 만 4세 미만 아동 100명 이상을 포함해 700여 명의 어린이들이 부모로부터 분리되었다는 기사를 보도했을 때, 이미 걷잡을 수 없는 불길에 기름을 붓는 모양새가 되었다.

당시 본사의 우리 경영진이 나에게 4명의 세일즈포스 직원들이 쓰고 867명의 다른 직원들이 서명한 공개 서신의 존재를 알려주기 위해 신호탄을 쏘아 올리고 있었다. 그 직원들은 회사의 4대 설립 가치에 지독히 위배되는 것이라고 여긴 사항에 대해 항의하고 있었다.

그들은 미국 CBP가 우리 고객 중 하나라는 것을 발견했다.

그해 3월, 우리는 CBP가 일부 비즈니스 프로세스를 현대화하기 위해 세일즈포스를 선택했다는 보도자료를 발표했었다. 편지를 쓴 직원들은 그 기관에 우리의 소프트웨어를 제공한 것이 우리가 국경에서 트럼프 행정부의 이민정책을 돕고 방조하고 있는 것이라 생각했다. 그들은 CBP와 거래하는 것은 회사가 옹호하는 모든 것들과 충돌한다고 느꼈다. 만약 우리가 이 거래를 계속 유지한다면, 그것은 애초에 그들이 세일즈포스에 와서 일하기로 선택한 근본적인 이유를 부정하는 일이 될 터였다.

그들의 편지에는 구체적으로 "현재 국경에서 벌어지고 있는 부모와 아이들을 비인간적으로 분리하는 것을 고려"해 CBP와의 계약서를 재검토할 것을 내게 요청하는 내용이 들어 있었다.

직원들은 "우리 중 많은 사람들이 세일즈포스가 불의에 맞서는 기업이라는 명성 때문에 세일즈포스에서 일하기로 했습니다"라고 썼다. 이어 "우리는 세일즈포스에서 하는 우리의 일이 약자를 비인간적으로 취급하는 일에 연루되는 것이 아니라, 친구와 이웃에게 긍정적인 영향을 미치기를 원합니다"라고 썼고, 그다음 "우리는 평등이라는 우리의 핵심 가치가 위태롭다고 생각합니다"라는 뜻밖의 결론으로 이어졌다.

하지만 그들이 몰랐던 것은 CBP가 우리의 소프트웨어를 사용하는 것은 이주 아동들을 그들의 부모와 분리하는 것과 전혀 상관없는 매우 구체적인 목적을 위한 것이었다. 예를 들어, 인적 자원 역량을 재편성하고 일부 비즈니스 업무를 자동화시키는 것 등이었다. 그러나 그 구분은 분명하지 않은 데다 가열된 정치적 국면으로 인해 가볍게 밀려났다.

나는 디지털 디톡스를 하고 있었고, 대응은커녕 분쟁에 대해서 늦게 알게 되었기 때문에, 몇몇 직원들은 당연히 불안해져서 그 편지를 언론과 공유하기로 결심했다. 그래서 나는 거의 아무런 방해도 받지 않고 한 달 동안 자기 탐색의 시간을 가지며 가족과 함께 보내던 여행에서 돌아왔다. 그러곤 세일즈포스 타워 밖에 뉴스 트럭들이 주차해 진을 치고 있는 것을 발견했다. 공개적으로 논평할 필요가 있다는 것을 알았지만, 그전에 내 직원들의 말에 깊이 귀를 기울여야 했다. 그래서 편지를 쓴 직원들과 통화했다.

당연히, 나는 항상 기술의 힘을 믿어왔다. 기술은 우리가 세상과 그리고 서로서로 상호작용하는 방식을 완전히 바꾸고 있다. 그러나 지구상에서 가장 다재다능하고 강력한 도구는 1과 0으로 이루어진 컴퓨터 코드가 아니라 우리의 말이다.

우리 대부분은 말이 얼마나 재빠르게 형태와 의미를 달리할 수 있는지 생각하지 않고 보통 하루에 수천 개의 단어를 사용할 것이다. "우리는 세일즈포스를 신뢰할 수 있습니다" 내지는 "우리는 윤리적인 회사입니다"와 같은 짧은 문장을 생각해보자. 이 순서대로 배열된 그 말들은 우리 직원들 중 한 명이나 고객들, 심지어 내가 방금 만난 누군가에 의해 말해질 때, 명확하고 정확한 메시지를 전달한다. 그것은 내 하루를 완전히 행복하게 만들어준다.

그러나 약간만 바꿔도, 같은 몇 마디의 단어가 매우 불안한 의미로 전달될 수 있다.

이것은 그러한 예들 중 하나였다. 통화 몇 분 후, 편지를 쓴 직원 중 한 명이 그 문장들 중 한 문장을 질문으로 만들었는데, 나는 복부를 한 대 맞은 것 같은 충격을 받았다.

"우리가 세일즈포스를 신뢰할 수 있나요?"

몇 분 후, 그 편지를 쓴 또 다른 직원도 똑같이 나에게 펀치를 날렸다.

"우리가 윤리적인 회사인가요?"

20년 동안, 나는 누군가 이 개념에 대해 진지하게 질문하는 것을 들어본 적이 없었다. 이 말을 듣고 나는 몹시 흔들렸다. 말 그대로 놀라서 할 말을 잃은 건 내 생애 처음 있는 일 중의 하나였다. 그 일은 정말 나를 완전히 당황시켰다.

나는 우리의 직원, 고객, 파트너 그리고 지역사회 같은 이해관계자가 성공할 수 없을 때, 세일즈포스 같은 기업이 어떻게 성공할 수 없는지에 대해 계속 말했다. 하지만 빠르게 배우고 있었다. 기업은 이해관계자 중 어느 누구에게라도 신뢰를 잃으면 절대 고공 행진하며 번창하고 번영할 수 없다.

모든 기업의 가장 중요한 이해관계자

세일즈포스 창립 3년 만인 2002년 겨울, 〈세계경제포럼〉에 첫 초청을 받았다. 그곳에서 나는 그 기관의 예지력 있는 리더이자 설립자인 클라우스 슈밥Klaus Schwab을 처음 만났다.

클라우스는 내가 만난 사람들 중 가장 똑똑하고 사려 깊고 학력이 높은 사람 중 한 명이다. 그는 하버드 케네디 행정대학원에서 행정학 석사학위를 받았으며 경제학과 공학부 박사학위를 갖고 있다. 1972년 그는 제네바 대학의 교수진의 최연소 교수 중 한 명이 되었다. 그는 33세가 되던 1971년에 〈세계경제포럼〉을 설립했다. 그의 지휘 아래, 〈세계경제포럼〉은 세계에서 가장 영향력 있는 기관 중 하나로 성장했다. 그 외에도, 독일 태생의 그는 댄스 귀재일 뿐 아니라 등산과 크로스컨트리 스키에도 능한 것으로 유명하다.

현재 〈세계경제포럼〉의 집행위원장인 클라우스는 내가 비즈니스 세계에서 가장 큰 지적인 공헌 중 하나라고 여기는 개념을 발전시켰다(2002년에 그를 만났었을 때는, 그것에 대해 들어본 적이 없었다). 그는 그 개념을 '이해관계자이론stakeholder theory'이라고 불렀다.

우리가 처음 만났을 때, 그는 여느 때처럼 수많은 인파에 둘러싸여 호텔 로비에서 사람들에게 정중하게 인사하고 있었다. 내가 키가 커서 그들 사이에서 눈에 띄었는지, 그는 마침내 자기소개를 하러 사람들 틈 사이로 나에게 걸어왔다. 그는 내 눈을 바라보며 뇌리에 영원히 남을 인상적인 말을 했다.

"비즈니스를 위해 첫 번째로 생각해야 하는 단어는 '통합'입니다."

그러고 나서 그는 자리를 떠났고, 그 자리에 남겨진 나는 도대체 그의 말이 무슨 뜻일까 궁금했다.

그날 늦게 클라우스는 '미래의 글로벌 리더'라는 〈세계경제포럼〉 프로그램을 위해 모인 사람들 앞에서 연설했다. 그는 기업 및 조직의 젊은 수장으로서 우리가 확실히 기업의 벽을 넘고, 더 나아가 우리가 일하고 있는 지역사회 너머로 시야를 넓혀야 한다고 촉구했다. 세상은 직간접적인 방법으로 우리의 운명과 얽혀 있는 다른 많은 유형의 사람들로 가득 차 있으며, 디지털 연결 세계에서는 우리의 미래가 투자자, 고객, 직원 그리고 지역사회에 더 이상 얽매이지 않는다. 대신 모든 인류에게 영향을 미치는 세계적인 도전들, 즉 확대되고 있는 빈부 격차에서부터 기후변화, 사이버 보안 및 개인정보보호와 밀접하게 관련된 문제, 그리고 내가 나중에 알게 된 문제였지만, 더 나아가 국경에서 발생하는 위기와 연결된다.

나는 클라우스가 '통합'에 대해 이야기하면서 회사 서류함에서는 좀처럼 생기지 않는 종류의 연결을 찾아보라고 촉구하고 있음을 이해하기 시작했다. 클라우스가 정말로 말하고자 했던 것은 기업이 진정으로 번창하는 유일한 방법은 기업이 사회에 완전히 통합되어 더 나은 세상을 건설하려는 더 큰 노력에 동참하는 것뿐이라는 것이었다.

당신의 회사가 다른 사람과 연결될 때마다, 심지어 살짝만 스쳐도, 당신은 그 사람의 미래의 건강과 행복에 대해 어느 정도 책임을 갖게 된다. 어떤 면에서는 이것은 부담이기는 하지만, 절호의 기회이기도 하다. 만약 그 하나의 작은 상호작용이 크든 작든 그 사람이 필요로 하는 무슨 일이나 그 사람을 막고 있는 어떤 시급한 문제를 줄여줄 수 있다면, 당신은 그에게 지속적으로 깊은 인상을 주게 될 것이다. 이는 신뢰받는 유대관계를 형성하는 첫 번째 단계다. 다시 말해서, 이러한 각각의 상호작용은 그 관계에 투자하는 것이며, 여러 해에 걸쳐, 그러한 투자들은 결국 모두 합쳐진다.

이러한 관점의 장점을 되돌아보면, 나는 당시 세일즈포스를 바라보는 나의 관점이 꽤 근시안적이었음을 깨달았다. 107개국 7만 명의 고객이 우리의 서비스에 접속했고, 우리는 헌신적으로 좋은 일에 시간과 돈 그리고 제품을 기부했다. 하지만 그것들은 내가 지금껏 고려한 유일한 입출력이었을 뿐이었다. 나는 세일즈포스가 어떻게 더 큰 세상과 얽혀 있는지 충분한 시간을 두고 생각해보지 않았다. 문득 든 생각인데, 기업 경영은 일종의 카메라 뒤에 서 있는 것과 같아서 카메라 조리개를 넓힐 필요가 있었다.

우리의 이해관계자 그룹은 우리가 비즈니스 맥락에서 직접적으로 상호작용하는 사람들의 범위를 훨씬 넘어섰다. 그들은 고객, 직원, 주주, 파트너는 당연하고, 우리의 친구와 이웃 그리고 그들에게 이바지하는 지역사회와 지역 학교 시스템을 망라했다. 그리고 더 나아가 우리 모두가 살고 있는 지구를 포함했다.

나는 항상 환경과 깊이 연결된 느낌을 받았다. 샌프란시스코와 하와이에서 사는 나는 매일 바다를 볼 수 있는 만큼 행운아다. 전 세계 도시의 고객을 방문하면서, 나는 기후변화의 악영향을 보았다. 그러나 최근 몇 년간의 사건들은 나에게 훨씬 더 큰 긴박감을 불러일으켰다.

나는 2019년 내가 진행한 〈세계경제포럼〉의 한 패널에서 우리가 직면한 기후위기를 강력하게 상기시키는 일을 목격했다. 토론자로는 음악가 겸 자선가 U2의 보노와 블랙 아이드 피스의 윌아이엠, 세계적으로 유명한 인류학자 제인 구달, 전 유엔기후변화협약UNFCCC 사무총장인 크리스티아나 피게레스 그리고 일본 보험사 솜포홀딩스의 CEO인 사쿠라다 겐코가 있었다.

청중들 가운데에는 스웨덴 출신의 16세 운동가인 그레타 툰베리Greta Thunberg가 있었다. 그녀는 용감하게 '권력에 맞서 진실'을 말하며 유럽 전역에 기후변화에 대한 인식을 불러일으키기 위해 청년 주도의 기후파업을 고무시켰다. 내가 그녀에게 몇 마디 부탁했을 때만 해도, 그녀가 수줍게 내게서 마이크를 가져가 유명 스타들이 가득 모인 토론장의 모든 사람들을 무색케 할 줄은 미처 몰랐다.

기후변화는 실재하는 위기다. 그레타가 말을 시작했다.

"일부 사람들은 우리 모두가 기후변화를 일으켰다고…… 말합니다. 그러나 그것은 사실이 아닙니다. 왜냐하면 모든 사람이 유죄라면, 책임질 사람이 아무도 없기 때문입니다. 그러니 누군가는 책임을 져야 합니다."

긴 머리를 땋아 늘어뜨린 그레타는 작은 어깨를 펴고 계속 말했다.

"어떤 사람들, 어떤 회사, 특히 어떤 의사결정자들은 그들이 상상할 수도 없는 돈을 계속 벌기 위해 어떤 귀중한 가치를 희생시켰는지 정확히 알고 있습니다. 나는 오늘 여기 계신 여러분 중 많은 분들이 그 집단에 속해 있다고 생각합니다."

일순간 토론장에 멍한 정적이 감돌았다. 그리고 그녀는 다음과 같은 이야기로 끝맺었다.

"인류의 미래는 여러분 손에 확실히 달려 있습니다."

한참 후에, 박수가 터져 나왔지만, 그것은 확신에 찬 강한 박수라기보다는 긴장한 박수였다. 이 10대 기후 운동가는 세계에서 가장 영향력 있는 몇몇 기업 리더에게 도전장을 던졌고 그들은 어떻게 반응해야 할지 전혀 몰랐다. 왜냐하면 그들은 그녀가 옳다는 것을 가슴속 깊이 알고 있었기 때문이었다.

환경이 모든 비즈니스와 연결되어 있고, 그 점에 있어서 이 지구에 사는 모든 사람들에게 중요한 핵심 이해관계자라는 사실을 더 이상 부정할 수 없다. 기후변화로 인해 공기가 호흡할 수 없게 되고, 바다가 가열되고 산성화되며, 해수면이 상승하는 동안 우리는 가만히 앉아 있을 수 없다. 폭염, 가뭄, 허리케인, 토네이도, 산불 등 극한 기후 현상이 해마다 점점 더 치명적일 만큼 잦아지고 있다. 지금과 같은 속도로 우리의 강과 바다에 플라스틱을 계속 던지면, 2050년에는 바다의 플라스틱 양이 바다에 사는 물고기보다 더 많아질 것이다. 이는 당연히 생태계 전반에 재앙적인 반작용을 폭포처럼 일으킬 것이다.

유엔UN 정부 간 〈기후변화협의체UN Intergovernmental Panel on Climate Change〉 2018년 보고서에 따르면, 인간이 상당히 위험한 파괴를 피하기 위해 지구 온난화를 억제하는 데 약 10년이 걸린다고 한다. 이 보고서는 지구 온난화로 산업화 이전의 온도 수준보다 1.5도를 초과하면 극심한 더위, 가뭄, 홍수, 빈곤의 위험이 증가할 것이라고 경고했다. 어쩌면 수십억 명의 사람들이 가난을 겪게 될 것이라고도 경고했다.

전설의 자연주의자 데이비드 애튼버러 경Sir David Attenborough은 비통한 심정으로 "에덴동산은 더 이상 없다"라고 말했다.

4차 산업혁명 기술이 우리의 삶에 더 깊이 파고들면서, 우리는 이론적으로 놀랄 만큼 아주 쉬운 선택 앞에 설 것이다. 우리는 이러한 기술 발전을 통해 전 세계 부의 대부분을 차지하며 지구의 해악에 기여하고 있는 1%의 부유층에게 혜택을 줄 수도 있고, 아니면 미래 세대를 위해 지구를 보존할 수도 있다. 예를 들어, 우리는 AI 기반의 드론과 인공위성을 이용해 남획을 촉진하고, 해저 로봇으로 우리 해저를 채굴하고 약탈할 것인가? 아니면 드론과 인공위성으로 우리의 바다를 감시해 불법 조업을 중단시키고, 로봇으로 바닷물의 염도, 온도, 산소 농도를 추적할 것인가?

기후변화의 시계가 째깍째깍 가고 있다. 그리고 정부와 정치 지도자들은 피해 복구 정책을 통과시키고 시행하기 위해 끝없이 투쟁만 하는 것처럼 보인다. 기업들이 반드시 나서야 하는 이유다.

그런 일이 빈번하게 일어나기 시작하고 있다. 리처드 브랜슨 경이 공동 설립한 B 팀B Team과 B 코퍼레이션B Corporation과 같은 비영리단체들은 사람과 지구를 최우선에 두는 지속 가능하고 포용적인 경제를 구축하는 방향으로 변화를 이끌도록 비즈니스 리더들을 고무시키고 있다. 그 비영리단체들은 책임감 있고 윤리적이며 지속 가능한 실천을 약속하는 기업들이 그에 대해 보상을 받을 것이라는 메시지를 퍼뜨리는 데 이바지하고 있다. 유니레버Unilever의 전 CEO 폴 폴먼Paul Polman의 말처럼 "그것은 이익보다 목적을 앞세우는 것이 아니다. 그것은 더 나은 이익을 추구하는 목적이다." 이는 환경을 이해관계자로 취급하는 기업이 인재와 고객 모두를 유치할 가능성이 높고, 그들이 거래하는 기업뿐만 아니라 그들의 고용주에게 점차 더 많은 책임을 요구하기 때문이다.

환경을 중요한 이해관계자로 삼아 헌신하고 있는 대표적인 기업은 윤리적인 신발을 대중화시키며 빠르게 성장하고 있는 신발제조 스타트업 올버즈Allbirds다. 이 기업은 지속 가능한 농업과 동물복지라는 엄격한 기준을 충족하면서, 신발에 사용되는 일반적인 합성재료를 생산하는 데 필요한 에너지보다 60%나 절약되는 양털을 사용해 운동화를 만든다. 그리고 올버즈는 비영리단체인 소울즈4소울즈Soles4Souls와 협력해 전 세계 빈곤층 사람들에게 반품된 신발을 다시 나누어준다.

파타고니아Patagonia는 태양열 패널, LED 기구, 고효율 에너지 장비로 자사의 서비스 센터, 사무실, 소매점 설비를 갖추고 공급망의 환경 영향을 최소화하기 위해 일하고 있다. 또한 매출의 1%를 비영리 환경단체에 기부하기도 한다. 이 아웃도어 의류 회사는 현재 지구의 환경보호를 우선시하는 기업 고객에게만 판매를 하고 있다. 기업의 경우 파타고니아 의류를 유니폼으로 입을 때 해당 기업의 이름과 로고를 새기기 때문이다.

전자상거래 사이트인 엣시Etsy는 최근 탄소 중립 배송으로 완전히 전환하겠다고 발표했다. 이 온라인 소매업체는 배송업체가 발생시키는 탄소 배출량 100%를 충당하기 위해 탄소 상쇄안을 확보하기로 약속함으로써 전체 산업에 최적의 표준을 마련했다. 글로벌 거인들도 그 뜻을 알아챘다. 코카콜라, 펩시코, 유니레버를 포함한 250개 이상의 기업들이 2025년까지 모든 플라스틱 포장을 재사용 가능, 재활용 가능 또는 퇴비로 사용할 수 있도록 만들겠다고 약속했다.

세일즈포스에서 우리는 1-1-1 프로그램을 통해 환경 변화를 추구하는 조직들을 지원하는 일 말고도 다른 일들을 하고 있다. 2013년에는 100% 재생에너지 달성에 몰두했으며, 그 후 전 세계적으로 온실가스 배출량 제로화를 달성하고자 탄소중립형 '클라우드'를 모든 고객에게 제공하고 있다. 그리고 2018년에만 8천 명 이상의 직원 자원봉사자로 구성된 우리의 환경 팀 어스포스가 그들의 지역사회 환경 운동에 총 2만 시간 이상의 자원봉사 시간을 가졌다. 나는 그 사실이 자랑스럽다.

우리는 이러한 가치들을 우리의 문화에 스며들게 할 뿐 아니라, 문자 그대로 우리의 기반시설로 구축하고 있다. 샌프란시스코의 세일즈포스 타워는 미국의 상업용 고층 건물 중에서 가장 큰 현장 물 재활용 시스템을 갖추고 매년 수백만 갤런의 물을 절약하고 있다. 반복적으로 가뭄에 시달리는 지역인 캘리포니아에 우리 본사가 위치하고 있다는 것을 감안할 때, 우리에게 그 일은 매우 중요하다.

나는 또한 개인적으로도 환경에 초점을 맞췄다. 2016년 캘리포니아 대학교의 혁신적인 해양 과학자 더글러스 맥컬리, 캘리포니아주가 주도하는 해양 연구센터인 산타 바바라와 함께 아내와 나는 베니오프 오션 이니셔티브Benioff Ocean Initiative를 설립했다. 우리는 해양을 위한 일종의 연구 병원을 개발했다. 해양을 연구하려는 세계의 모든 사람들이 해양 건강과 관련된 문제를 제출하고 생물학자, 엔지니어, 경제학자, 사회과학자로 구성된 팀을 여기에 참여시킬 수 있다. 그리고 50명 이상의 지도자들이 연합한 해양활동 '프렌즈 오브 오션 액션Friends of Ocean Action'에 자금을 지원하고 있는데, 그들은 해양 생태계가 직면한 가장 긴급한 위협의 해결책을 빠르게 추적하고 있다.

나는 또한 다니엘라 페르난데스가 이끄는 〈지속 가능한 해양협회Sustainable Ocean Alliance〉에도 고무되어 지원하고 있다. 이 협회는 해양 보존과 지속 가능성 향상에 초점을 맞춘, 신기술과 비즈니스 계획을 갖춘 스타트업과 협력하는

'액셀러레이터Accelerator' 프로그램(창업 초기 기업이 빨리 성장 궤도에 오를 수 있도록 자금과 멘토링 지원을 하는 프로그램 - 옮긴이)을 시작했다.

기업들은 너무 오랫동안 그들의 행위가 환경에 미치는 영향을 무시하거나 어물쩍 넘겨왔다. 또한 그들의 문화, 그들의 관행, 그리고 그들의 비즈니스 모델에 지속 가능성을 구축하는 데 "너무 비용이 많이 든다"거나 "논리적으로 불가능하다"라고 주장해왔다. 그러나 이러한 변명은 더 이상 타당성이 없다. 만약 당신이 가장 큰 이해관계자인 지구의 이익을 위해 일하지 않는다면, 당신은 또한 다른 이해관계자의 이익을 위해 일하지 않을 것이다.

반기문 전 유엔사무총장이 말한 대로 "우리는 빈곤을 종식시킬 수 있는 첫 세대이자, 기후변화의 최악의 영향을 피할 수 있는 대책을 강구할 수 있는 마지막 세대다. 우리가 도덕적, 역사적 책임을 지지 못하면 미래 세대는 우리를 가혹하게 평가할 것이다."

물론 그의 말이 옳다. 하지만 비즈니스에 관한 한, 나는 한 문장을 덧붙일 것이다. 당신이 화성에서 부동산을 팔지 않는 한, 어떤 기업에 있어서도 가장 중요한 이해관계자는 우리가 살고 있는 지구다. 그것은 실현되기 힘든 희망사항에 불과한 것이 아니다. 시야를 넓히고 직접 찾아보라.

가치가 충돌할 때

말할 필요도 없이, 지구를 구하는 사업은 방대한 규모의 사업이다. 그러나 거대한 도전인 만큼, 단호히 밀고 나가야 할 것이 하나 있다. 환경은 세일즈포스의 모든 사람들이 철석같이 약속한 귀한 사안이다. 우리의 이해관계자 중 누구도 우리가 한 약속을 이행하는 데 태클을 걸 이유가 없다. 인정컨대, 모든 사람들이 믿는 대의명분을 위해 일단 캠페인을 벌이니 좀 안심이 되었다. 하지만 불행하게도, 우리가 직면하고 있는 모든 긴급한 이슈들이 그렇게 깔끔하게 정리되지는 않는다.

2018년 6월에 내가 가족과 휴가를 보낼 때, 회사는 기록적인 속도로 계속 성장하고 있었다. 우리는 8년 연속 〈포브스〉가 선정한, 세계에서 가장 혁신적인 기업 중 하나였다. 우리는 최근 5년 연속 CRM 공급업체 1위 자리에 올랐다. 우리 주주들은 기뻐했다. 2017년 6월부터 2018년 6월까지 우리 주가가 58%나 올랐다.

그런 후에 CBP에 제공하는 우리의 서비스에 대해 직원들의 '공개서한'이 날아왔다.

정황상 보면, 우리 직원만이 정부 기관이 자사 제품을 사용한 것에 대해 그런 공개서한을 보낸 유일한 기술 회사 직원들은 아니었다. 그해 봄, 구글 직원 4천 명이 구글 CEO 순다르 피차이 Sundar Pichai에게 공개서한을 보내, 전쟁터에서 인공지능을 활용하는 미 국방부 펜타곤의 프로그램을 함께 연구 개발하는 데 항의했다. 그 서한에서 "우리는 구글이 전쟁 사업을 해서는 안 된다고 생각한다"고 밝혔다. 두 달 뒤 구글은 2019년 군 계약을 갱신하지 않겠다고 발표했다.

그해 마이크로소프트 MS 직원들은 회사 경영진에게 미군과의 4억 7천900만 달러 계약을 파기할 것을 요구하는 공개서한을 보냈다. 그들은 보다 엄격한 윤리 지침과 감독을 촉구하면서 "우리는 전쟁과 억압을 위한 기술 창조를 거부한다"라고 밝혔다. 마이크로소프트는 미 국방부에 기술을 제공하기 위해 노력하고 있으며 "AI와 군과 관련된 중요한 윤리적 문제와 공공 정책 문제를 해결하는 데 적극적인 기업 시민으로서 계속 참여할 것"이라고 답했다.

2018년 6월에는 아마존 직원들이 CEO인 제프 베조스에게 법 집행 기관과 다른 정부 기관에 아마존의 얼굴인식 기술 '레코그니션Recognition'의 판매 중단을 요구하는 공개서한을 보냈다. 그때 베조스는 이렇게 반박했다.

"대기업들이 미 국방부에 등을 돌린다면, 이 나라는 곤경에 처할 것이다."

그 전년도에, 백악관이 소수의 지배적인 이슬람 국가들로부터 이민을 받는 정책을 일시적으로 중단하려 하자, 나는 강하게 반대했다. 그러곤 세일즈포스에서의 이민자들의 중요한 역할과 더 나은 삶을 추구하고자 미국에 오는 모든 사람들의 권리를 보호하기 위해 우리가 어떻게 하고 있는지 길게 이야기했다. 트럼프 행정부가 이민에 대한 무관용 정책을 발표하고 언론이 가족 분리 보도를 시작했을 때 나는 가슴이 아팠다. 더 나은 삶을 위해 미국에 오는 가족들이 이런 대우를 받게 된다는 것은 상상할 수 없는 일이었다. 난민으로 미국에 온 증조부 아이작 베니오프를 생각하면서, 나는 즉시 국경의 가족들을 돕는 비영리단체에 기부했다.

많은 배경과 많은 국가 출신의 미국인들이 사는 미국은 진정한 용광로다. 매년 세계에서 가장 우수하고 영리한 일부 학생들이 미국의 전문대학과 대학교에 다니지만, 미국은 그들이 졸업하면 고국으로 돌려보낸다. 그보다는, 미국은 모든 졸업장에 미국 영주권을 뜻하는 그린카드를 스테이플러로 고정해 그들을 이곳에 있게 해야 한다. 미국의 장기적인 경쟁 차별화 전략은 한마디로 요약된다. 이민자들. 궁극적으로, 한 국가를 차별화시키거나 경쟁력 있게 만들 것은 AI, 생명공학, 또는 다른 어떤 기술이 아니다. 바로 사람이다.

6월 14일, 불법으로 국경을 넘어오다 붙잡힌 1천500명의 이주 아동들이 이전 월마트 창고를 개조한 건물에 격리되었다는 이야기를 읽고 나서, 나는 마태복음의 성경 구절을 트위터에 올렸다.

"예수께서 말씀하시길, 네 마음을 다하고 목숨을 다하고 뜻을 다하여 주 너의 하나님을 사랑하라. 이것이 크고 첫째 되는 계명이요. 둘째도 그와 같으니 네 이웃을 네 자신처럼 사랑하라."

나는 또한 백악관 관계자들에게 편지를 보내 이 끔찍한 정책을 끝내고 아이들을 가족과 재회시킬 것을 권장했다.

6월 17일, 나는 휴대전화와 노트북을 놔두고, 계획한 휴가를 떠났다. 며칠 후 채터에 공개편지가 올라오자 내 비서실장인 조 포치는 경영진에게 이를 알렸다. 그런데 그는 진짜 긴급한 위기 상황이 발생하지 않는 한 나를 귀찮게 하지 말라는 나의 노골적인 지시를 고려해 관망적인 접근을 하기로 결정했다. 그렇게 한 며칠은 조용히 지나갔다. 그러고 나서 편지가 유출되어 대혼란이 시작되었다.

분명히, 나는 완전히 오프라인으로 전환하기엔 부적절한 시기를 골랐었다. 기업의 CEO가 거침없이 말하는 사람이라면, 좋을 때든 나쁠 때든 사람들은 모두 리더의 목소리를 듣게 될 것이라는 기대를 한다. 당시 내가 설립한 회사는 혼란에 빠져 있었고, 나는 전투 중 행방불명된 군인이었다. 사람들은 "왜 마크가 가만히 있지?"라고 묻기 시작했다.

6월 27일, 조는 마침내 나에게 전화했다.

"무슨 일이 일어나고 있는지 보고 계십니까?"

그는 나에게 그렇게 물었다.

"무슨 일이 일어나고 있는지 어떻게 볼 수 있겠나? 여긴 이스터 섬일세!"

내가 말했다.

"나는 온라인에 없다네. 전혀 알 수 없지."

"음, 여기 문제가 생겼습니다."

조가 어두운 어조로 말했다.

그가 나에게 그 일을 간단히 설명한 후, 나는 그에게 내가 무엇을 했으면 좋겠느냐고 물었다.

"우리에게는 정말로 당신이 트윗을 해주는 게 필요합니다. 모두가 당신의 말을 듣고 싶어 합니다."

이 전화를 받고 말할 것도 없이 깜짝 놀랐다. 나는 약간의 오해가 있다고 확신했다. 어쨌든 나는 우리가 CBP에 제공하는 서비스가 국경의 아이들을 분리하는 데 이용되고 있지 않다는 것을 알고 있었다. 나는 조에게 그 메시지 아이디어를 경영진에게 전달해달라고 했다. 그리고 내가 없는 동안 상황을 처리해달라고 그들에게 일렀다.

• • •

나는 세일즈포스 이해관계자 전원이 내가 결정하는 회사 경영 방법에 100% 동의한다는 착각은 전혀 하지 않았다. 그러나 우리의 이해관계자 중 어떤 그룹이 우리의 비즈니스 실행에 그렇게 공개적으로 반대하고 우리의 가치 준수에 공개서한으로 의문을 제기한 것은 처음이었다. 우리에게 그런 시기가 도래할 줄은 상상도 못했지만, 그런 시기를 맞았다. 우리에게 이 논란을 무시할 선택권이 없기는 했지만, 앞으로 갈 길은 험난했다.

한편으로 우리는 CBP와 거래하는 것이 우리의 핵심 가치인 평등을 침해하는 것이라고 생각하고 계약을 철회하기를 원하는 직원들을 지원할 의무가 있었다. 반면에, 세일즈포스는 이유 없이 CBP와 계약을 취소하지 않을 것이고, 할 수도 없었다. 그 정부 기관은 고객이었고, 우리는 그들에게, 그리고 우리의 주주와 투자자에게 책임이 있었다. 어느 쪽이든, 우리는 어떤 집단에게는 우리가 첫 번째 가치인 신뢰를 어겼다고 생각하게 만들 수밖에 없을 것 같았다. 한 중요한 이해관계자의 이익이 또 다른 이해관계자의 이익과 충돌할 때, 어느 것을 우선해야 하는가?

그때 또 다른 이해관계자 집단이 개입하기 시작했는데 바로 우리의 고객이었다. 유출된 직원 서한의 마지막 단락에는 계획을 세워 회사가 모든 제품의 사용과 그것들이 해로운 용도로 사용되는 정도를 조사하라는 요구가 담겨 있었다. 고객 중 일부, 특히 공공부문의 고객들은 그런 계획이 가동되면 비난이 사실 무근일 때조차도, 논란의 기미가 처음 보이면 우리가 대중의 압력에 굴복해 쉽게 계약을 취소하게 될 거라고 우려했다.

그리고 그들은 이러한 우려의 목소리를 내는 것을 부끄러워하지 않았다. 키스와 공공부문 사업 책임자 데이브 레이, 그리고 다른 영업 임원들은 제품이 좋은 용도로 사용되는지 또는 해로운 용도로 사용되는지를 결정하는 사람이 누구인지를 알고 싶어 하는 몇몇 고객들로부터 전화를 받고 있었다. 기준은 무엇이며, 그 제한 범위는 누가 정하는가? 모든 고객이 세일즈포스의 가치에 완전히 동조하는 것으로 인식되어야 하는가? 우리는 세일즈포스가 소프트웨어를 걷어내고 우리를 저버리는 결정을 내리지 않을 거라고 믿어도 되는가? 이것은 세일즈포스가 대응해야 하는 완전 별개의 신뢰 문제가 되었다. 또한 우리의 또 다른 핵심 가치인 고객 성공과 엮여 복잡한 상황을 만들었다.

다른 모든 최초의 것들과 마찬가지로, 이 위기는 세일즈포스 역사상 처음으로 우리의 핵심 가치 중 세 가지가 서로 대립하는 것처럼 보였다. 평등에 입각해 우리는 자녀들이 그들의 가족과 떨어질 때 인권을 옹호해야 했다. 고객 성공은 기업으로서 우리가 고객의 성장을 돕도록 만든다. 그리고 신뢰. 세일즈포스가 가치와 약속을 지키는 회사라는 근본 개념이다.

그동안 모두가 지켜보고 있었고, 우리가 무엇을 해야 하는지에 대한 상반된 의견들이 많았다. 나는 우리가 모든 이해관계자들의 말을 새겨듣고 우리의 생각을 명백히 해야 한다는 것을 알고 있었다. 하지만 이 대화가 어떻게 진행될지 걱정스러웠다. 우리 제품의 '윤리적이고 인도적인 사용'은 세일즈포스 역사에서 지금까지 우리가 해결하려고 노력해야 했던 주제는 아니었다.

더 많은 뉴스 매체들이 이 이야기를 접하자, 우리의 CBP와의 계약은 국경에서의 가족 분리와는 아무런 관련이 없으며, 세일즈포스는 모두의 평등을 중시한다는 간단하고 사실적인 성명을 발표했다. 이것은 100% 사실이었지만, 동시에 우리가 CBP를 고객으로 계약함으로써, 그 기관이 영향을 미치는 모든 사람들과도 자연히 관계를 맺게 되었다는 것은 의심의 여지가 없었다. 다음 날 키스는 성명을 내고 세일즈포스가 분리된 가족을 돕는 단체에 100만 달러를 기부하고 직원 기부금을 연결해 우리의 영향력을 확대시킬 것이라고 밝혔다.

나에게 수많은 시선이 집중되자, 나는 결국 휴가로 인한 침묵의 맹세를 깨기로 결심했다. "나는 국경에서 아이들을 가족과 분리하는 것에 반대합니다. 그것은 부도덕한 처사입니다"라고 아내의 휴대전화를 이용해 글을 썼고, 조는 모든 직원 앞으로 채터에 그 글을 올렸다.

"나는 오하나의 걱정을 들었고 국경의 가족을 돕는 활동을 조직한 모든 우리 직원들이 매우 자랑스럽습니다."

그 마지막 문장은 허언이 아니었다. 진심으로 한 말이다. 나는 몇몇 직원들이 세일즈포스가 옳은 일을 하고 있는지 의문을 가지고 목소리를 높일 만큼 신경을 쓴다는 것이 자랑스러웠다. 그리고 나는 그 당시 3만 2천 명의 직원 중 몇 퍼센트가 서명한 그 편지가 묵살될 리가 없다는 것을 알고 있었다. 그들은 살아 숨 쉬는 가치 중심의 기업의 일원으로서 우리가 매일 이야기한 대로 정확히 행동하고 있었다. 앞서 말했지만, 돌아오자마자 나는 이 직원들과 통화했다.

영상통화를 하는 동안, 신뢰와 윤리 관련 단어들을 그렇게 동요시키는 질문으로 바꾼 편지 작성자들은 우리 제품의 윤리적 사용의 필요성과 세일즈포스 기술이 CBP에서 사용되고 있다는 사실에 그들이 얼마나 놀랐는지, 그리고 국경에서의 비인간적인 대우에 대한 그들의 우려를 단호하면서도 함축적으로 말했다. 동시에 그들은 자신들이 회사의 리더십을 신뢰하고 우리가 결국 옳은 일을 할 것이라고 믿는다는 것을 내가 알기를 바라는 것 같았다.

그들 네 사람의 말을 잘 듣고 나서 나는 들은 말을 다시 그대로 말해보았다. 그러다 문득 이 대화가 오직 CBP만의 이야기가 아님을 깨달았다. 물론, CBP 계약이 그것을 촉발시켰지만, 이것은 사실 훨씬 더 큰 것에 대한 대화였다. 이것은 문화가 그렇듯이 우리 문화가 어떻게 진화해야 하는지에 대한 것이었다. 특히, 우리의 핵심 가치에 확실히 충실할 수 있는 방법이 필요했다. 겉으로 보기에 서로 대립하고 있을 때조차도 말이다. 이 직원들과 그들이 대표하는 수백 명의 직원들은 고객이 우리의 기술을 이용해 해로운 일을 하는지 아닌지 여부를 판단하기 위해서 현재와 미래에 우리 계약을 평가하는 새로운 프로세스와 지침을 진정으로 원했다.

나는 갑자기 그 상황이 좀 더 친숙하게 느껴지기 시작했다. 그리고 가치 충돌은 조금 덜 까다롭게 느껴지기 시작했다. 우리의 주요 이해관계자 중 하나인 직원들이 임금 평등과 성소수자 권리를 발견했듯이 이 문제도 발견한 것이다. 그리고 그들은 결국 훌륭한 해결책을 도출하는 데 도움을 주었다.

이 영상통화 후 몇 주 동안, 나는 고객, 직원, 투자자 그리고 우리가 시간, 돈 그리고 제품을 기부한 비영리단체들을 포함해 다른 이해관계자들의 이야기를 듣는 데 많은 시간을 보냈다. 이러한 논의를 통해 나는 우리가 의도하지 않은 결과가 생기지 않도록 조심하기 위해서 우리 기술의 윤리적 사용을 결정하는 과정을 어떻게 재조정해야 하는지 명확히 알게 되었다.

비슷한 시기에 50여 명의 사람들이 세일즈포스 타워 앞에서 시위를 벌였다. 그들은 내 사진과 함께 플래카드를 들고 다니며 여러 가지 적대적인 맥락에서 내 이름을 외쳤다. 국경에서는 아이들을 우리에 가두면서, 동시에 UCSF 베니오프 아동병원에 수억 달러를 기부하는 내가 위선자라며 격분했다.

나는 확실히 그 사진들을 TV에서 보는 것도, 소셜미디어상에서 두들겨 맞는 것도 좋아하지 않았다. 이전의 싸움으로 맷집이 생기지 않았더라면, 나는 어떻게 이 싸움을 이겨냈을지 모르겠다. 심사숙고하는 동안, 나는 내가 아는 진실에 초점을 맞추려고 노력했다. 세일즈포스가 이 경우에 부당하게 묘사되고 있는지 아닌지는 중요하지 않다는 것도 알았다. 중요한 것은 우리가 앞으로 책임지고 윤리적 사용 지침을 명확하게 표현하는 것이었다.

7월 26일, 나는 직원들 앞으로 우리의 평등 부서 내에 '윤리 및 인도적 사용 부서'라는 새로운 분과가 생길 것이라는 성명서를 채터에 게시했다. 그것은 기업지배구조에 초점을 맞춘 우리의 윤리 및 청렴 부서와 손잡고 일할 것이다. 우리는 최고 윤리 및 인도적 사용 책임자를 임명할 것이다. 그리고 그와 새롭게 구축된 팀이 모든 이해관계자, 산업 그룹, 사상 지도자 및 전문가와 협력해 기술의 윤리적 사용에 관한 산업 표준, 지침 및 생활 체계를 만들고 촉진하고 실행할 것이었다.

우리의 초대 최고 윤리 및 인도적 사용 책임자인 폴라 골드만은 자신의 임무는 고객의 성공을 견인할 뿐 아니라, 긍정적인 사회 변화와 인류에게 이익을 가져다주는 우리 기술의 전략적 체계를 개발하는 것이라 설명한다.

우리 모두는 기술이 본질적으로 좋거나 나쁘지는 않다는 것을 안다. 말대로 그것은 단지 도구일 뿐이다. 중요한 것은 그것을 어떻게 사용하느냐다. 그리고 결국 확실히 윤리적으로 사용되도록 하는 것이 모든 비즈니스의 핵심 기능이다.

그렇게 해서 다음에 우리의 기술 사용에 관한 문제가 발생할 때, 우리는 본능이나 당시의 정치 풍파에 의존하거나, 혹은 핵심 가치 사이에서 편파적으로 행동하도록 강요당하지 않아도 될 것이다. 대신, 이제 사무실을 운영하고, 다양한 전문 자문단을 구성하고, 우리 기술의 사용을 평가하는 과정을 만들었다.

나는 우리 기술의 윤리적이고 인도적인 사용에 무게를 둘 때 그 사실을 미래에 모든 지지층이 듣게 될 것이라고 확신한다. 그런데 더 큰 핵심은 다시 한 번 우리가 위기를 뚫고 더 세게 나갔다는 것이다. 그리고 이 경우, 우리 목을 조르겠다고 위협했던 것이 우리를 구해준 것이 되었다. 물론 그것은 우리의 가치였다.

내부의 모든 불안, 언론의 야단법석, 시위 그리고 대화에도 불구하고, 나는 경종을 울려준 우리의 이해관계자들이 이보다 더 감사할 수 없었다.

CBP 위기는 모든 이해관계자의 말을 경청하는 환상적인 일을 하고 있다고 생각할 때조차도, 실재하는 위기가 순식간에 튀어나올 수 있다는 것을 상기시켜준 뼈아픈 것이었다. 교훈은 매우 간단하다. 당신은 신뢰를 쌓을 수 없다. 몇 번이나 흘릴 정도로 구슬이 너무 많아도 당신은 간단히 항아리를 가득 채울 수 없다.

매일, 모든 사건, 모든 복잡한 상황들은 항아리 전체를 젖혀 구슬을 쏟아지게 할 치명적인 실수를 야기할 가능성이 있다. 하지만 동시에, 당신이 당신의 가치, 그리고 모든 이해관계자에게 옳은 일을 하는 데 얼마나 헌신하고 있는지를 증명할 수 있는 기회이기도 하다.

비법은 당신이 들여다보고 있는 카메라가 '가로landscape' 모드로 설정되어 있는지 확인해 가능한 한 최대로 전체 사진을 찍는 것이다.

11장

활동가 CEO

입장 표명은 선택이 아니다

스마트하고 지속 가능한 사업을 구축하는 첫 번째 규칙은 무사 안일주의를 근절하는 법을 배우는 것이다. 오늘날 리더 역할을 하는 대부분의 사람들은 태양이 밝고 하늘이 맑을 때조차도 멀리 흩어진 조각구름에 집착하도록 스스로를 훈련한다. 다시 말하면 우리는 전략회의를 연다. 우리는 최악의 시나리오에 빠진다. 우리는 우산 없이는 절대 밖으로 나가지 않을 것이라고 A급 주식 증서 더미에 손을 얹고 맹세한다.

그럼에도 불구하고, 아니다 다를까 결국 우리는 그 모든 일을 한다.

내가 비즈니스를 하며 알게 된 가장 착잡한 것 중 하나는 언젠가 회사에 해를 끼칠 가능성이 있는 문제들이 항상 주변에 도사리고 있다는 것이다. 하지만 여전히 최고 경영진의 어느 누구도 그 문제들을 전면에 내세우지 않는다.

보통 이런 문제들에 있어 특별히 감지하기 힘든 것은 없다. 우리가 시간 소모적인 몇몇 특별 프로젝트TF 팀을 이끄는 데 차출된 것을 알아차릴세라, 대부분의 임원들이 고의로 그 문제들을 무시하는 바로 그 순간에도, 직원들은 종종 자유롭게 토론하는 문제들이다. 다시 말하면 우리는 문제들을 외면한다. 그러곤 합리화한다. 우리는 이러한 문제들이 우리가 통제할 수 없고 우리가 정한 책임의 영역 밖에 있다고 선언하는 것으로 스스로를 다독인다.

나는 단지 회사 내부의 문제만 말하는 것이 아니다. 주변 지역사회의 문제들, 즉 고군분투 중인 공립학교나 붕괴되고 있는 사회기반시설 같은 문제들도 마찬가지다.

이런 현상은 심지어 최고의 의도를 가지고 설립된 기업 내에서도 일어날 수 있다. 왜냐하면 그러한 기업이 성장해 더 복잡한 유기체가 되기 때문이다. 그런 기업을 만든 사람들은 그들에게 닥친 문제들이 해결할 수 있는 사람의 수를 초과하기 시작하면, 그들이 만든 거품 속에 갇히거나 더 나쁜 경우, 숨어버린다. 한때 혁신과 확장에 들어갔던 모든 에너지는 또 다른 우선순위, 즉 보호하고 유지하려는 결정, 수영보다는 그저 물에 떠 있으려는 결정으로 옮겨갈 수 있다.

크든 작든 모든 위기가 불쑥 나타나 실질적 위협으로 느껴지기 시작할 때, 현재 상태를 보존하는 것이 목표가 된다. 반면 거기서 일탈하는 일은 한 기업에 내전을 촉발시킬 수 있다.

2018년 늦여름, 나는 나에게 해결을 기대하기 시작했던 몇몇 동료들을 위해 주변에 있는 그러한 문제 중 하나를 떠맡기로 결정했다. 이는 내가 매일 마주치던 샌프란시스코의 고질적이고 급격히 악화 중이었던 노숙자 위기를 말하는 것이다.

혁신과 부가 요동치는 도시에서, 충격적이게도 너무 많은 수의 사람들이 가장 기본적인 인간의 욕구를 충족시키지 못하고 있었다. 나는 평생을 샌프란시스코에서 살았고, 노숙은 항상 도시의 일부였지만, 이렇게 악화된 상태를 본 적이 없었다. 공립학교에 다니는 1천800명의 아이들을 포함해 약 7천500명의 개인과 1천200 가정 이상이 샌프란시스코에서 노숙하고 있다. 그들 중 다수는 세일즈포스 타워에서 불과 몇 블록 떨어진 거리에서 살고 있다. 아이들을 동반한 가족들은 자동차, 도시 공원의 텐트 야영장, 그리고 지나치게 붐비는 노숙자 쉼터에서 매일매일 견디고 있다. 거리의 많은 사람들이 정신질환과 약물 중독으로 고통 받고 있다. 마약 주사와 인간의 배설물이 인도를 지저분하게 만든다.

불행히도 이런 위기는 샌프란시스코에만 있는 것이 아니다. 시애틀과 로스앤젤레스 같은 곳에서도 걷잡을 수 없이 늘고 있는 노숙자들을 볼 수 있다. 높은 주거비가 더 많은 사람들을 거리로 내몰면서 문제는 더 심각해지고 있다. 뉴욕시의 경우 공립학교 학생 10명 중 약 1명꼴인 11만 5천 명에 가까운 학령기 아동들이 지난 학년 동안 임시 거처에서 살았다. 이는 사상 최대의 기록이었다.

캘리포니아대학교 버클리 캠퍼스 연구에 따르면 샌프란시스코 지역이 빈곤한 개발도상국들보다 더 비위생적이었다. 2018년, 샌프란시스코를 방문 중이던 유엔 관계자는 도시의 노숙자들이 처한 어려움에 "완전히 충격을 받았다"라고 말했다. 그런데도 새로운 디지털 경제의 대가인 우리는 우버와 전기자동차를 타고 여기를 휙휙 지나갈 뿐, 우리에게 책임이 없는 동시에 행동할 힘도 없다고 생각하고 있었다.

2017년 드림포스를 며칠 앞두고, 나는 그 행사가 개최되는 모스콘센터 인근 3번가를 걸어 내려갔다. 거리에는 아주 더러운 쓰레기와 배설물, 그리고 마약 봉지가 나뒹굴었다. 그 모습은 우리가 노숙자 위기를 해결하기 위해 극적인 조치를 취해야 한다는 명백한 증거였다. 샌프란시스코 시장은 드림포스 주변 거리를 깨끗이 청소시켰지만, 이것만으로는 충분하지 않다는 것을 그때 나는 알았다. 우리 행사만을 위해서가 아니라 모든 주민을 위해 거리는 항상 깨끗해야 했다.

이듬해 우뚝 솟은 세일즈포스 타워를 개관했을 때, 나는 구름 속에 있는 우리 빌딩과 61층 아래의 거리가 극명한 대조를 이루고 있다는 것을 제대로 인식하고 당황했다. 우리 타워 안 오하나 층에서 직원들은 바리스타가 만든 신선한 에스프레소를 홀짝이며 숨이 멎을 정도로 멋진 도시의 풍경과 페도라를 쓴 피아니스트가 연주하는 흥겨운 곡을 감상하고 있었다. 아래 거리에서는 수천 명의 노숙자들이 쓰레기통을 뒤지고 있었고, 어떤 이들은 육체적으로나 정신적으로 병에 찌들어 수백만 달러짜리 콘도와 호화로운 사무실 빌딩 사이에서 구걸할 수밖에 없었다.

나는 노숙자, 그리고 노숙으로 내모는 더 큰 경제적 불균형이 우리 회사의 미래 전망과 샌프란시스코와 실리콘밸리의 전체 업계에 큰 충격을 가할 수 있다는 사실을 모르지 않았다. 샌프란시스코에서 디지털 혁명의 모든 부작용은 도시 인구의 극히 일부를 제외한 많은 사람들에게는 저렴한 주택 공급 부족, 그리고 차례로, 기회 부족이라는 면에서 최절정을 이루고 있었다. 그 결과는 우리의 고객과 직원, 그리고 샌프란시스코를 방문하는 수백만의 사람들을 포함해 시민들에게 좋지 않았다. 그런데도 같은 디지털 혁명이 우리에게 선사한 모든 부에 대해서, 기술 산업에 종사하는 우리 중 누구도 우리가 창출을 도운

부의 확연한 부작용을 해결하기 위해서 충분히 행동하고 있지 않았다.

슬픈 진실은 샌프란시스코의 기술 산업 역시 이 위기에 책임이 크다는 것이다. 많은 고소득 엔지니어들과 임원들은 부동산 가격을 천문학적으로 치솟게 만들었다. 내가 이 글을 쓴 2019년에도, 방 한 칸짜리 아파트 임대비용은 평균 3천700달러에 이르렀다. 뿐만 아니라 평균 주택 가격은 160만 달러라는 기록적인 가격에 다다랐다. 이 때문에 저렴한 가격의 주택 공급이 사라졌고, 그 결과 열심히 일하는 중산층을 사실상 도시 밖으로 내모는 가격이 형성되었다.

물론, 이러한 불균형은 샌프란시스코만의 일은 아니다. 하지만 샌프란시스코가 증가하는 불평등의 악영향을 처리하기 시작하지 않는다면, 샌프란시스코는 앞으로 닥칠 위험을 예고하는 탄광 속의 카나리아처럼 될 듯하다. 옥스팜Oxfam에 따르면, 2018년 전 세계 26명의 부자들이 세계 인구 중 가장 가난한 사람들의 절반에 해당하는 약 38억 명과 같은 순자산을 가지고 있었다. 지구 인구의 약 절반은 하루에 5달러 50센트가 안 되는 돈으로 생활한다. 미국에서조차 성인의 40%가 예상치 못한 비용으로 지불할 수 있는 돈이 400달러가 되지 않는다. 캘리포니아대학교 샌프란시스코 캠퍼스의 연구는 5세까지 적절한 교육과 의료서비스 기회를 갖지 못한 아이들은 남은 평생 불리한 여건 속에서 살아가게 될 거라는 것을 보여주었다.

그런 양상이 우리에게 직접적으로 영향을 끼치지는 않을 것이라고 오해하더라도, 우리 모두는 이 문제에 관심을 가져야 한다. 왜냐하면 현실에서 제어되지 않은 자본주의는 그 어느 누구에게도 이롭지 못하며, 심지어 모든 기업들이 거기서 엄청난 부를 얻는 것도 아니기 때문이다. 거리에 있는 모든 사람은 교육을 받거나, 직장에 들어가거나, 지역 경제와 지역 사회에 기여하는 사람이 그만큼 더 적다는 것을 의미한다. 이 불평등의 격차는 우리를 갈라놓고 양극화시키는 조건들을 만들어내고, 갈등을 부채질한다.

그러나 세일즈포스 같은 기업들이 그 문제의 큰 부분을 차지하고 있다고 해서 우리가 그 해결책의 일부 또한 될 수 없다는 의미는 아니다.

몇 년 동안, 나는 노숙자 가족에게 그들이 부족해하는 기본적인 필요 사항을 일부 제공하려고 자선단체들과 협력해왔다. 샌프란시스코의 공교육과 공중보건을 개선하기 위해 시장 및 다른 시 공무원들과 긴밀하게 협력해왔다. 세일즈포스는 '샌프란시스코 통합학군'의 가장 큰 민간 후원자가 되었고, '오클랜드 통합학군'에는 1년 최대 기부자가 되었다. 그러나 그동안에도 노숙자 문제는 더 악화된 것만 같았다.

이 위기는 즉각적이고 지속적인 자금 투입을 요구했다. 우리는 또 다른 가치 있는, 혹은 최근 유행의 명분이 생기면 (그쪽으로 기부하느라) 종종 확 줄어들곤 하는 자선 기부에 의존하는 시점을 넘어섰다. 샌프란시스코는 노숙자 문제 해결을 위한 재원 마련을 위해 시스템적인 변화가 필요했지만, 정부와 자선단체들은 그것을 제공할 수 없었다. 우리 시의 많은 영리 기업들만이 이 딜레마를 해결할 수 있었다. 그들은 우리 시에 자리한 대가로 세금 감면 혜택을 받고 있었다.

나는 동료 설립자들과 CEO들에게 노숙에 대해 끝없이 이야기하면서 그들에게 이것이 어떻게 끝날 것으로 생각하는지를 물었다. 그들은 정말로 샌프란시스코가 시민들의 기본 욕구를 도울 수 없는데도 세계의 기술 수도로 남을 수 있다고 생각했을까? 과연 유권자들이 진저리를 치지 않고 행동을 촉구하지 않을 거라 생각했을까? 그리고 이 일방적인 방정식을 만들어 낸 책임이 있는 사람들이 그 문제를 해결하는 데 참여하지 않는다면, 그러면 누가 해결하겠는가?

그러나 그들 중 많은 사람들이 《엘리트 독식 사회 : 세상을 바꾸겠다는 그들의 열망과 위선Winners Take All : The Elite Charade of Changing the World》의 저자인 아난드 기리다라다스Anand Giridharadas가 말한 "선출되지 않은 최상류층"으로 계속 남는 것을 행복해하는 것처럼 보인다. 그들은 우리가 세상을 바꾸기 위해 시스템을 바꾸는 진지한 일을 맡아야 할 때, 그러기는커녕 대중과 기관들을 '승자의 부스러기'에 의존하도록 내버려둔다.

2018년 가을, 나는 실질적인 영향을 미칠 가능성이 있을 뿐 아니라 사회 문제를 해결하는 데 있어서 비즈니스의 역할이 얼마나 중요한지에 대한 강력한 메시지를 보낼 기회를 포착했다. 〈포춘〉 500대 기업 CEOFortune 500 CEO라는 눈에 보이는 직책을 가지고, 나는 내가 동원할 수 있는 모든 수단으로 이 문제를 해결할 뿐 아니라 공개적으로 그것을 하는 것이 내 책임이라고 믿었다. 우리의 모든 직원, 고객, 동료에게 활동주의는 단지 수호성인, 자선가, 또는 비영리 단체의 영역만이 아니라는 것을 꼭 보여주어야 한다. 오늘날 모든 직장인은 더 나은 세상을 만들기 위해 노력해야 할 책임과 능력을 가지고 있다.

세일즈포스에서 단 한 명의 직원을 고용하기 전, 공동 창업자들과 나는 환원 약속이 우리 문화의 기본 교리여야 한다고 결정했다. 그 후 몇 년 동안, 나는 이 결정의 파급 효과가 회사 전체에 얼마나 강력하게 반향을 불러일으켰는지 보았다. 그러나 이제 판을 키울 때였다. 노숙과의 전쟁에서 역할을 맡는다는 게 우리의 핵심 가치인 평등에 새롭고 활기차게 헌신하기로 기조를 정하는 것이란 것을 알았다.

11월에 시는 이 문제의 보다 영구적인 해결책의 재원을 마련하기 위해 세일즈포스처럼 샌프란시스코에서 가장 큰 기업들만을 대상으로 법인세를 인상하는 '주민 발의안 C : 우리의 도시, 우리의 집Proposition C : Our City, Our Home'이라는 전면적인 노숙자 이니셔티브를 샌프란시스코 주민 투표에 부칠 예정이었다. 구체적으로 알려진 바와 같이, 주민 발의안 C는 세일즈포스와 그 도시의 나머지 대기업들, 즉 연간 5천만 달러 이상의 수익을 올리는 기업들에 0.5%의 세금을 부과해, 노숙자들을 위한 주택과 서비스에 지불할 연간 3억 달러의 새로운 기금을 조성하는 것이었다. 개인과 중소기업은 세금을 내지 않는다.

나에게 이 계획은 생각할 필요도 없었다. 샌프란시스코의 최대 고용주로서 우리는 명확한 입장을 밝힐 필요가 있었다. 이는 노숙자를 위해서였을까 아니면 단지 우리 자신을 위해서였을까?

나는 주민 발의안 C를 통과시키는 데 힘을 쏟기로 했다. 내가 비즈니스가 미래만이 아니라 지금을 변화시킬 수 있는 가장 강력한 플랫폼이 될 수 있다고 진심으로 믿는다면, 지금이 그것을 증명할 순간이었다. 모두의 평등을 위해 헌신하는 기업으로서 우리는 주민 발의안 C를 지지해야 한다는 것을 알고 있었고, 우리 경영진과 직원들도 동의했다.

주민 발의안 C의 찬성표를 얻기 위한 나의 노력은 작게 시작되었다. 나는 가끔씩 트위터에 글을 올리기 시작했다. 그러나 이 기회와 이 순간의 중요성이 더욱 분명해짐에 따라, 주민 발의안 C는 나의 우선순위가 되었다.

나는 차이나타운의 예상표-획득-성공 집회에서 연설했고, 우리 지역 미국 하원의원 (하원의원에서 곧 미 하원의장으로 재선임된) 낸시 펠로시와 함께 돌로레스 공원에서 수백 명의 샌프란시스코 주민을 앞에 두고 연설했다. 나는 운동가들과 지지자들과의 조찬과 만찬을 주최했고, 지역과 전국 TV 뉴스에 모두 출연해 카메라 앞에서 대놓고 발의안 C에 대해 말했다. 나는 여론조사 자료를 검토하고, 플래카드를 들고, 캠페인 슬로건을 트윗하고 정치 배지를 달았다.

중간선거가 다가올 무렵, 주민 발의안 C의 운명이 어떻게 될지 모르는 가운데, 나는 격앙된 대중 싸움에 완전히 갇히게 되었다. 내가 보기에 주민 발의안 C는 노숙자와 샌프란시스코의 모든 사람들, 그리고 세일즈포스에게도 역시 꼭 필요했다.

이해관계자에게 중요한, 대의명분을 위해 싸우는 일은 분기별 애널리스트 호출을 준비하는 일만큼이나 CEO가 할 일이다. 지역사회의 건강을 보호하는 것은 고객에게 혁신적인 기술을 제공하는 것만큼이나 비즈니스 우선순위다.

맞다. 나는 비난이 빗발칠 거라는 것을 알았고 그에 대해 대비했다. 그러나 나의 갑옷은 두터워져 있었다. 샌프란시스코에 있는 거의 모든 기술 기업 CEO와 억만장자가 줄지어 나와 맞서는 것을 신경 쓰지 않았다. 나는 조금도 주저하지 않았다. 주로 내가 사회 정의를 위해 싸웠던 초창기 때 이미 (빡세게) 배웠기 때문인데, 직원, 고객, 투자자 그리고 파트너들은 이 문제에 뛰어든 나를 지지만 한 것이 아니었다. 그들은 나를 그 싸움의 한복판으로 바로 떠밀며 더없이 기뻐했다.

그렇지만 그 이유는 대부분 우리 모두의 운명이 서로 얽혀 있기 때문이었다. 노숙자들에게 좋은 것은 우리 회사, 우리 지역사회, 우리 도시에도 좋다.

새로운 기업 사회 활동주의 시대

2015년 가을, 나는 〈월스트리트저널〉이 매년 개최하는 초대자 전용 기술 콘퍼런스에 초청을 받아 연설을 했다. 이 행사를 홍보하는 보도자료는 이 행사를 '오늘날 디지털 세계의 세계적인 약속과 도전에 초점을 맞추기 위해 함께 모인 글로벌 기술 리더, 정책 입안자, 기업가들의 정상회의'로 묘사했다.

나는 〈월스트리트저널〉의 편집자나 기자 중 한 명이 진행하는 무대 인터뷰도 할 예정이었다. 나는 홍보 담당자인 지나 세이블리에게 누가 나를 인터뷰할 것인지 물었다. 바로 모니카 랭글리였다. 나는 "그녀에 대해 들어본 적이 없다"고 말하면서 지나에게 수석 기술 담당 기자 중 한 명으로 바꿔달라고 부탁했다. 하지만 지나는 사전에 모니카에 대해 조사했다며 확신에 차 말했다. 그녀는 CEO, 억만장자, 대통령 후보들을 1면 인물소개란에 보도한 〈월스트리트저널〉의 최고 작가 중 한 명이었다. 나는 마지못해 양보했다.

콘퍼런스 당일 아침에 모니카와 나는 잠깐 만났다. 그래서 우리의 무대 위 만남은 완전히 낯선 만남은 아니었다.

"안녕하세요, 마크."

그녀가 말했다.

"우리 인터뷰가 재미있었으면 좋겠어요!"

거기까진 괜찮았다. 그런데 그녀의 다음 말이 나를 멈칫하게 만들었다.

"나는 먼저 당신이 방금 인디애나에서 성소수자의 권리를 위해 싸우며 한 일에 초점을 맞출 거예요."

그러더니 이런 말도 덧붙였다.

"참고로, 나는 당신을 활동가 CEO로 소개할 겁니다."

나는 처음에 혼란스러웠다. 나는 혼자 속으로 생각했다.

'잠깐, 이 행사는 초대자 전용 기술 회의가 아니었던가?'

나는 청중 200명이 클라우드나 AI, 또는 디지털 미래에 대한 나의 비전 등 내 이야기를 듣기 위해 왔다고 꽤나 확신하고 있었다. 다름 아닌 기술 콘퍼런스에서 차별적 법을 뒤집기 위한 우리의 싸움에 대해 무대 인터뷰를 한다면 그것은 내가 CEO답지 않고, 완전히 정치적인 행위를 하는 것으로 느껴질 터였다.

게다가 나는 '활동가 CEO'라는 용어가 눈곱만치도 마음에 들지 않았다. 첫 번째 이유는 그것이 누구의 입에서 나왔는지에 따라 매우 다르게 들리기 때문인데, 불행히도 대부분의 우리 업계 사람들로부터 나온 칭찬의 말은 아닐 터였기 때문이었다.

두 번째 이유는 내가 하고 있는 일이 매우 예외적이고, CEO의 틀에서 벗어나는 일이라고 특별한 딱지를 붙이는 발상을 본능적으로 부정하려는 나의 반응에 따른 것이다. 분명히, 나는 당신이 일단 CEO가 되어 그에 맞는 고급 정장을 입으면, 당신의 성격, 가치관 그리고 일정 부분 기본적인 인간성을 집에 두고 나와야 한다는 개념에 결코 동의하지 않았다. 그래서 나는 그렇게 하기를 거부했었고, 그렇게 거부하기에는 회사가 더 낫다는 것을 알았다.

이 책의 표지를 보면, 나의 공동 저자는 다름 아닌 나를 "활동가 CEO"라고 부른 모니카 랭글리라는 것을 알 수 있을 것이다.

그러니까 우리가 이 책을 함께 썼다는 것을 통해 내 항의에도 불구하고 내가 그녀와 함께 무대에 올랐다는 것을 알 수 있을 것이다. 그리고 당신은 그녀가 인디애나, 조지아, 노스캐롤라이나에서의 성소수자의 권리를 위한 우리의 싸움에 대해 나에게 물었을 거란 걸 추측할 수 있을 것이다. 몇 달 후, 모니카는 〈월스트리트저널〉 1면에 '활동가 CEO' 마크 베니오프가 어떻게 "새로운 기업 사회 활동주의 시대를 열었는지" 상세히 기술한 기사를 썼다.

하지만 그다음 1년이 지나면서, 나는 그 용어가 점점 마음에 들었다. 아니 좀 더 정확히 말하자면, 그 용어에 적합하게 되어갔다. 2017년, 나는 모니카에게 세일즈포스 임원으로 합류해달라고 부탁했다. 그녀는 내가 실제로 활동가 CEO가 되어가는 데 있어 방어적인 내 전술들을 간파했었다.

시간이 흐르면서 두 가지 유형의 CEO가 있다고 확신하게 되었다. 세상의 상태를 개선하는 것이 그들의 사명의 일부라고 믿는 사람들과 주주를 위한 결과 전달 외에는 어떠한 책임도 없다고 느끼는 사람들이다.

과거에는 훨씬 더 많은 최고 경영자들이 후자의 범주에 속했다고 말할 수 있다. 그들이 정치적 과정에 참여하는 것은 거의 전적으로 이기적인 것이었다. 그들의 정치 참여는 세금이나 세계 무역 등의 이슈 관련 정책 과정에 영향을 미치기 위해 로비스트를 고용하거나 정치행동위원회를 후원하는 것으로 시작되고 끝났다. 그들은 직원과 지역사회, 그리고 사회 전반은 뒷전이었고 주주 신의성실 의무fiduciary duty에 매달렸다.

나는 그런 생득적인 행동 성향을 용인하지는 않지만 완전히 이해는 한다. 1980년대에 경영대학원에 다닐 때 나는 경제학자 밀턴 프리드먼Milton Friedman의 불멸의 말을 연구했었다. 그는 자신의 저서 《자본주의와 자유Capitalism and Freedom》에서 "기업의 사회적 책임은 유일무이하다"라고 썼다. 물론 그 대답은 '이익 증대'였다.

1970년 〈뉴욕타임스〉의 한 글에서 프리드먼은 기업이 "고용 제공, 차별 철폐, 오염 방지 등 그 밖의 모든 것을 오늘날의 슬로건으로 삼을 책임이 있다"고 주장하는 경영진들은 "자유사회의 근간을 위태롭게 하는 데" 대해 책임을 져야 한다고까지 주장했다.

미안하지만, 밀턴 프리드먼은 틀렸다. 그때도 틀렸고 지금 맥락에서는 두 배로 틀렸다. 기업의 책무는 주주의 이익만 창출해야 하는 것이 아니다. 우리는 그야말로 세계적으로 영향력이 크며, 대중의 일상과 매우 밀접한 기업이다. 맞다, 우리의 책무는 이익을 증가시키는 것이지만, 또한 세상의 상태를 개선하고 주주뿐만 아니라 이해관계자의 가치를 추구하는 것이다. 그것은 단지 모든 이해관계자의 이익을 위해 일하는 것이 자신한테만 좋은 게 아니라, 비즈니스에도 좋기 때문이다.

통계가 이를 증명한다. 닐슨Nielsen이 세계 60개국의 온라인 쇼핑객을 대상으로 실시한 기업의 사회적 책임 조사에서 66%가 긍정적인 사회적, 환경적 영향을 미치기 위해 헌신한 기업의 제품과 서비스에 대해 추가 비용을 지불할 의향이 있다고 답했다. 2018년 〈딜로이트 밀레니얼 서베이Deloitte Millennial Survey〉에 따르면, 밀레니얼 세대는 기업의 성공을 이익보다 혁신적인 아이디어, 제품 및 서비스의 창출과 환경과 사회에 미치는 긍정적 영향, 일자리 창출, 경력 개발 및 국민 삶의 개선, 그리고 직장 내에서의 포용과 다양성의 촉진을 최우선하는지의 여부로 평가해야 한다고 생각하는 것으로 나타났다. 2019 에델만 신뢰도 지표 조사에 따르면 비윤리적인 기업의 제품은 구매하지 않겠다고 응답한 소비자가 75%에 달했고, 86%는 윤리적인 기업에 더 충성도가 높다고 응답했다.

〈포춘〉지의 CEO 이니셔티브 2019CEO Initiative 2019는 임직원 1천100명을 대상으로 실시한 설문조사에서 87%가 비즈니스에서 도덕적 리더십의 필요성이 그 어느 때보다 크다는 데 일치된 의견을 보였다. 그러나 조사 대상 직원 중 7%만이 그들의 리더가 도덕적 리더십 행동을 자주 또는 항상 보여준다고 말했다. 믿음과 행동 사이의 불일치는 여전히 엄청나고, 리더십이 신뢰와 평등 같은 가치에 따라 발휘되지 못하는 기업에는 상응하는 결과가 있을 것이다. 즉각적으로 피드백이 일어나는 디지털 시대에, 기업과 경영자는 그들의 직원, 고객 그리고 그들이 사업하는 지역사회의 중요한 문제들을 더 이상 외면할 수 없다.

최근 몇 년 동안 더 많은 CEO들이 적어도 생존의 문제로서 사회적, 정치적 이슈에 대해 목소리를 내기 시작한 것은 우연이 아니다. 그리고 현실을 직시해보자. 정부와 다른 강력한 기관들이 점점 더 정치적 당파성, 벼랑 끝 전술 그리고 끊임없는 교착상태에 빠져들고 있다. 그러는 가운데, 기업의 참여는 더욱 필요해지고 있다. 3장에서 논의한 심화된 신뢰의 위기는 물론 점점 커지는 교육계층의 분열과 소득 불평등, 그리고 우리가 직면하고 있는 거대한 환경 문제들은 책임을 회피하고 방관하는 것이 불가능하다.

글로벌 자산운용사 블랙록BlackRock의 래리 핑크Larry Fink는 "이해관계자는 기업에 민감한 사회적, 정치적 이슈, 특히 그들이 정부가 효과적으로 하지 못하고 있다고 보는 사안에 개입하도록 밀어붙이고 있다"면서 "분열이 계속 심화됨에 따라 기업은 특히 세계의 미래 번영에 중요한 문제들에 있어 그들이 사업하는 국가, 지역, 지역 사회에 헌신한다는 것을 보여줘야 한다"고 썼다.

그래서 우리 기업들이 변화를 위한 가장 위대한 플랫폼이 될 수 있는 잠재력을 가지고 있다고 하는 것이다. 이 한 가지 사실을 생각해보자. 세계 100대 수익 창출 조직의 70%가 국가가 아니라 기업이다. 월마트, 애플, 삼성, 엑손과 같은 기업들이다. CEO부터 신입사원까지, 이런 회사에서 일하는 사람들에게는 사회적 이슈에 용기를 내고 진정한 변화를 가져올 책임뿐만 아니라 경제력도 있다. 그리고 그렇게 하는 것이 암묵적으로 허용된다.

2017년 나는 트럼프 행정부가 무슬림 7개국 시민과 난민들의 미국 입국을 금지하기로 한 후 이런 암묵적 활동이 펼쳐지는 것을 직접 목격했다. 세일즈포스, 페이스북, 마이크로소프트, 구글을 포함한 175개 이상의 기업들이 미국 연방대법원에 "미국 기업과 직원, 경제 전체에 실질적인 피해"를 입히고 "미국 기업들이 세계 최고의 인재들을 고용하는 것을 훨씬 더 어렵게 만들고 많은 비용이 들게"해 "글로벌 시장의 경쟁을 방해"하게 만들 그 입국 금지령을 폐지하라고 촉구했다.

불행히도 연방대법원은 여행금지법이라고 불리는 트럼프 행정부의 입국금지 행정명령의 수정안을 인정했다. 하지만 우리는 목소리를 높여 이 문제에 돈과 관심을 모으고, 정부 정책에 이구동성으로 더 크게 반대하고 실질적인 법적 이의제기를 하면서 국민적 담화를 바꾸는 데 기여했다.

트럼프 행정부가 '파리기후변화협약'에서 탈퇴하고, 불법체류 청소년 추방유예 제도인 다카DACA : Deferred Action for Childhood Arrivals를 폐지하기로 결정하자 역시 제너럴 일렉트릭GE부터 애플의 CEO에 이르기까지 여러 재계 지도자들이 이런 정책에 반대의 목소리를 냈다. 예를 들어, 디즈니 CEO인 밥 아이거Bob Iger는 성명을 통해 "지구를 보호하고 경제성장을 견인하는 것은 우리 미래에 매우 중요한 일들이고, 그것들은 상호 배타적이지 않다"고 말했다. 그리고 그 후

대통령 경제자문위원회 자문위원직을 사임하며 백악관의 파리기후변화협약 탈퇴 결정에 반발했다.

버지니아주 샬러츠빌에서 발생한 폭력시위 도중 백인 민족주의자 단체의 일원이 차를 몰고 돌진해 한 여성을 치어 사망에 이르게 했다. 트럼프 대통령은 그 폭력 사태의 책임이 "많은 편"에 있다고 주장했다. 그리고 그 발언 이후에 다국적 제약 기업 머크Merck의 CEO 케네스 프레이저Kenneth Frazier, GM의 메리 바라Mary Barra, IBM의 CEO 지니 로메티 등이 자문위원으로 포함되어 있던 트럼프 대통령의 전략정책포럼이 해제되었다.

기업들이 우리 사회를 분열시키는 심각한 이슈에 대해 공개적으로 입장을 밝힌 예는 얼마든지 있다. 2018년 2월 미국 플로리다주 파크랜드의 한 고등학교에서 총기 난사로 17명이 사망한 비극적인 사건이 발생한 이후, 델타항공은 총기단체협의회에 참석하는 전미총기협회National Rifle Association 회원들의 할인을 종료했다. 이들은 회사의 책무가 순전히 주주들에게 투자 수익을 제공하는 것이라는 구시대적인 생각을 여전히 지지하고 있는 사람들의 비판에 직면하기도 한다. 이에 대해 에드 바스티안Ed Bastian CEO는 〈포춘〉지와의 인터뷰에서 이렇게 말했다.

"우리의 결정은 경제적 이익을 위해 내려진 것이 아니며 우리의 가치는 파는 물건이 아닙니다……. 나는 정치인이 되려고 노력하는 것이 아닙니다. 나는 사회 활동가가 될 생각도 없습니다. 나는 지구상에서 가장 좋은 항공사를 운영할 길을 찾고 있습니다. 그 일환으로, 우리는 고객, 직원, 지역사회 파트너에 대해 책임을 지려 합니다."

CEO들은 때때로 결정을 내릴 때, 고객 중 일부가 떠날지도 모를 경제적 결과가 있을 수 있다는 것을 알아야 한다. 그러나 의심할 여지없이 더 많지는 않더라도 떠나간 만큼의 고객이 남을 것이다. 왜냐하면 사람들은 그들이 하는 일과 똑같은 일에 가치를 두는 기업들과 거래하고 싶어 하기 때문이다.

나는 최근 은퇴한 유니레버의 CEO 폴 폴만으로부터 오랫동안 영감을 받아왔다. 그는 경영을 하면서 활동주의를 그의 기업 전략의 일부로 삼았다. 그는 기업들이 더 건강한 제품을 생산하고, 노동 조건을 개선하고, 재생 가능한 에너지 자원을 채택할 것을 거리낌 없이 주장해왔다. "우리는 이 세상을 다시 온전한 정신 상태로 돌아가게 하고 사리사욕보다 더 큰 선행을 우선시해야 한다"고 그는 말했다. 그가 CEO로 재직하는 10년 동안 유니레버의 주가는 두 배 이상 증가했다. 그리고 이는 고객들이 그들이 믿는 것과 똑같은 것을 지지하는 기업에 그들의 돈을 쓰고 있다는 것을 다시 증명했다.

〈하버드 비즈니스 리뷰〉의 2018년 기사는 이러한 추세를 가장 잘 요약하고 있다. 바로 "CEO 활동주의가 대세가 되기 시작했다"고 선언한 것이다. 그 저자인 애런 K. 채터지Aaron K. Chatterji와 마이클 W. 토펠Michael W. Toffel에 따르면, 이것은 새로운 표준의 물꼬를 튼 것에 불과하다.

그들은 "CEO들이 사회적, 정치적 이슈에 대해 목소리를 낼수록 그들이 그렇게 할 것으로 점점 더 기대가 모아질 것"이라면서 "트위터 시대에는 침묵이 더 눈에 띄고, 결과적으로 더 중대하다"고 썼다.

점차 기업들이 어려운 이슈에 관여하지 않을 수 없게 되고 있는데, 그 이유는 직원들이 그것을 요구하기 때문이다. 2019년 에델만 신뢰도 지표 조사는 직원의 71%가 그들의 CEO가 도전적인 이슈에 관여하는 것이 매우 중요하다고 응답했다. 그리고 일반 인구의 76%는 CEO가 정부가 관여하기를 기다리기보다 사회적 이슈 해결에 앞장섰으면 한다고 응답했다. 이러한 요청을 무시하는 기업들은 그들의 의뢰인과 고객뿐만 아니라 최고의 유능한 인재들을 멀어지게 하는 꼴이다.

우리는 고객, 직원 그리고 지역사회, 즉 지역과 세계 그리고 그 사이에 있는 모든 것을 다른 지지층으로 생각하곤 했다. 하지만 사실 그들은 결국 그렇게 다르지 않다. 그들은 모두 우리 기업이 일하는 더 큰 생태계의 일부분이다. 그리고 그들은 다 같이 우리가 그들이 원하는 혁신적인 제품을 제공하고, 그들이 관심 갖는 가치를 지지하겠다는 약속을 이행하라고 요구한다.

우리의 시민 의무, 그리고 우리의 기업 책임

이미 수백 개의 기업들이 사업을 잘하고 성공하는 것과 사회에 좋은 일을 하는 것이 대립하지 않는다는 것을 보여주었다. 그렇기 때문에 2018년 가을에 주민 발의안 C가 등장할 무렵, 나는 더 이상 우리가 가파른 언덕 위로 혼자 바위를 굴리고 있다고 느끼지 않았다. 그렇지만 알고 보니, 내가 완전히 옳았던 것도 아니었다.

인정컨대, 노숙자 지원은 내 개인적인 차원의 일이었다. 이 책의 시작 부분에서 어렸을 때, 나는 할아버지, 마빈 루이스가 나와 함께 도시를 산책하면서 노숙자들에게 20달러짜리 지폐를 주는 방식에 항상 감명 받았다고 했다. 또한 도시 감독관이셨던 할아버지는 노숙자를 대변했다. 내가 할아버지에 대한 이야기에서 가장 좋아하는 것 중 하나는 샌프란시스코 감리위원회 회의에서 샌프란시스코의 '최고급 쇼핑 지구에서 불과 몇 블록 떨어진 곳'에 살고 있는, 집 없는 어린이들에 관한 단편 영화를 보여주려고 했을 때의 이야기다. 시장은 할아버지를 저지했지만, 할아버지는 결코 싸움을 포기하지 않으셨다.

그래서 아마도 아내 린과 내가 샌프란시스코의 노숙자, 특히 노숙자 가정의 곤경을 종식시키기 위해 일하기 시작했을 때 나는 내가 할아버지를 따라가고 있을지도 모른다고 생각했었다. 2011년, 우리는 〈샌프란시스코 크로니클San Francisco Chronicle〉 일간지에서 초등학교 4학년 노숙자인 루디에 대해 쓴 질 터커의 글을 읽었다. 그녀는 루디가 어린 남동생과 부모님과 함께 노숙자 쉼터, 버스 정류장 쉼터와 공원에서 어떻게 밤에 잠을 자는지에 대해 썼다. 평일에 루디는 지치고 배고픈 상태임에도 초등학교에 가기 위해 두 대의 버스를 타곤 했다.

그 이후로 린과 나는 도시의 노숙자를 위한 주택과 서비스에 약 2천만 달러의 자금을 지원했다. 그리고 2016년에는 가족 노숙을 종식시키기 위해 샌프란시스코시의 캠페인 '집으로'에 매칭 펀드로 1,000만 달러를 기부했다. 또한 2018년에는 샌프란시스코의 텐더로인 지구에 위치한 호텔을 노숙인 전용 주택으로 바꾸기 위한 브리스톨 호텔 하우징 프로젝트Bristol Hotel Housing Project에 600만 달러를 기부했다. 세일즈포스닷오알지는 노숙자 종식을 위해 거의 600만 달러를 기부했다.

나는 또한 몇 년 동안 샌프란시스코의 거의 모든 고액의 순자산가에게 내 주장의 정당성을 입증하기 위해 공손히 굴었고, 다른 사람들을 우리와 함께 하도록 설득하려고 애썼다. 하지만 내가 배웠듯이, 자선사업만으로는 노숙과 다른 사회적 문제들을 실질적으로 변화시킬 수 있는 제도적 변화를 제공하지 못할 것이다.

나는 주민 발의안 C에 대해 기술업계의 자유로운 지지를 기대하지는 않았다. 하지만 많은 기업과 개인이 새로운 세금 법안 지지를 딱 부러지게 거부했다는 사실에 계속 놀랐다. 리프트와 스트라이프Stripe 등의 기업은 물론, 마이클 모리츠, 폴 그레이엄과 같은 벤처 투자가들은 '주민 발의안 C 반대No on Prop C' 캠페인에 기부했다. 실제로 몇몇 개인들은 내게 전화를 걸어 그 발의안에 반대해달라고 했다. 나는 사업에 기반한 그들의 주장을 들었다. 그들은 주민 발의안 C는 충분한 책임감이 없고, 한 가지 문제만을 해결하는 법인세 인상은 시작하면 끝이 없어 파멸에 이르는 길의 시작이라고 말했다. 그것은 미래에 다양한 사회 문제를 핑계한 더 많은 세금으로 이어질 수 있다는 것이었다. 그때 대중은 '세금 인상 캠페인에 목숨을 거는 것은 기업의 자살 행위'라는 인상을 받았다. 그러나 나는 노숙의 위기 해결은 우리 도시에 너무 중요한 문제이기 때문에 그렇게 해야 한다고 느꼈다.

이에 대해, 나는 우리 투자자들이 세일즈포스의 지역사회 환원에 대해 불평하지 않는다는 것을 증명하기 위해서 누구든 우리 편을 들어주는 사람에게 14년간의 주식 차트를 살펴보라고 말했다. 그러면 사람들의 생각과는 정반대의 현상이 드러날 것이었다. 2018년 전체 시장이 10년 만에 최악의 한 해를 보냈는데도 우리 주가는 31%나 올랐다. 뿐만 아니라 2004년 주식시장에 상장한 이래로 2018년 6월까지 주주들에게 3천300%의 수익률을 제공했다. 그것은 사회에 좋은 일을 하는 것이 사업을 잘하고 성공하는 것과 일치한다는 징조들이다.

주민 발의안 C에 반대하는 일부 회사들은 그들의 주된 걱정이 이윤이나 주가 때문이 아니라고 주장했다. 그들은 샌프란시스코를 위해 그 계획에 반대한다고 말했다. 그 반대 주장에 따르면, 5천만 달러 이상의 수입에 대한 1%의 절반이라는 아주 적은 세금이 임대료를 훨씬 더 감당할 수 없게 만들어 그들이 창출한 일자리와 그들이 지불한 세금과 함께 샌프란시스코를 떠나게 할 수 있다는 것이었다. 나는 그들의 논리를 의심했고, 그들이 노숙을 비교적 고통 없는 증세보다 그들의 비즈니스와 지역사회에 더 실제적인 위협으로 바라볼 수 없다는 것이 이해가 되지 않았다.

나는 동료 업계 리더들이 올해 초 시애틀에서 아마존이 법인세 발의안을 무산시켰던 것을 예의 주시했다고 추측했다. 하지만 그들이 아마존의 선례를 따르지 못하게 할 작정이었다. 그리고 시스코 시스템스 CEO인 척 로빈스Chuck Robbins와 벤처투자가 피터 펜턴 등 재계 총수 몇 명이 공개적으로 주민 발의안 C를 지지해준 것에 감사했다.

그럼에도 불구하고, 주민 발의안 C는 11월 6일 투표까지 자금력과 지지 면에서 열세였다. 그래서 나는 내 병력을 집결시켰다. 세일즈포스 경영진에게 내 계획을 제시하자 그들은 빠르게 동의했다. 우리의 가치를 살리는 데 헌신하는 기업으로서, 세일즈포스는 캠페인 지원 활동에 500만 달러를 기부하고, 나는 개인적으로 200만 달러를 기부하기로 했다. 우리의 정부 담당부서, 법무부서, 공보부서 직원들도 가세했다. 우리는 유권자들에게 그 발의안에 찬성표를 던지라고 촉구하는 TV 광고를 제작했는데, 일반 시민은 노숙자 프로그램 지원 자금에 한 푼도 지불하지 않을 것이며, 우리 같은 대기업에만 세금이 부과될 것이라고 알리는 내용이었다.

여론조사에 따르면 선거를 한 달 앞둔 시점에서 주민 발의안 C는 약세였다. 그러나 그 후에도 나는 쉬지 않고 트위터, 언론 출연, 연설 캠페인을 벌였다. 솔직히 지치는 일이었지만, 전세를 역전시키기 위해 어떻게든 내 힘으로 할 수 있는 모든 것을 할 작정이었다.

주민 발의안 C 캠페인 동안 나의 등대는 우리 도시와 이름이 같은 수호성인인 아시시의 성 프란치스코Saint Francis of Assisi였다. 그는 나에게 "어둠이 있는 곳에 빛을…… 절망이 있는 곳에 희망을 가져오는 자 되게 하소서"라는 말을 남겼고, 그리고 마지막에 "우리는 줌으로써 받기 때문입니다"라는 말로 영감을 주었다.

아이러니하게도, 동료 기술업계 CEO의 반대의 목소리 덕택에 결국 주민 발의안 C에 유리하게 전세가 뒤집히기 시작했다. 11월 6일 선거를 3주도 채 남겨두지 않은 시점에서, 샌프란시스코의 훌륭한 두 기술 총아인 트위터와 스퀘어의 설립자 겸 CEO인 잭 도시Jack Dorsey가 나의 많은 트윗 중 하나에 응답했다. 그는 "나는 샌프란시스코와 캘리포니아의 노숙자 문제해결을 돕고 싶다"라고 트윗했다. 그리고 이어 트윗을 날렸다.

"나는 이것이(주민 발의안 C) 최선의 방법이라고는 생각하지 않는다."

나는 즉각 반응했다.

"안녕 잭."

나는 트위터로 응답했다.

"피드백 고맙소. 당신은 우리 도시의 어떤 노숙자 프로그램을 지원하고 있습니까? 트위터와 스퀘어 그리고 당신이 어느 정도의 재정 수준이면 찬성할지 말해줄 수 있습니까? 모든 노숙자 아이들이 길거리에서 벗어나도록 하는

37만 달러 규모의 '집으로' 이니셔티브에 당신은 얼마를 기부했습니까?"

나는 이미 답이 '0원'라는 것을 알고 있었다.

그러고 나서 나는 그동안 쭉 잭이 시내 주요 도로 중 하나인 마켓 스트리트에 사무실을 차리는 조건으로 특별 세금 감면을 받아왔고, 어떻게 잭이 트위터와 스퀘어로 500억 달러의 시가총액을 창출하고 개인적으로는 60억 달러 이상을 벌어들였는지 지적했다.

"그의 회사와 그가 개인적으로 우리 도시, 노숙자 프로그램, 공립 병원, 그리고 공립학교에 정확히 얼마를 기부했는가?"

내가 반어적으로 물었다.

물론, 언론은 좋을 대로 우리의 트윗을 '트위터 불화'라고 부르며 신나서 떠들어댔다. 헤드라인은 '테크 거인들의 싸움'부터 '노숙자를 둘러싼 기술 억만장자들의 전쟁'까지 다양했다. 기사 보도가 내 입장을 압도적으로 지지했을 것이라고 생각할 수도 있겠지만 그렇지 않았다. 〈잉크Inc.〉 잡지는 "저커버그Zuckerberg를 적대시하는 것에 그치지 않고, 베니오프는 또 많은 그의 동료 기술 억만장자들과 격돌하고 있다……. 그리고 영화에서 모스라와 싸우는 고질라처럼, 베니오프는 그가 하고 있는 일을 하고 있을 필요가 없다"고 썼다. 그리고 〈패스트 컴퍼니Fast Company〉 잡지는 잭이 노숙자 구제에 반대한다는 식으로 "트위터를 비하"했다며 나를 비난했다.

그 점에 있어서, 나는 유죄다. 나는 그 문제를 당신은 노숙자를 위하는가 아니면 당신 자신을 위하는가, 라는 양자택일의 사안으로 표현했다. 나는 온 세상 사람들이 다 알게 노래를 불렀고 결국 우리 시는 내 말을 들어주었다. 잭 도시와 나의 설전 때문에 주민 발의안 C는 주민투표에서 가장 뜨거운 이슈가 되었고, 11월 6일 주민 발의안 C는 61%의 지지에 강력한 표차로 통과되었다.

매년 약 3억 달러에 이르는 이 새로운 노숙자 지원 자금은 그들이 겪는 모든 측면의 위기를 해결하는 데 배정되었다. 1천 개 이상의 새로운 쉼터 침상과 4천 명 이상이 들어가 살 수 있는 주택을 제공할 것이며, 심각한 정신질환자들을 치료하는 데 7천500만 달러가 할당될 것이다. 또한, 이 기금은 수천 명의 주민들이 강제퇴거를 당하지 않도록 지원이나 보조금을 제공할 예정이다. 이는 샌프란시스코 시민들이 노숙자가 되는 것을 막는 데 중요한 조치가 될 것이다.

주민 발의안 C가 통과된 지 몇 주 만에, 기술 대기업과 다른 현지 기업들이 그 뜻을 이해했다. 그들의 많은 직원들은 자신들의 리더가 옳은 일을 하지 못한 데 실망했다. 이들 기업들은 직원들이 고객과 같은 종류의 기대를 가지고 있다는 것을 깨닫기 시작했다. 그리고 샌프란시스코의 기술업계처럼 치열한 고용시장에서 이러한 다른 '고객'들을 행복하게 하는 것도 그만큼 중요하다는 것도 깨달았다. 우리 모두는 유능한 기술직 노동자들이 현재 기업에서 행복하지 않다거나 그들이 일하는 회사가 그들의 가치를 공유하지 않는 것처럼 느껴질 때 새로운 기업을 찾는 것은 문제도 아니라는 것을 알고 있다.

그렇기 때문에 샌프란시스코에서 에어비앤비가 현재 노숙에 500만 달러를 지출하고, 트윌리오 CEO 제프 로슨Jeff Lawson이 항만지역의 노숙자 서비스를 보조하기 위해 100만 달러를 기부한 것이었다. 시애틀에서 마이크로소프트는 '저렴한 주택연구소'를 발족했고, 아마존은 노숙자를 돕기 위해 회사 캠퍼스에 비용과 공간을 제공하고 있다.

역사적으로 기업들은 세금 반대 입장에 서 있었다. 하지만 이젠 우리의 가장 시급한 문제를 해결하기 위해 자금을 조달할 수 있는 방법을 지원하고 있다. 그런 만큼 그들은 지역사회와 국가를 우선시하는 데 앞장설 필요가 있다는 것을 마침내 깨닫고 있을지도 모른다.

하지만 주민 발의안 C가 통과된 후 몇 달 동안 그 싸움을 되돌아보면서, 나는 수많은 사람들이 그 발의안에 반대했다는 데 놀랐다. 세금 인상을 받아들일 것 같았던 CEO들뿐만 아니라, 매일 시내 거리에서 살고 있는 같은 시민들의 고통을 목격하면서도 그것을 고치기 위해서 고안된 정책에 반대표를 던졌던 평범한 샌프란시스코인들. 그때 나는 다음과 같은 사실을 깨달았다. 주민 발의안 C의 반대론자들은 노숙에 대해 관심이 없는 것이 아니라 단지 그것을 해결하는 가장 좋은 방법에 대해 서로 다른 생각을 가지고 있을 뿐이었다.

이러한 통찰력은 린과 내가 3천만 달러 규모의 UCSF 베니오프 노숙자 및 주택 이니셔티브에 자금을 보조하도록 고무시켰다. 그 이니셔티브는 정책 입안자, 지역사회 지도자 그리고 대중들이 어떻게 사람들이 노숙자가 되는지를 이해하고 그 위기를 완화하기 위한 해결책을 찾도록 돕는, 믿을 수 있고 확실한 과학기반의 연구개발을 목표로 했다.

세계가 노숙의 진실을 찾아가는 데는 길잡이가 절실히 필요하다. 데이터는 우리가 노숙자와 주거 문제를 해결하는 데 있어 실질적인 차이를 만들어낼 수 있는 프로그램에 투자하도록 보장하는 데 꼭 필요하다. 예를 들어, 데이터는 만성적인 성인 노숙자에게 영구 지원 주택을 제공한다면 85% 이상의 그 거주자에게 장기 주거 안정성을 창출하며 종종 정부 지출의 전반적인 감소도 함께 일어난다는 것을 보여준다. 이 이니셔티브의 책임자인 마고 쿠셀 박사는 빈곤, 가정폭력, 나이, 가족 규모, 실업 사무실 방문 등의 요인을 연구하는 연구팀을 이끌고 노숙을 예방하고 종식시키는 가장 효과적인 방법을 설계하고 있다.

의학, 신생 연구 그리고 데이터에 의존해, 무엇이 가장 효과적인지 더 이상 논쟁하지 않아도 되기를 바란다. 우리의 직감, 가정 그리고 허풍쟁이 약장수와 정치가들을 통해 우리에게 전달된 부분적인 진실이 우리 입장의 기초를 이루게 해서는 안 된다. 대신에, 우리는 간단히 과학을 우리의 지침으로 삼을 것이다.

왜냐하면 일단 우리가 서로 싸우는 것을 멈추고 함께 일하기 시작하면 변화가 일어날 수 있기 때문이다. 그것은 시민으로서의 우리의 의무이자 기업의 책임이다.

● ● ●

물론 기업이 모든 해답을 가지고 있는 것은 아니다. 그리고 기업을 이끄는 사람들도 마찬가지다. 사실, 변화의 가장 열정적인 대변자로 부상하는 사람들은 생각해보면 경영진으로부터 멀찌감치 떨어져 앉아 있는 사람들일 때가 많다. 이 사람들은 우리가 함께 갈 필요가 있고 우리의 환상을 깨주는 사람들이다. 또한 정신을 번쩍 들게 해 우리가 안락지대에서 벗어날 수 있게 해주고, 지역사회와 다른 사람들에 대한 우리의 책임을 상기시켜준다.

전 세계 수억 명의 사람들이 매일 일어나 일하러 가면서 그들의 가치를 집에 두고 나올 필요가 없다. 어려운 문제에 대해 자신의 견해를 표현할 수 있는 권한이 있다고 느끼는 직원들은 더 나은 직원일 뿐 아니라 더 많은 성취감을 느끼는 사람들이다. 그리고 리더로서 우리가 믿는 대의명분에 대해 말할 때, 직원들도 똑같이 하도록 고무시킨다. 개인의 가치, 또는 우리가 개혁운동을 하기로 선택한 특정 이슈에 상관없이, 우리는 행동을 문화 규범으로 삼아 모든 직장의 모든 사람들에게 트레일블레이저, 활동가 그리고 변화의 주역이 될 수 있도록 권한을 부여한다.

전 세계의 CEO와 그들의 기업이 그들의 가장 복잡한 비즈니스 문제를 해결하는 데 발휘하는 것과 똑같은 집중과 혁신을 가장 복잡한 사회적 문제를 해결하는 데 적용하는 미래를 상상해보라. 다 함께, 세상을 더 나은 곳으로 만들기 위해 모든 개인이 개별적으로 활발히 활동하는 문화를 만듦으로써 그런 미래를 현실로 만들 수 있다.

에필로그

2018년 1월, 이 책의 원고를 쓴 지 얼마 되지 않았을 때 세일즈포스 타워가 샌프란시스코 사업을 위해 공식적으로 문을 열었다. 61층짜리 이 건물은 미시시피 서쪽의 가장 높은 구조물이자 가장 높은 고층 건물 중 하나다.

거짓말이 아니라 나는 진짜로 전율을 느꼈다. 나는 이 프로젝트에 몇 년이란 시간을 쏟아부었다. 미션 스트리트에서 적합한 위치를 찾고 나서 로비에 있는 여러 가지 색상의 가구에서부터 벽에 붙일 예술적 타일에 이르기까지, 디자인 세부사항을 손봤다. 나는 세일즈포스 타워의 완성이 회사 역사에 중요한 이정표를 세웠다는 것을 알고 있었다.

이보다 더 자랑스러울 수는 없었다. 또한 몇몇 사람들이 그것을 싫어할 것이라는 것도 알고 있었다.

많은 외부인들에게, 우리의 이름이 새겨진 이 건물은 샌프란시스코의 상징적인 스카이라인을 방해하는 지나치게 화려한 유리벽으로 보일 수도 있다. 그들은 그것을 어떤 고삐 풀린 부자의 기념비나 거대 건축을 지향하는 에디피스 콤플렉스edifice complex 증상으로 볼지도 모른다. 그 정도는 괜찮다. 눈을 치켜뜨고 나를 보는 사람들이 어떤 사람들인지 이해하기 때문이다. 많은 사람들은 화려한 고층빌딩을 최악의 기업 사치와 연관 짓기도 한다.

세일즈포스 타워의 경우 그런 비판 중 어느 것에도 해당하지 않는다는 것 또한 나는 잘 알고 있었다. 기본적으로 나는 이 타워를 나의 사랑하는 할아버지 마빈 루이스에 대한 경의와 포용적 발전을 향한 그의 열정으로 간주했다. 책 초반 내용에서 다뤘듯이, 그는 거대한 규모로 구상된 또 다른 샌프란시스코 건설 프로젝트였던 바트의 숨은 원동력이었다. 할아버지는 진정으로 시민을 위해 봉사하기 위해서는 도시가 성장해야 한다고 믿었다. 건설자나 큰 야망이 없는 도시는 성장하지 않기 때문이다.

나는 또한 세일즈포스 타워가 내 고향에 대한 강력한 충성을 말해주기를 원했다. 이 타워는 샌프란시스코 시내에 자리한 우리의 영원한 세일즈포스 본부가 될 것이다. 우리는 우리가 여기에 머무르려 한다는 메시지를 각계각층의 사람들에게 보내고 있는 셈이었다. 우리는 다른 곳에서 얻을 수 있는 편리함, 비용 효율성 그리고 세금 혜택 때문에 샌프란시스코를 떠나지 않을 것이다. 대형 사무실 건물은 더 많은 일자리 창출과 많은 새로운 기업 지원을 약속한다. 우리는 지역사회에 의미 있고 유익한 존재가 될 작정이었다.

나는 61층짜리 새로운 고층빌딩이 우리의 위상을 높여주고 대중의 높은 관심을 모이게 할 것이라는 것을 알았다. 어쨌든 61층짜리 유리 탑을 숨긴다는 것은 말도 안 되는 것이었다. 그래서 내 생각에 세일즈포스 타워는 투명성과 우리의 첫 번째 가치인 신뢰에 대한 약속의 표현이기도 했다.

개관식까지 이어지는 세월 동안 우리의 가치는 회사 구조 밑바탕에 속속들이 깊이 깔리게 되었다. 나는 그 가치들이 기업 경영자로서의 나의 임기보다 더 오래갈 수 있을 만큼 충분히 강하다는 것을 알고 있었다. 미래에 누가 경영자가 되든 우리의 가치를 더욱 높일 것이라고 믿었다. 그렇다면 모든 사람들이 볼 수 있는 건축물을 세우는 것이 왜 안 되겠는가?

개관식 동안 나는 나를 이곳까지 오게 한 여정에 영감을 준 두 사람, 2012년에 돌아가신 나의 아버지 러셀 베니오프와 1991년에 돌아가신 나의 할아버지 마빈 루이스, 그들이 이 세상에 없다는 사실 때문에 씁쓸했다. 두 사람의 영혼이 함께하고 있다는 것을 알고 있었지만, 그들이 이 빌딩을 올려다보며 지었을 표정을 볼 수만 있다면 나는 무엇이든 내주었을 것이다. 하지만 소년 시절 할아버지와 함께 시내를 걸었던 모습을 떠올리면, 그가 만족스러워했을 것이라고 확신한다.

세일즈포스 타워로 이사 온 지 며칠 후, 나는 갑자기 짐을 풀지 않고 내버려 둔 채 떠나고 싶은 충동이 일어 밖으로 산책을 나갔다. 어딘가 가야 한다는 느낌이 들었고, 2분 후 많은 세일즈포스 직원들이 매일 아침 출근길에 지나다니는 엠바카데로 역에 도착했다.

하지만 나는 기차를 타진 않았다. 벽에 붙어 있는 작은 화강암 명판을 보러 온 것이었다. 그 명패는 할아버지께 헌정된 것이었다.

이 역을 지나칠 때마다 나는 멈춰 서서 명패에 새겨진 글을 읽는다. 명패에는 마빈 루이스를 "대중교통의 선구자"라고 칭하며 그의 "개혁운동 정신"과 "불굴의 인내"가 이 도시에 '필적할 수 없는 가치'라는 선물을 선사했다고 새겨져 있다.

나는 그것이 과장된 표현이란 것을 인정한다. 그러나 기억하라. 이 글귀는 사람들이 영웅, 심지어 흠이 있더라도 영웅을 믿는 경향이 훨씬 더 강하고 덜 복잡했던 시절에 작성되었다는 것을. 할아버지는 훌륭한 분이셨지만, 분명 완벽하지는 않았다. 완벽한 사람은 아무도 없다.

사실 이 북적거리는 역은 한 사람의 상상 속에서 야무진 비전을 갖고 출발했다. 그리고 그만큼 막대한 비용과 복잡성을 수반했다는 데는 의심의 여지가 없다. 그러나 여기에는 두 가지 다른 사실이 있다. 첫째는 바트가 샌프란시스코의 필수 입구이자 경제 엔진이 되었다는 것이다. 그리고 둘째, 그것이 만들어낸 헤아릴 수 없는 가치는 그 가치에 영감을 불어넣은 가치에서 성장했다는 것이다.

내 생각에 세일즈포스 타워는 내가 따라 살기를 열망하는 트레일블레이저 정신의 기념비다. 즉, 미래에는 비즈니스 가치의 가장 고귀한 형태는 가장 고귀한 인간의 가치에 의해 인도되는 종류가 될 것이라는 생각이다.

• • •

처음 클라우스 슈밥이 사용한 "4차 산업혁명"이라는 말을 들었을 때, 머릿속에 만화 속 전구처럼 아이디어가 불쑥 떠올랐다.

나는 오래전부터 내가 일생 동안 보아온 급속한 기술 변화의 속도가 인류

역사에서 유일한 것인지 의심해왔었다. 물론 나는 최신성과 규모의 개념을 이해하고 있었다. 그 개념들은 항상 주변에서 일어나고 있는 일을 보고 그 일이 틀림없이 특별할 것이라고 결론짓도록 부추긴다는 것을 시사한다. 그러나 클라우스는 그것이 정말로 특별하다고 우리 모두를 납득시켰다.

역사를 통틀어, 대담하고 낙천적인 수많은 개인과 운동은 후세들이 따라올 수 있는 새로운 길을 열었다. 지난 70년에 걸쳐, 우리는 어두운 시대를 보았지만, 또한 믿을 수 없을 만큼 비약적인 인류 발전도 보았다. 몇 가지를 예로 들면, 지속적인 세계 빈곤 퇴치, 폭넓은 교육 접근으로 읽고 쓰는 능력 증가, 민주주의와 자유 시장 경제의 확산 그리고 종말론적 전쟁의 부재가 그렇다. 오늘날 태어난 사람들은 그들의 건강과 행복에 대한 즉각적인 위협이 줄어들어 더 오래 살 것으로 보인다.

그렇긴 하지만, 우리는 할 일이 많다. 생태계를 위협하는 기온 상승, 바다를 오염시키는 플라스틱, 그리고 초당 1에이커의 속도로 발생하는 지구상의 삼림 벌채 등 더 뭐라 할 것 없이 머릿속을 때린다.

4차 산업혁명은 펼쳐지고 있는 이 이야기 속에서 기술에 주도적 역할을 부어했다. 그리고 그 이야기가 어떻게 끝나느냐는 전적으로 이 시대가 이룩해 놓은 발전과 함께 우리가 무엇을 선택하느냐에 달려 있을 것이다. 한편, AI, 양자 컴퓨팅, 로봇공학, 연결성, 유전공학의 발전은 우리를 더 건강하고, 더 안전하고, 더 번창하게 만들 수 있는 방법으로 적용될 수 있다. 동시에, 우리가 조심하지 않는다면, 이러한 혁신은 불평등을 더욱 격화시키고, 지구의 파괴를 가속화하며, 재앙적인 해를 가하는 데 사용될 수 있다.

어떻게 보면 '산업혁명'이라는 용어가 오해를 불러일으키고 있다고 볼 수 있다. 기술은 변화와 대변동의 속도를 가속화하고 있을 수도 있지만, 다음의 혁명은 덜 유형적인 무언가로 특징지어질 것이다. 그것은 새로운 기계, 새로운 기술, 심지어 새로운 아이디어를 수용하는 것이 아니라 새로운 사고방식을 채택하는 것이다.

과거에 우리는 인류의 건강과 행복을 향상시키기 위해 기술, 비즈니스, 과학, 의학의 발전에 의존했다. 그러나 4차 산업혁명은 우리를 새로운 변곡점에 이르게 했다. 그 점에서부터 기술 자체의 한계 이익은 감소하기 시작하는 반면, 의도하지 않은 결과의 복잡성은 커질 것이다. 우리가 지금 행동하지 않는다면, 그 두 가지 힘은 결국 교차할 것이고 빠른 변화의 비용이 이익을 초과하기 시작할 것이다. 간단히 말해서 우리는 갈림길에 섰고, 이 순간부터 앞으로 우리가 취하는 행동들은 미래 세대에게 어떤 세상을 남겨주느냐에 결정적인 영향을 미칠 것이다.

대담한 발언을 하나 할 것이다. 미래의 역사가들은 내 말에 동의하지 않을 수도 있고, 당신은 분명히 그럴 필요가 없겠지만, 나는 지금이 4차 산업혁명의 혁명이 끝나가고 있는지 고려하고, 새로운 시대를 위한 길을 열 때라고 생각한다.

우리는 풍부한 혁신과 창의력의 시대를 살고 있다. 5차 산업혁명은 이 모든 '발전'을 공익을 위해 활용할 수 있는 방법을 찾는 것이다. 미래의 성공은 그 혁신과 창의성의 결실이 우리 민족과 지구의 안녕을 최우선에 두는 방식으로 이용되느냐에 따라 좌우될 것이다.

발전과 파괴 사이의 달리기에서 승자와 패자를 고르는 데 시간을 낭비할 수 없다. 우리의 운명은 묶여 있다. 우리는 세상을 보다 정의롭고 평등한 곳으로 만드는 데 중점을 둔 다른 종류의 세계적인 의제를 추구하기 시작해야 한다. 또한 우리는 하늘, 바다, 숲에 끼친 피해를 되돌릴 필요가 있다.

2019년 봄, 이 글을 쓰면서 앞으로 몇 년 안에 노동력을 지배할 세대를 생각해봤다. 〈2018 딜로이트 밀레니얼 서베이〉는 밀레니얼 세대와 Z세대의 구성원들은 그들의 비즈니스 리더들이 4차 산업혁명이 일으킨 변화에 조직과 직원들을 준비시킬 뿐 아니라, 세상에 긍정적인 영향을 미치는 데 적극적으로 나서기를 바란다는 사실을 발견했다.

만약 그 조사 결과가 맞는다면, 그들의 바람이 비즈니스에 미치는 파장은 깜짝 놀랄 만할 것이 될 것이다. 현재와 미래에는 사람들이 하는 일의 성격, 그리고 그들의 직장 환경의 본질은 기업이 과거에 집중해온 '성공'의 피상적인 과시요소 이상의 의미일 것이다.

물론 이것은 빛나는 현대식 사무용 빌딩에 대한 이야기가 아니다. 이 딜로이트 연구는 다른 많은 사람들과 함께 오늘날의 노동자들, 특히 젊은 노동자들이 점점 더 고귀한 목적을 위해 직장에 헌신하고 있다는 것을 보여주었다. 그리고 이러한 인간의 기본적인 욕구를 충족시키지 못하는 기업들은 수명이 얼마 남지 않았다는 것을 알게 될 것이다.

앞으로 번영하기를 원하는 기업들엔 더 이상 "우리 사업 잘하고 있나?"란 질문은 없다.

질문은 "우리 사회에 좋은 일을 하고 있나?"로 귀결될 것이다.

이 책에서, 나는 어떻게 이 질문들이 불가분의 관계가 되었는지를 보여주려고 노력했다. 4차 산업혁명이 우리의 삶을 계속 바꾸고 있기 때문에, 더 이상 좋은 일을 하지 않고 성공할 수 있는 선택지는 없다. 앞으로 피할 수 없는 파괴에 맞서, 우리는 직원과 다른 이해관계자들이 기업들에 그들의 가치를 영구히 적용하라고 더 이상 요구할 필요가 없는, 이른바 근본적인 신뢰의 위치에 이를 필요가 있다. 근본적인 신뢰가 높은 모든 기업은 가치기반 문화를 육성하고 변화를 위한 강력한 플랫폼이 될 수 있다.

● ● ●

우리가 여기서 취하는 행동이 이 이야기의 끝을 결정할 것이고, 나는 그 행동들이 쉬울 거라고 기대하지 않는다. 하지만 내겐 낙관할 만한 이유가 많다.

나는 신뢰받고, 모든 이해관계자의 성공에 헌신하는 기업, 정부, 조직을 구축하고, 세상을 더 좋게 바꾸는 혁신을 추구할 수 있다고 낙관한다. 나는 비즈니스뿐만 아니라 모든 장소에서 만난 수천 명의 젊은이들의 이상주의와 행동에 영감을 받는다. 그들은 방관하고 있지 않다. 그들은 직장에서 목소리를 높이고 자원봉사를 하고, 돈을 기부하고, 사회문제에 관여하고, 집회와 시위에 참여하고, 의사결정을 하고, 소비자로서는 환경에 미치는 자신의 영향을 줄이고 같은 일을 하는 기업에 보상함으로써 자신의 신념을 지탱하고 있다.

또한 우리가 일터를 좀 더 포용적으로 만들 수 있고, 그렇게 함으로써 더 나은 비즈니스 결정을 내릴 수 있다고 확신한다. 모든 성별, 인종, 민족 그리고 성향의 사람들이 모두 대표주자가 된다면, 우리는 자신의 다양한 배경과 경험으로부터 얻은 귀중한 지혜를 충분히 활용할 수 있을 것이다.

이 책을《트레일블레이저》라고 부르기로 결정했다. 왜냐하면 이 책은 그 핵심이 미래의 성공적인 기업과 개인을 정의하는 종류의 변화를 이끄는 것에 관한 책이기 때문이다. 통상 재계 지도자들이 미래의 변화와 혁신을 이야기할 때는 5년, 3년 또는 1년(다음 분기는 아니더라도) 관점으로 내다볼 것이다.

그러나 진정한 트레일블레이저가 되기 위해서는 더 긴 관점을 가져야 한다. 즉, 내 말은 20년, 50년, 혹은 100년, 어쩌면 더 오랜 시간일 수도 있다는 것이다. 만약 이것이 극단적으로 보인다면, 인생의 황혼기에 흔들의자에 앉아 당신이 지구를 구하기 위해, 또는 노숙을 종식시키거나 모든 사람들에게 동등한 교육을 보장해주는 일을 돕는 데 더 많은 일을 했어야 했는지 궁금해 하는 당신 자신을 상상해보라. 만약 손자들이나 증손자들이 당신에게 더 많은 것을 했어야 했지 않느냐고 묻는다면, 당신이 그들에게 어떤 말을 할 수 있을지 상상해보라.

트레일블레이저가 되는 것은 오늘날의 이해관계자를 돌보는 것만이 아니라 미래 세대의 이해관계자를 위해 더 나은 세상을 만드는 것이다.

나는 공손하고도 긴급하게 당신이 나와 함께하도록 당신을 초대한다.

감 사 의 말

이 책에서, 나는 세일즈포스의 네 가지 핵심 가치와 가치가 가치를 창출하는 방법에 대해 썼다. 그 모든 가치에 감사함이 깃들어 있다. 결국 우리는 모두 연결되어 있고, 홀로 의미 있는 무언가를 성취할 수 있는 사람은 없다. 겸허하게 당신에게 영감을 주고 일으켜 세운 모든 사람들의 헌신을 소중히 여기는 것이 중요하다. 그리고 감사는 신뢰의 핵심이다. 왜냐하면 우리를 믿어준 사람들에 대한 감사를 표함으로써 우리는 그 신뢰를 다른 사람에게 전파하는 것이기 때문이다.

이해관계자들의 지지와 격려, 신뢰가 없었다면 세일즈포스는 그저 다른 기업이 되었을 것이다. 그것은 내 기조연설이든 고객 영업 발표든 내부 미팅이든지 간에 어떤 세일즈포스 임원이라도 전 세계에서 하는 모든 발표를 '감사합니다'로 시작하는 이유다.

우리는 누구에게나 선택권이 있다는 것을 알기 때문에 감사하다. 우리의 고객은 우리의 경쟁자 중 하나를 선택할 수 있다. 직원들은 다른 곳에서 일할 수 있다. 파트너는 우리의 제품을 지원하지 않을 수 있다. 주주들은 다른 회사에 투자할 수 있다. 우리 지역사회는 우리를 거부할 수 있다. 우리는 그들의 충성도가 우리에게 주어지기보다 그들의 충성도를 얻을 수 있는 기회에 감사한다.

마음과 책 속에 똑같이 감사를 담는다. 나는 무엇보다도 매일 나에게 영감을 주는 세일즈포스의 직원, 고객, 파트너들에게 감사한다. 또한 매일 더 나은 사람이 되도록 나를 고무시키는 우리 지역사회의 모든 사람들에게 감사하고 싶다.

보통 비즈니스 리더는 모든 해답을 가지고 있는 것처럼 편안한 실내에 앉아서 책을 쓴다. 글쎄, 지금쯤 당신도 알다시피, 그건 내 모습도, 세일즈포스의 모습도 아니다. 결국, 이 책은 CEO로서의 나의 여정에 관한 것만은 아니다. 그것은 기업으로서, 그리고 오하나로서 확대된 이해관계자 가족으로서의 우리의 여정에 관한 것이다.

내가 책에서 말하는 것 중 하나는, 모든 것과 모든 사람이 전에 없이 연결된 세상에서, 어떻게 자신을 떼어놓을 수 없는가 하는 것이다. 그렇기 때문에 나는 세일즈포스의 동료뿐만 아니라 친구나 조언자들과 초고를 공유했다. 그들의 피드백은 매우 소중했다.

다른 CEO가 이런 식으로 책을 써본 적이 있는지는 모르겠다. 그러니까 내 말은 어디서나 모든 곳에서 혁신을 찾는 방식을 말한다.

나는 공동저자인 모니카 랭글리에게 감사한다. 그녀의 놀라운 노력이 없었다면 이 책의 출간은 불가능했을 것이다. 세일즈포스의 부사장이라는 것 외에도, 모니카는 트레일블레이저 여정의 모든 측면을 관리했다. 우리는 내 어린 시절부터 현재에 이르기까지 내가 어떻게 기업이 변화의 가장 위대한 플랫폼이 될 수 있다고 믿게 되었는지를 밝혀줄 이야기를 끌어내기 위해 무한한 시간을 함께 보냈다.

또한 회사와 기술계통의 깊은 지식을 가진 세일즈포스 커뮤니케이션 임원인 댄 파버에게도 감사한다. 그의 글쓰기, 편집, 조언이 이 책을 쓰는 데 주요했다. 《캡틴 클래스 : 세계에서 가장 위대한 팀을 만든 리더의 7가지 숨은 힘 The Captain Class : A New Readership》의 저자이자 〈월스트리트저널〉의 칼럼니스트 겸 모니카의 전 동료인 샘 워커 Sam Walker는 능숙하고 통찰력 있는 편집으로 이 책의 내용을 풍부하게 만들어주었다. 그리고 나는 랜덤하우스 Random House의 믿을 수 없을 정도로 사려 깊고 재능 있는 편집자인 탈리아 크론에게도 감사한다. 탈리아는 세일즈포스 문화에 흠뻑 빠졌고, 심지어 드림포스에서 일주일을 보내기까지 했다.

모니카와 나는 또한 가족들에게도 감사와 사랑을 표현하고 싶다.

끝으로 이 책을 마치며, 시간을 내어 내 이야기를 읽어준 모든 독자들에게 진심으로 감사한다.

옮긴이 김정희

한양대 대학원에서 광고홍보 석사학위를 받고 줄곧 IT 분야에 종사하고 있다. 보안, 서비스, 하드웨어, 소프트웨어 분야를 두루 경험했고 현재는 벤처나 스타트업 기업의 홍보마케팅 대행과 강의 활동을 하고 있다. 업무 경력과 오랜 관심을 살려 관련 분야의 번역 활동에도 참여하고 있다. 옮긴 책으로는《4차 산업혁명 이미 와 있는 미래》,《돈이 보이는 플랫폼》,《문샷》 등이 있다.

트레일블레이저

초판1쇄 인쇄 2020년 11월 10일
초판1쇄 발행 2020년 11월 27일

지은이 마크 베니오프, 모니카 랭글리
옮긴이 김정희

발행인 신상철
편집장 신수경
편집 정혜리 김혜연
디자인 디자인 봄에
마케팅 안영배 신지애
제작 주진만

발행처 (주)서울문화사
등록일 1988년 12월 16일 | 등록번호 제2-484호
주소 서울시 용산구 한강대로43길 5 (우)04376
편집문의 02-799-9346
구입문의 02-791-0762
팩시밀리 02-749-4079
이메일 book@seoulmedia.co.kr

ISBN 979-11-6438-954-4 (03320)

• 책값은 뒤표지에 있습니다.
• 잘못된 책은 구입처에서 교환해 드립니다.